JN416379

랍비 예수, 제자도를 말하다

Sitting at the feet of Rabbi Jesus

지금, 여기에서 제자로 살아간다는 것

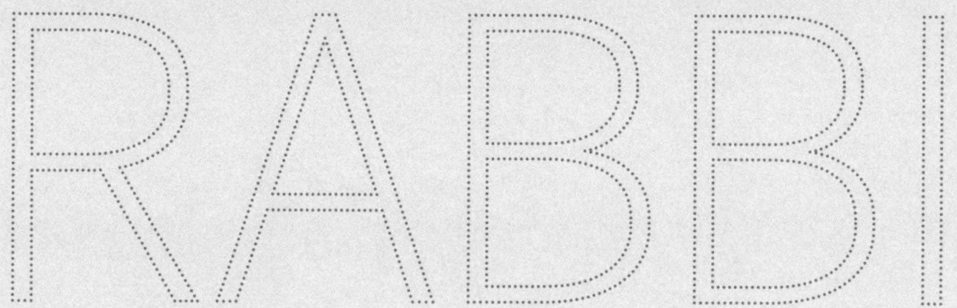

Sitting at the feet of Rabbi Jesus

랍비 예수, 제자도를 말하다

로이스 티어베르그
· 앤 스팽글러 지음
손현선 옮김

국제제자훈련원

추천의 글

우리는 '제자훈련' 하면 교회 내 교육실을 떠올린다. 그러나 예수님이 그렇게 제자훈련을 하셨을까? 저자는 구약과 1세기의 정황으로 우리를 안내하여 유대인의 문화라는 안경으로 성경을 다시 보게 한다. 우리는 비로소 랍비의 발치에 앉아 토라의 말씀을 듣는다. 그리고 랍비 예수와 대화하며 삶의 뜨락에서 행복한 훈련을 전수받는다. 진지한 성경 읽기, 제자훈련의 새로운 차원을 모색하는 이들은 이 책을 반드시 읽어야 한다.

이동원 지구촌교회 원로목사

왜 예수님에게는 제자들이 있었을까? 왜 사람들은 예수님을 '선생님'이라고 불렀을까? 예수님은 어떤 방식으로 가르치셨을까? 가르침의 내용은 무엇이었나? 이런 질문에 답을 얻고자 한다면 예수님 당시의 랍비 세계에 대한 사전 이해가 필수다. 그 세계를 알아야 예수의 가르침을 더 풍성히 이해할 수 있다. 저자는 예수님 당시의 랍비 세계를 배경으로 예수님의 가르침을 설명한다. 이 책은 율법의 깊이와 복음의 높이를 노래하는 책이다. 율법을 알아야 복음을 노래할 수 있다. 랍비 문학에 대한 이해는 복음서를 더욱 빛나게 한다. 예수님의 가르침을 깊이 이해하고 싶은 사람에게 적극 추천한다.

최명덕 건국대학교 문과대학 명예교수, 조치원성결교회 담임목사

이 책은 예수님에 관한 현장 밀착 다큐멘터리라고 할 수 있다. 예수님이 활동하셨던 1세기에 줌을 맞추고, 유대인이자 랍비이신 예수님을 정밀하게 담아내고 있다. 우리는 예수님이 살았던 문화적 배경을 들여다보며 랍비 예수님과 함께 고대의 거리를 걷고, 제자들과 나란히 예수님의 발치에 앉는다. 유대 관습과 전통을 하나하나 되짚어보면서 그동안 가려진 예수의 참모습이 신기할 정도로 설득력 있게 드러난다. 이 책에서 우리는 새로운 예수님을 만나게 된다. 이 책은 구원은 강조하지만 제자도를 도외시하거나 그 중요성을 제대로 인식하지 못한 기존의 성경 읽기를 부끄럽게 한다. 독자들이 내 학생이라면 반드시 책을 읽고 보고서를 써내라고 하고 싶은 책이다.

차준희 한세대학교 구약학 교수, 한국구약학연구소 소장, 한국구약학회 회장 역임

예수는 유대인이었고, 유대인 랍비였다. 그동안 우리는 너무도 자명한 이 사실을 외면했던 것은 아닌가? 복음서에 그려진 구세주 예수님을 올바로 이해하려면 먼저 예수의 '유대성'Jewishness과 직면해야 한다. 그분의 언어습관과 행동 양식, 당시의 유대 전통과 풍습, 문화적 분위기를 감지한다면 복음서의 예수가 좀 더 생생하게 다가올 것이다.
이 책에는 저자의 거룩한 상상력이 지면에 깊숙이 배어 있다. 흙먼지 날리는 샌들을 신고 터벅터벅 걸어 유대의 광야와 산, 호수와 강, 촌락과 마을을 다니며 먹고 마시고 쉬고 기도하고 치료하고 가르치고 설교하셨던 예수를 생생하게 그려낸다. 동시에 독자에게 그분과 함께 걸어보라고 강력하게 초대한다. 현대와 고대를 마음껏 오가는 시간여행 속으로 독자들을 초청하여 랍비 예수를 만나보라고 권한다. 이런 일 없이 어찌 그의 제자가 될 수 있을까? 시냇물 흐르듯 신선한 서술과 생생한 문장력에 높은 가독성까지 겸비한 수작이다. 예수를 더 깊이 알고 싶은 진지한 그리스도인에게 정중하게 일독을 권한다

류호준 백석대학교 신학대학원 구약학 교수

티어베르그와 스팽글러가 과학자의 엄밀함과, 제자의 열정으로 제시한 1세기 유대인 교사 예수에 대한 가슴 벅찬 초상은 우리 모두에게 큰 유익이 된다. 고대 문헌과 근래의 고고학 발견을 신중하게 분석해 뒷받침한 이 책은 성경이 말하는 그 예수를 따르라는 심오한 부르심으로 우리를 부른다.

레이 밴더 란 〈세상이알게하라 선교회〉 창립자

두 사람은 이 주제에 관한 완벽한 입문서를 내놓았다. 예수님의 유대성과 랍비식 · 히브리식 교수법에 관해 익숙지 않은 제자들에겐 이 책이 좋은 출발점이 될 것이다.

데이비드 비빈 〈예루살렘 퍼스펙티브〉 설립자

이 가독성 높은 책은 랍비 문헌에 뿌리를 내린 동시에 현대의 복음 연구를 반영하고 있다. 두 사람은 독자에게 갈릴리 출신 랍비의 유대적 배경, 생활 방식, 가르침 등 여러 소중한 내용을 생생하게 소개한다. 매력적이고 친근한 서술, 성경적인 제자도 이해, 유대적 성찰을 바탕으로 한 접근으로 소위 '홈런'을 쳤다. 저자들은 랍비의 발치에서 배우도록 독자들을 이끌어 그들이 더 가르쳐달라고 통사정하게 하는 매력이 있다.

마빈 윌슨 고든 대학 성경학 교수

저자들은 유대 및 기독교 학계의 최신 연구뿐 아니라 개인적 경험까지 동원해 당신을 1세기 유대 세상 속으로 인도하는 노련한 여행 가이드다. 예수님 당시의 문화, 순회 현자로서의 라이프스타일, 능숙한 랍비 교수법, 미묘하지만 충격적인 메시아 주장을 넘나들며 펼쳐지는 대단한 여행이다. 이 책을 읽다 보면 우리가 주님이요 메시아로 기쁘게 섬기는 랍비 예수님의 발치에 앉아 그분으로부터 더 많은 것을 배우고 싶은 열망이 샘솟을 것이다. 이 책을 나사렛 예수의 모든 제자에게 권한다.

드와이트 프라이올 〈유대-기독교 연구센터〉

차례

01
예수의 발치에 함께 앉다

당신의 집이 랍비의 모임 장소가 되게 하라.

그들이 오가며 내는 먼지에 뒤덮이고

그들의 말을 목마른 자처럼 들이켜라.

요세 벤 요제르 (주전 2세기)

베다니의 가파른 흙길을 오르다 보면, 특히 무더위에 여리고에서부터 내내 오르막길을 걸어왔다면 다리가 무척 아플 것이다. 그러나 마르다네 집 앞마당에 걸린 냄비에서 올라오는 양고기 스튜 냄새는 먼지 범벅이 된 다리를 이끌면서라도 계속 올라오라고 응원한다. 욱신거리는 다리와 발가락 사이에 땀범벅이 된 흙덩이를 개의치 않으려고 애쓰면서, 곧 마르다가 건네줄 시원한 마실 거리 생각으로 마음을 돌린다.

오랜 걷기는 그만한 값어치가 있었다. 길에서 나눈 대화가 기막힐 정도로 심오했기 때문이다. 그 랍비의 말씀을 들을 때 속에서 뜨겁게 타오르는 뭔가를 느끼지 않았던가?

그 대화를 귀동냥하려고 앞자리로 비집고 가려면 어느 정도의 '후츠파'(뻔뻔할 정도의 담대함)와 튼튼한 다리는 필수다. 그러나 이날 오후 당신은 (고작 두세 사람만 말씀을 알아들을 만한) 와디 켈트Wadi Kelt

의 비좁은 길을 걸으면서도 한마디도 놓치지 않았다. 보통은 베드로, 야고보, 요한이 예수님 곁에 바짝 각을 세우며 걷지만, 이번엔 그 자리가 당신 차지였으니까. 마침내 당신의 머릿속에 쌓여만 가던 질문들을 그분께 여쭤볼 절호의 기회였다.

그러나 예수님의 답변이 머릿속에서 채 정리도 되기 전에 앞뜰을 가로지르는 닭 울음소리와 환한 웃음으로 당신을 반기는 마르다의 목소리에 생각의 흐름이 끊겼다. 마르다는 급박한 손 대접으로 이마에 구슬땀을 흘리며 종종거리고 있었다. 오는 모든 손님을 수용하기 위해 기적적으로 부피가 늘어난 듯한 이 작은 돌집에는 마르다와 마리아 자매가 함께 살고 있었다. 마리아도 저쪽에서 한 사람씩 손님을 맞았다. 당신이 채 자리에 앉기도 전에 마리아가 다가와 여리고에서 오는 길에 예수님이 무슨 말씀을 하셨는지 캐묻는다.

마리아는 집안일을 하다가 짬이 날 때마다 마을 회당의 모임에 참석했고, 늘 질문거리를 가지고 예수님을 기다렸다. 그녀는 자주 예수님의 식후 토론에 동석했고 오늘은 저녁 준비가 아직 절반도 안 되었는데 이미 예수님의 발치에 앉아 있었다. 그녀는 언니 마르다의 굳은 안색은 전혀 의식하지 못한 듯 엠마오 도상에서부터 시작된 열띤 강론에 참여하여 다른 이들과 함께 자주 웃음을 터뜨렸다(눅 10:38~42).

당신도 그날 저녁 마르다네 집의 왁자지껄한 무리에 합석했더라면 얼마나 좋았을까 하는 아쉬운 마음인가. 예수님과 함께 여행했던 대단히 운 좋은 제자들이나 마리아 곁에 나란히 앉아 예수님의 말씀을 듣고 그분에게 직접 하나하나 배울 수 있다면 얼마나 좋을까.

예수님의 가장 가까운 친구가 된다는 것은 어떤 기분이었을까?

예수님이 마을에 들르실 때마다 당신의 집에 거하신다면? 예수님의 삶과 사역의 저변을 형성한 그 문화와 신앙이 나의 삶과 경험 전반을 형성한다면? 예수님처럼 당신은 유대교의 율법과 전통을 준행했을 것이고, 당대의 현안을 두루 꿰고 있었을 것이다. 예수님의 매력적이고 삶을 변화시키는 말씀 이면에 있는 유머와 세세한 뉘앙스까지 포착했을 것이다.

비록 우리가 주님을 실제로 보고 그분의 음성을 듣지는 못하지만, 성경에서라도 그분을 경험할 수 있음에 감사한 마음이다. 그럼에도 복음서에서 우리가 만나는 예수님은 쉽게 이해되는 분이 아니다. 우리가 그분과 전혀 다른 문화권에 살며 다른 언어를 구사하며 시차도 크기 때문이다. 때로는 성경을 읽어도 가슴에 뜨거운 불이 타오르기보다는 고개를 갸웃하는 때가 많다.

내(앤)가 대학원에서 처음 룸메이트를 만났을 때를 기억한다. 글래디신은 미국에 온 지 일주일밖에 안 된 파나마 사람이었다. 난 처음부터 그녀가 마음에 들었고 언어의 장벽에도 불구하고 우리는 잘 지냈다. 그런데 어느 날 그녀가 내게로 몸을 돌리더니 "pain!"이라고 외마디 소리를 질렀다. 난 당황했다.

"어디가 아파? 내가 뭘 할까?" 나의 물음에 글래디신은 갈색 눈을 동그랗게 뜨고 날 빤히 바라보다가 이번엔 더 절박하게 같은 말을 반복했다. "Pain!" 문제를 파악하려고 애를 쓸수록 그녀는 더 큰 소리로 "Pain, pain!" 하고 외쳤다. 난 구급차를 불러야 할지 내 차를 운전해 병원으로 달려가야 할지 판단이 서질 않았다. 그러나 그때 서광이 비쳤다. 알고 보니 그녀가 'pen'이라고 한 것을 내가 'pain'으로 잘못 알아들은 것이었다! 안도감과 함께 터진 웃음이 그치질 않았다.

내가 글래디신의 말을 알아듣지 못해 펜을 달라는 단순한 요청이 응급 상황으로 돌변한 것이다.

이제 몇백 년의 시차와 종교 전통, 언어, 문화적인 다름을 넘어 소통해야 하는 어려움을 생각해보자. 어찌 보면 우리가 복음서의 예수님 말씀을 쉽게 이해하지 못하는 건 당연한 일 아닐까. 만약 우리가 1세기 유대인의 귀로 들을 수 있게 된다면 어떨까? 청중을 열광하게 하고 대적을 격분케 하고 숱한 사람들의 삶을 변화시켰던 예수님의 말씀이 우리에게 더 큰 영향을 미치지 않을까?

우리의 귀와 생각을 새롭게 가다듬어 예수님을 더 잘 이해하는 일이 과연 가능할까? 우리는 가능하다고 본다. 예수님 당시의 유대 문화를 공부하기 시작한 순간부터 우리에게 그 일이 일어났기 때문이다. 이전엔 무덤덤하게 스쳐 가거나 헷갈리기만 하던 구절들이 돌연 살아 운동하기 시작했다. 빛이 비치고 이야기들이 새 의미를 찾고 안개가 걷히기 시작했다. 예수님과 동시대를 살았던 랍비들의 담론에 주파수를 맞추다 보면 우리가 그랬듯이 당신의 믿음도 깊어지고 성경을 읽는 방식에는 큰 변화가 일어날 것이다.

우리는 베다니의 그 집으로 가서 예수님의 말씀을 그분의 문화 속에서 다시 듣는 여정으로 당신을 초청하고자 한다. 1세기 제자들의 귀로 복음을 듣는 법을 알려주고자 한다. 일단 주파수를 맞추기 시작하면 더 배우려는 열망과 호기심이 점점 더 커질 것을 확신한다.

현재 상황을 보자. 예수님과 제자들은 왜 마리아와 마르다의 집에 유하셨을까? 1세기의 유대인이라면 수백 년간 사람들의 입에 오르내린 이 격언에 익숙했을 것이다. "당신의 집이 랍비의 모임 장소가 되게 하라. 그들이 오가며 내는 먼지에 뒤덮이고 그들의 말을 목마른 자처럼 들이켜라."[2]

당시 유대인은 성경 공부를 대단히 귀하게 여겼다. 여러 뛰어난 선생들이 무보수로 방방곡곡 다니며 성경을 가르쳤고, 사람들은 집을 개방하여 유랑하는 선생과 제자에게 숙식을 제공하는 것을 당연한 일로 여겼다. 따라서 예수님께 배우려는 마리아의 열정이 대단함을 인정하면서도 마르다의 손대접 역시 예수님 사역에 중요한 기여를 했음을 알 수 있다.

만일 우리가 1세기의 손님이었다면 이 이야기 속에서 의미심장한 뭔가를 알아챘을 것이다. 당시 랍비들은 가르칠 때 나즈막한 베개나 의자에 기대앉았다. 제자들은 바닥에 앉거나 바닥 매트 위에 앉았다. 여기서 랍비에게 배운다는 것을 '발치에 앉다'sit at his feet로 표현하는 관용구가 유래했다. 바울은 사도행전 22장 3절에서 자신을 "가말리엘의 발치에서"(NRSV) 배운 사람이라고 소개한다.[3] 그래서 마리아가 "예수의 발치에 앉았다"는 건 그녀가 예수님의 제자였다는 뜻도 된다. 분명 예수님은 기꺼이 그녀를 제자로 받아들이셨을 것이다.

그러나 "그들이 오가며 내는 먼지에 뒤덮이라"는 표현은 무슨 의미일까? 어떤 학자는 제자가 랍비를 존대하고 그 가르침에 복종하기 위해 바닥에 앉던 관습을 가리키는 표현이라고 본다. 어떤 이는 제자가 랍비를 뒤따라 걸을 때 너무 바짝 붙어 랍비의 샌들에서 올라오는 흙먼지를 뒤집어쓰는 것을 말한

1세기의 여성 학생

그들만 가능하다면 여성도 회당의 고급반 토론에 참여할 수 있었다. 소수는 랍비 간의 논쟁을 발전시키는 데 도움이 될 수준의 상급 코스 참여 자격도 얻었으며, 그들의 발언은 기록으로 남아 있다. 예배 중에 남녀 분리와 같은 통제는 사실은 몇 세기 후에나 생긴 것이다.[1]

다고 생각했다.[4] 두 견해 모두 예수님이 마리아와 마르다의 집을 방문하신 이야기에 맥락을 제공하며 하나님의 말씀에 색채와 의미를 더한다.

더 깊이 파고들다

루터교 선교사 조부모 아래 자란 로이스는 주일학교 교육은 넘칠 정도로 받았다. 그러나 로이스가 신앙을 진지하게 여기기 시작한 건 대학 시절 마지막 해부터였다. 과하게 경건해 보이는 반 친구들을 의심의 눈초리로 보던 시절이었다. 하지만 여전히 가슴을 울리면서도 지성적으로도 도전을 주는 깊이 있는 성경 공부에 대한 갈급함이 있었다. 그래서 무언가 통찰을 얻고자 신약학 강좌를 수강했다. 그렇지만 성경비평 세계와의 첫 만남은 성경을 학문적으로 더 깊이 연구하고 싶은 그녀의 마음을 꺾어버렸다. 로이스의 말이다. "담당 교수는 신약성경이 예수 시대 한참 후에 쓰인 문서들이며 초기 교회의 검증되지 않은 설화로 가득하기에 일반적으로 신뢰할 만하지 않다고 믿었고, 난 낙심천만했다." 그 후 그녀는 생물학 박사학위 취득으로 관심을 돌렸다.

대학교수가 된 후 로이스가 속한 교회에서 성경의 배경이 된 땅과 문화에 관한 성인 대상 강좌가 개설되었다. 고고학과 역사와 예수님의 유대 문화적 배경에 강조점을 둔 강의였다. 어느 쪽을 믿어야 할지 몰라 갈피를 못 잡고 있을 무렵, 과학자로서의 본능이 발동해 강좌에서 소개한 참고 문헌을 들여다보기 시작했다. 그 수고는 깜짝 놀랄 만한 결과를 낳았다. 지난 몇십 년간 새롭게 부상한 연구

분야에서 기독교 신앙을 확증하고 공고히 하는 정보가 대거 발견되었음을 알게 되었다. 새로운 발견은 학자들이 신약 본문을 이해하는 방식에 일대 변화를 일으켰고, 특히 유대적 배경에 비추어 신약 본문을 이해하려는 움직임이 새롭게 일어났다.[5]

로이스는 자료를 읽어가며 1세기의 유대 맥락에 대한 지식이 성경 공부를 얼마나 풍성하게 하는지 알았고, 가슴이 뛰었다. 로이스는 진지하게 독학을 시작했다. 매일매일 새로운 통찰과 무릎을 치는 순간이 계속되었다. 여기 그 일례가 있다. 예수님의 공생애 끝에 마르다와 마리아의 집에서 일어난 일을 보자.

마리아는 어느 날 다시 예수님의 발치에 앉아 극적인 제스처를 취한다. "마리아는 지극히 비싼 향유 곧 순전한 나드 한 근을 가져다가 예수의 발에 붓고 자기 머리털로 그의 발을 닦으니 향유 냄새가 집에 가득하더라"(요 12:3).

이 사건의 문화적 배경을 이해하지 못하면 마리아가 취한 행동에 담긴 온전한 의미를 놓치기 쉽다. 그녀는 정확히 무엇을 말하려고 한 걸까? 예수님도 마리아가 자신의 장례를 준비하고 있다고 설명하셨다(마 26:12). 우리는 그녀의 행동이 한 주의 마지막에 있을 그리스도의 죽음을 지목하고 있음을 안다. 하지만 이 시점에서 우리는, 제자들이라면 단박에 알아챘을 무엇, 너무나 당연해 예수님이 언급조차 안 하신 무엇을 놓치고 있다. 마리아는 이때 값진 향유로 예수께 기름 부음으로써 예수님의 정체성에 관하여 자신이 믿는 바를 밝히 드러내며 주님을 '메시아'로 선포했을 가능성이 크다.

기실 메시아를 뜻하는 히브리 단어 '마쉬아흐'는 문자적으로 '기름 부은 자'를 뜻한다. 이에 해당하는 헬라어는 크리스토스, 즉 그리스도다. 왜 하필 '기름 부은 자'일까? '메시아'라는 단어는 왕이나 제사장처럼 하나님이 택하신 자를 구별하는 의식이 뒤따름을 암시한다. 히브리 왕은 대관식을 통해 즉위하지 않고 지극히 값비싼 향료로 만든 성유聖油로 기름 부음을 받았다. 기름 부음에 쓰이는 성유는 오로지 성전에서 기물을 정결케 하고 제사장과 왕에게 기름 부을 때만 쓰였다. 그 값어치는 아마도 다이아몬드보다 컸을 것이다.

향유가 남긴 기막힌 향은 보이지 않는 '왕관' 역할을 하며 수령자에게 거룩함이라는 후광을 부여했다. 사람들은 그 독특한 향이 밴 모든 사물과 사람을 특별한 방식으로 하나님께 속한 것으로 인식했다.

기름 부음

손님에게 기름을 붓는 것Anointing은 손 대접의 일부로 흔한 관습이었다(눅 7:46 참조). 그러나 요한복음 12장에서 마리아는 기막힐 정도로 비싼 향유 옥합을 사용하였고, 이로써 왕에게 기름을 붓는 것을 암시하는 행위가 되었다.

이처럼 고대 중동에서 왕의 존엄과 신분은 보석이나 왕복 등 단지 그가 걸친 것이 아니라 '향기'로도 표현되었다. 왕은 최초로 기름 부음 받은 후에도 특별한 날이면 값진 기름을 왕복에 향수처럼 뿌렸다. 다윗왕이 지은 결혼식 때 부르는 노래를 들어보자.

왕은 정의를 사랑하고 악을 미워하시니
그러므로 하나님 곧 왕의 하나님이 즐거움의 기름을 왕에게 부어
왕의 동료보다 뛰어나게 하셨나이다
왕의 모든 옷은 몰약과 침향과 육계의 향기가 있으며(시 45:7~8).

솔로몬 왕에 관한 구절도 살펴보자. 왕이 지나갈 때마다 값비싼 기름을 바른 향으로 백성에게 왕의 행차를 알렸다.

> 몰약과 유향과
> 상인의 여러 가지 향품으로 향내 풍기며
> 연기 기둥처럼
> 거친 들에서 오는 자가 누구인가
> 볼지어다 솔로몬의 가마라
> 이스라엘 용사 중 육십 명이 둘러쌌는데(아 3:6~7).[6]

이제 구약의 다른 장면을 보자. 새롭게 기름 부음 받은 솔로몬이 예루살렘성 외곽의 기혼 샘에서 예루살렘으로 백성의 환호를 받으며 노새를 타고 이동하는 모습이다.

> 제사장 사독과 … 내려가서 솔로몬을 다윗왕의 노새에 태우고 인도하여 기혼으로 가서 제사장 사독이 성막 가운데에서 기름 담은 뿔을 가져다가 솔로몬에게 기름을 부으니 이에 뿔나팔을 불고 모든 백성이 솔로몬왕은 만세수를 하옵소서 하니라. 모든 백성이 그를 따라 올라와서 피리를 불며 크게 즐거워하므로 땅이 그들의 소리로 말미암아 갈라질 듯하니(왕상 1:38~40).

이제 예수님의 생애와 이 장면이 이루는 놀라운 대칭을 보라. 돌아가시기 한 주 전 마리아가 값비싼 향유로 기름을 부은 직후,[7] 예수님은 천 년 전 솔로몬이 했던 것과 똑같이 나귀를 타고 예루살렘으로 입성하셨다.

요한복음 12장을 떠올려보라. 백성은 평범한 랍비를 환영하는 게 아니었다. 그들은 "호산나! 이스라엘의 왕이시여"라고 외쳤다. 백성은 그들이 지금 활보하는 거리를 오래전에 노새를 타고 지나간 다윗의 아들 솔로몬을 떠올리면서, 예수님을 하나님이 속량자로 보내기로 약속하신 '다윗의 아들'이라고 선포했던 것이다.

그러나 마리아의 행동에는 그 이상의 의미가 담겨 있다. 마리아가 예수님께 기름 부은 향유의 향은 여러 날 남아 있었을 가능성이 크다. 생애의 마지막 며칠 동안, 그분이 다니시는 곳마다 왕의 향취가 따라다녔을 것이다. 예수님에게선 왕의 향기가 났을 것이다.

상상해보라. 겟세마네 동산에서 유다를 앞세운 경비병들이 예수님을 연행하려고 다가왔을 때 경비병들은 분명 공기 중에 떠다니는 향을 맡고 대체 그들 앞에 서 있는 분이 누구인지 의아해했을 것이다. 예수님이 재판을 받고 조롱을 당하고 채찍에 맞고 발가벗겨졌을 때에도 그 향기가 예수님을 따라다녔을 것이다. 하나님은 마리아의 헌신을 사용하여 은근하면서도 강력한 메시지를 전하셨다. 우리의 하나님은 얼마나 경이로운 분이신지!

> 항상 우리를 그리스도 안에서 이기게 하시고 우리로 말미암아 각처에서 그리스도를 아는 냄새를 나타내시는 하나님께 감사하노라. 우리는 구원 받는 자들에게나 망하는 자들에게나 하나님 앞에서 그리스도[기름 부은 자]의 향기니 이 사람에게는 사망으로부터 사망에 이르는 냄새요 저 사람에게는 생명으로부터 생명에 이르는 냄새라 (고후 2:14~16).

이 얼마나 기막힌 대칭인가. 우린 이제 바울이 무슨 뜻으로 '그리스도의 향기'라고 했는지 안다. 예수님의 제자로서 우리는 어딜 가든 기름 부음 받은 메시아의 향기를 퍼뜨리는 자들이다.

왜 예수님의 유대성에 초점을 맞춰야 할까?

켄 베일리는 과거와 현재의 중동 문물과 언어에 관한 오랜 연구를 토대로 복음서를 보는 독특한 통찰을 제시한 저명한 성경학자다. 그가 발견한 내용으로 그리스도인의 성경 이해의 근간이 흔들릴 수도 있지 않으냐는 질문에 베일리는 이렇게 답한다. "해변에서 바위에 파도가 철썩이고 배가 떠다니며 어부가 낚시하는 모습을 평생 보며 지낸 사람이 있다고 해보죠. 어느 날 바닷가에서 누군가가 이런 제안을 합니다. '켄, 내게 스노클이 두 개 있어요. 함께 갑시다.' 그를 따라 들어간 바닷속에서는 산호초와 해초와 물고기가 눈에 들어옵니다. 제가 하는 일은 비유하자면 이러한 산호초와 물고기를 찾는 것입니다. 하지만 이런 바닷속 풍경은 바닷가의 아름다움을 의미 없는 것으로 만들지 않습니다."[8]

마찬가지로 성경의 유대 배경을 들여다본다고 해서 신앙이 방해받는 것은 아니다. 오히려 예수님과 1세기에 대한 이해가 깊어지고, 이 비범한 랍비의 놀라운 주장을 자세히 살필수록 경외감은 커져만 간다. 《내가 알지 못했던 예수》(IVP 역간)에서 필립 얀시는 이렇게 현명한 평을 했다. "예수님을 그분의 유대성과 별개로 이해하려는 시도는 간디를 그의 인도성과 구별하여 이해할 수 있다는 주장만큼 불가능하다. 나는 예수님을 떠올릴 때마다 시간을 한참 거슬러 올라가 손목에 경문(經文, 성구가 들어 있는 작은 상자—편집자) 띠를 차고 팔레스타인의 흙먼지를 샌들에 묻힌 1세기의 유대인이 생각난다."[9]

그리스도인으로서 우리는 성경이 (창세기부터 계시록까지) 본질적으로 유대 문서임을 결코 잊어선 안 된다. 일단 성경을 유대적 관점에서 읽기 시작하면 구식 흑백 TV를 보다가 최신형 고해상 평면 TV로 갈아탄 것처럼 우리의 성경 체험이 확연히 달라질 것이다. 우리가 익숙한 이야기를 원래 청중의 관점에서 다시 읽을 때 성경은 돌연 새로운 깊이와 색감으로 다가온다.

두어 가지 주의사항이 있다. 유대교 전통이 예스럽고 여러 관행이 지혜롭고 성경적이라는 이유로 자칫 유대교 자체에 매료되기 쉽다. 그러나 예수님이 태어나신 지 2천여 년이 흘렀고, 수 세기 동안 많은 변화가 있었음을 유념해야 한다. 어떤 유대인의 관습과 전통은 예수님 시대의 것이지만 그렇지 않은 것도 많다. 이것을 유념하면서 수면 아래 있는 경이로운 '산호초와 물고기'를 찾기 위해 물속으로 들어가보자.

1세기의 삶 엿보기

사물의 표면 밑을 들여다보는 탐사를 시작하기 전에 먼저 1세기의 이스라엘을 잠시 살펴보자. 구약에 그려진 유대인의 삶과 1세기의 이스라엘 사이에는 이미 수백 년 시차가 있다. 가령 구약에는 랍비와 회당, 바리새인, 사두개인, 열심당에 대한 언급이 없다.

유대와 갈릴리 땅에 사는 사람들은 대다수가 바벨론 유수 후 이스라엘로 귀환한 경건한 유대인의 후손이었다. 귀환 후 백성의 삶은 목가적인 것과는 거리가 멀었다. 유대의 로마 정복자들은 잔혹한 통치 방식으로 만인의 증오를 샀다. 로마가 거둔 높은 세금도 폭압적이었다. 당연히 모든 백성이 가혹한 압제자를 몰아내고 그들을 구해줄 메시아를 꿈꿨다.

사두개인

사두개인의 주요 구성원은 지배층인 제사장과 귀족 계급이었다. 바리새인과 달리 그들은 죽은 자의 부활을 믿지 않았으며 성문 토라(히브리어 성경의 첫 5권)만 구속력이 있다고 보았다. 로마의 협조자로서 멸시받았지만, 그들에게는 성전 예배 관할권이 있었다. 그들의 영향력은 주후 70년 성전 파괴와 더불어 종식되었다.

메시아에 대한 기대감은 팽배했지만 과연 메시아가 언제 어떻게 올지에 관해서는 의견이 분분했다. 사두개파, 열심당, 에세네파, 바리새파는 각각 과거에 일어난 사건과 원인, 앞으로 전개 방향에 대해 관점이 제각각이었다. 이 치열한 영적 모색의 시간대 속으로 성큼 걸어들어와 무대 위로 올라간 나사렛 출신의 랍비가 있다. 과연 나사렛에서 선한 것이 나올 수 있을까?

1부
그분의 제자가 되라는 부르심

02
예수께서 랍비로 오신 이유

모든 것이 이 안에 담겼으니 자꾸자꾸 들여다보라.

너에게 이보다 더 좋은 길은 없으니

늙고 백발이 되도록 들여다보며 떠나지 말라.

성경 공부에 관하여 (주후 1세기)[1]

예상대로 한여름의 텔아비브행 비행기는 만원이었다. 비행기는 아직 뉴욕 활주로에 정차 중이었지만 나(앤)의 모험은 이미 시작되었다. 탑승교에 발을 내디딘 순간부터 흡사 딴 세계로 이동한 것 같았다. 안전을 고려하여 엘알El Al 항공을 선택할 때만 해도 이 이스라엘 항공사의 주 고객층이 독실한 유대인인 줄 몰랐다. 오직 코셔 음식만 제공하고 아무리 금전적 손실이 막대해도 안식일에는 운항하지 않는 것으로 유명하다는 사실도 몰랐다.

착석한 후 나처럼 '평범한 미국인'은 몇 명이나 되는지 기내를 둘러보았다. 별로 없었다. 머리에 야르물케(유대인 남자들이 쓰는 작고 테두리 없는 모자. 하나님을 경외하는 마음으로 머리를 가리기 위해 쓰며 '키파'라고도 부른다—편집자)를 쓴 남자 몇몇이 눈에 들어왔다. 더위에도 불구하고 기도 숄을 어깨에 두른 이들도 있었다.

세 줄 앞자리에 수염 기른 남자가 팔에 기다란 가죽끈을 꼼꼼히

두르는 모습에 자꾸 시선이 갔다. 그는 정통파 유대인에겐 흔한 일상 관습인 테필린이라는 성구함을 머리와 팔에 달고 있었다. 이 상자 속에는 신명기 6장 6~8절이 새겨진 양피지 두루마리가 있었다.

> 오늘 내가 네게 명하는 이 말씀을
> 너는 마음에 새기고 네 자녀에게 부지런히 가르치며
> 집에 앉았을 때에든지 길을 갈 때에든지 누워 있을 때에든지
> 일어날 때에든지 이 말씀을 강론할 것이며
> 너는 또 그것을 네 손목에 매어 기호를 삼으며
> 네 미간에 붙여 표로 삼고.

그 청년이 짙은 색 가죽끈을 팔에 휘감으며 히브리어로 읊소리는 소리가 귀에 들렸다. 나중에 알아보니 청년이 낭송한 말씀은 호세아 2장 19~20절이었다.

> 내가 네게 장가들어 영원히 살되
> 공의와 정의와
> 은총과 긍휼히 여김으로 네게 장가들며
> 진실함으로 네게 장가들리니
> 네가 여호와를 알리라.

나는 이전에도 테필린 또는 경문 띠를 본 적이 있었으나 그것을 하나님과 백성 간의 사랑을 보여주는 외적 징표로 여기는 줄은 몰랐다. 이런 식으로 팔에 끈을 둘러맴으로써 남자는 수 세기 동안 전 세

계에서 수백만의 유대인이 표현했던 깊은 확신의 대오에 합류했던 것이다. 즉, 그가 하나님과 율법에 '매여 있으며' 하나님의 보호하심이 그를 '둘러싸고 있다'는 확신이었다. 사실 그는 하나님을 가리키는 여러 히브리 이름 중 하나인 '샤다이'를 상징하는 히브리어 글자 '쉰'ש 모양으로 가죽끈을 조심스레 손에 감고 있었다.

내 옆자리에 앉은 십 대 소녀는 경건하게 기도집을 들여다보고 있었다. 장거리 비행 중 잠들지 않을 땐 기도집을 읽으며 기도하거나 히브리 말을 읽고 묵상하며 몸을 앞뒤로 리듬감 있게 흔들어댔다.

나중에 이스라엘에서 만난 백발의 랍비에게 이 '데브닝'*davening*이라는 관습에 관해 물어보았다. 이 기도 중에 몸을 흔드는 동작은 몸과 영혼, 곧 온 존재가 하나님께 붙들려 있음을 표현한다고 했다. 연로한 랍비는 몸의 움직임은 흔들리는 초의 불꽃을 흉내 낸 것으로 "인간의 혼은 하나님의 촛대다"라는 격언을 상기하게 한다고 설명했다.

수 세기 동안 유대교를 구성하고 특히 예수님 시대에 통용되었던 유대 관습과 신념에 관해 아직 배워야 할 게 많았다. 두 번째 이스라엘 여행에서 나는 예수님의 유대성과 그 유대성이 어떻게 예수님의 가르침과 메시지의 저변을 형성했는지를 알고 싶었다. 그중에 특히 궁금했던 것은 하나님이 2천 년 전 아들이라는 인격을 통해 세상에 오실 때 왜 유대인 랍비가 되기로 선택하셨는가였다.

왜 랍비였을까?

이스라엘을 방문하면 복음서의 여러 장면이 쉽게 떠오른다. 가장 최근에 방문했을 때 '제2성전기 유대교' 강좌를 수강하던 브라이언이라는 대학원생을 알게 되었다. 미국 동부의 손꼽히는 신학교 진학을 앞둔 브라이언은 두말할 나위 없이 총명했다. 그런데 그 외에도 다른 특징이 있었다. 어깨까지 내려오는 갈색 머리, 긴 수염, 중간 체격, 흰 피부까지… 이 캘리포니아인은 주일학교 교재에 나오는 예수님을 판에 박아 낸 듯했다. 어느 날 우리 반이 함께 갈릴리 바다로 갔을 때였다. 브라이언이 젖은 머리로 수염에서 물방울을 떨구며 허리춤까지 호수에 몸을 담근 채 서 있는데, 금방이라도 머리 위로 비둘기가 너울거릴 것만 같았다.

하루는 예루살렘 성전산Temple Mount의 남쪽 계단을 올라가는 중이었다. 예수님도 성전으로 가실 때 이 계단을 밟고 올라가셨을 것이다. 그때 20대의 이스라엘 대학생 무리가 갑자기 서로 옆구리를 찌르며 브라이언을 가리켰다. 그다음 그들은 손을 내밀며 "예수, 예수!"라고 외쳤다. 악의 없는 장난이 분명했다. 그 정도로 헐리우드의 정형화된 예수님상과 완벽하게 일치했다.

물론 이런 모습은 예수님의 셈족 유산을 깡그리 무시한 결과였다. 우리 대부분은 이런 이미지가 부정확하고 그릇되었음을 안다. 하지만 적어도 영화 속에서는 아직도 예수님의 유대 유산이 제대로 반영되지 못하는 듯하다.

예수님은 얼마나 유대적이었을까? 그리고 예수님의 주변 사람들은 얼마나 경건했을까? 그들은 내가 엘알 비행기 안에서 만난 유대인들처럼 독실했을까? 아니면 신앙을 가볍게

랍비

랍비는 문자적으로 '나의 주인'을 뜻한다. 예수님 시대에는 성경 교사들을 존대하여 '랍비'라고 불렀다. 랍비가 공식 호칭이 된 것은 주후 70년 이후였다.

여겼을까? 왜 우리는 예수님을 랍비로 이해하는 것이 중요함을 이렇게 강조하는 걸까? 예수가 구세주이며 메시아임을 아는 것만으로도 충분치 않을까?

이 질문에 답하려면 먼저 예수님이 최상이자 최악의 시점에 역사 속으로 입장하셨음을 알아야 한다. 그 시기는 이스라엘이 하나님을 위해 살고자 목말랐기에 최상의 시점이었다. 그들은 비극적인 역사를 통과하는 과정에서 하나님이 정하신 길에서 벗어났을 때 삶이 얼마나 고통스러워지는지 알았다.

그러한 영적 갈급함에도 로마 치하의 삶이 견딜 수 없을 정도로 비참했기에 이스라엘에게는 최악의 시점이기도 했다. 로마는 폭압적으로 높은 세금을 요구했고, 조금이라도 반대 조짐이 보이면 잔혹하게 진압했다.

가령 로마는 나사렛에서 5킬로미터 떨어진 세포리스에서 일어난 반란을 진압하려고 도시를 통째로 불사른 다음 생존자를 노예로 팔아넘겼다. 이 일은 예수님 출생 시점인 주전 4년에 일어났다. 이런 참사 현장 근처에서 성장한다는 것이 어떤 느낌일지 상상해보라. 흡사 2001년 9월 11일 맨해튼에서 태어나는 것과 같았으리라. 세계무역센터 붕괴를 직접 목격하진 못했어도 귀에 못이 박힐 정도로 그 이야기를 들으며 자랄 것이다.

유대 민족은 로마의 지속적 압제를 겪으며 그들을 건져낼 메시아를 보내달라고 날마다 하나님께 부르짖었다. 이런 사회적 분위기와 종교적 갈망을 배경으로 지상에서 가장 위대한 랍비가 무대 위로 등장했다. 그가 가는 곳마다 무리가 모여든 것은 당연한 일이었다.

유대인에게 토라가 주는 의미

예수님이 받은 유대적 양육은 그분의 생애와 사역에 어떤 영향을 미쳤을까? 우선 예수님은 대여섯 살 무렵부터 토라와 히브리어 성경의 상당 부분을 읽고 암송하는 법을 배우셨을 것이다. 이는 유대 소년에게는 흔한 일이었다. 열 살이 넘으면 구전 토라(성문成文 토라를 해석한 랍비들의 전승)를 배우기 시작했을 것이다. 소녀에게 토라 훈련은 의무적인 정규 교육 과정은 아니었다. 하지만 집에서나 회당에서 어깨너머로 성경 암송하는 소리를 자주 들었기에 그들도 자연스럽게 많은 기도문을 외웠다.

열세 살이 되면 대다수 소년은 정규 교육을 마친 후 전문 교육을 받기 시작했다. 그중 재능이 출중한 소년은 회당에 있는 베트 미드라쉬(*bet midrash*, '해석의 집')에서 보통 결혼 적령기인 18~20세까지 십 대 내내 학업을 이어갈 것을 권유받는다. 가장 총기 있는 자만이 위대한 랍비의 제자가 될 수 있었다.[2]

경건한 유대인들은 성경 전체에 열렬한 관심이 있었지만, 그래도 주 초점은 하나님이 모세에게 주신 최초 다섯 권의 율법책인 토라였다. 유대인에게

토라와 구전 토라

토라는 '가르침' 또는 '지침'을 뜻하는 히브리어다. 성경의 첫 다섯 권을 가리키는 의미로 '오경'五經이라고도 불렀다. 기독교 성경은 토라를 종종 '법'으로 번역하지만, 유대 번역자들은 통상 '가르침'이라고 해석한다. 토라는 성경 전체를 가리키기도 한다.

'구전 토라'는 오경 중 모세가 받은 율법에 관한 해설과 해석으로 이루어져 있다. 예수 시대에 랍비 교사들에 의해 구전으로 계승되었으며, 후대에 다른 랍비들의 가르침이 더해져 주후 200년경 미쉬나로 편찬되었다.

토라는 우리가 흔히 생각하듯 그런 부담스런 규범집이나 방대한 법전이 아니다. 그들에게 토라는 어떻게 살아야 할지를 가르쳐주는 하나님의 선물이었다.

1세기의 유대는 성경 지식으로 가득한 사회였다. 평범한 사람도 지역 회당에 모여 경건하게 토라를 공부했다. 회당은 예루살렘 성전에서 제사 드리는 것이 불가능했던 바벨론 유수 기간에 생긴 제도였다. 회당은 유대인 남녀노소 삶의 구심점이었다.

베트 미드라쉬

베트 미드라쉬는 토라와 토라에 대한 랍비의 해석을 가르치고 공부하는 센터였다. 1세기에는 회당 내에 있어 13~17세의 소년들이 종교 문헌을 공부하는 '고등학교' 역할을 했다. 성인도 여가에 베트 미드라쉬에서 공부를 이어갔다.

매 안식일마다 회중 가운데 한 사람이 성경을 낭독하고 그 구절을 강해했다. 예수님처럼 당시 지역을 방문한 재능 있는 랍비가 있다면 강론을 요청했다. 1세기 초에는 단지 교육받은 소수뿐 아니라 많은 이들이 신앙을 실천하고 가르치는 일에 간여했다. 유대 역사가 쉬무엘 사프라이의 글이다.

> 제2성전기와 그 후대에 토라 공부는 유대인 삶의 특징이었다. 토라 공부는 단지 학교나 회당의 공적 환경이나 현자들에게 국한되지 않았고 평범한 유대인의 삶에서도 필수불가결한 요소였다. 잠시라도 짬이 날 때마다 수시로 토라를 공부했다. … 집집이 야밤에 토라 배우는 소리가 흘러나오는 것은 흔한 풍경이었다. 할례나 혼인 같은 경사로 사람들이 모일 때면 어김없이 한편에 따로 모여 율법 공부를 하는 무리가 있었다.[3]

로이스는 성경 공부에 대한 유대인의 이런 열정에 관해 처음 들었을 때 이해하기 힘들었다. 생각해보라. 파티 중간에 친구들에게 "애들아, 우리 고서들을 모아놓고 한번 이야기해보자!"라고 말하는 광경을.

하지만 시간이 흐르며 로이스는 성경을 깊이 파헤쳐 하나님의 말씀에서 신선한 통찰을 길어올리는 것만큼 짜릿한 일도 없음을 깨달았다. 이스라엘 답사 후 이 열정에 불이 붙는 이들이 많다. 로이스의 답사팀이 첫 번째 답사를 마치고 귀국했을 때 여러 답사자들은 성경을 펼칠 때마다 무릎을 치며 새로운 깨달음을 얻는다며 들떴다. 그녀는 회고한다. "예수님의 역사적 실재성을 맛본 후론 모든 게 달라졌다. 그때부터는 복음서를 읽을 때마다 예수님이 갈릴리 지역을 거니시며 무리를 가르치고 병자를 고치고 다른 랍비와 논쟁하시는 모습이 보였다."

"친구들과 마지막 답사에서 돌아왔을 때 예루살렘에서 근래에 발굴된 실로암 연못 계단의 흙이 아직 우리 샌들에 들러붙어 있었다. 예수님이 맹인의 눈을 뜨게 하신 바로 그 자리에서 우리 눈이 열렸다(요 9장). 친구들과 난 일요일자 신문이나 최신 개봉 영화를 기다리는 것만큼 〈성경 고고학 리뷰〉 최신호를 허겁지겁 뜯어보기 시작했다. 그 후 우리에게는 이스라엘행 비행기 표가 필요한 게 아님을 깨달았다. 놀라운 통찰은 아주 가까이, 바로 우리의 성경 속에 있다."

랍비들은 기도가 아닌 공부가 가장 높은 형태의 예배라고 생각했다. 이 사실이 놀라운가? 랍비들은 기도할 때에는 우리가 하나님께 말하지만 성경을 공부할 때는 하나님이 우리에게 말씀하신다고 가르친다. 물론 그들이 말하는 공부는 냉랭한 지식 위주의 접근이 아

회당

회당은 유대인이 예루살렘 성전에서 예배드릴 수 없었던 주전 6세기 바벨론 유수 기간에 생겨난 것으로 보인다. 회당은 지역사회의 구심점으로 사람들이 모여 기도하고 성경을 공부하는 장소로 쓰였다. 1세기에는 온갖 종류의 모임이 회당에서 열렸는데, 주중에는 학교로, 안식일엔 기도와 토라 공부 모임으로 사용되었다.

니라 하나님 말씀에 대한 깊은 경외심으로 추동되는 탐구를 의미한다. 탈무드는 경외심 없이 공부하는 사람에 대해 "흡사 보물상자의 안쪽 상자 열쇠는 가지고 있지만, 바깥 상자 열쇠는 없는 것과 같다"고 비유한다.[4] 이런 사람은 자신이 성경을 이해한다고 착각하지만, 그 참뜻은 감추어지고 잠겨진 상태다.

랍비의 삶

예수님이 오시기 전, 수 세기 동안 토라를 공부하고 가르치려는 진지한 열망으로 이름을 떨친 인물들이 있었다. 예수님 시대에는 이런 학식 있는 사람들에게 존경을 표하고자 '나의 주인master'이라는 의미를 함축한 '랍비'로 그들을 불렀다. 예수님 이후 수십 년에 걸쳐 랍비는 정식 호칭이 되었다.[5] 이들은 부유층이나 제사장 계급이 아닌 대부분 일반인이었다. 그들 중에는 대장장이, 재단사, 농부, 가죽 세공사, 신발 제작자, 나무꾼 그리고 물론 목수도 있었다.[6] 많은 이들은 생업이 한가로운 철에 몇 개월씩 여행하며 가르쳤다.

랍비들은 토라를 해석하고 성경을 강해하고 비유를 들려주었다. 방방곡곡 다니며 회당에서 가르치는 이들도 있었는데, 그들은 타인의 손 대접에 의존했지만, 금전적 보상은 일절 받지 않았다. 랍비들은 수년간 문하에서 지도받으며 공부할 제자들을 받아들였고 어딜 가든 제자들과 동행했다. 수업은 포도원, 시장, 길가, 들판에서 진행되었다.[7] 그다음 제자들은 혼자 나가 가정이나 회당에서 강의를 하기도 했다.

랍비의 삶에 관한 이런 지식은 예수님의 생애에 빛을 조명한다. 엄청난 대중적 인기를 누렸으나 역사적으론 오류투성이인 댄 브라운의 《다빈치코드》를 기억하는가? 브라운은 이 책에서 예수님이 결혼했다는 주장을 내세우며, 그 근거로 유대 사회가 예수님이 독신으로 살도록 내버려두지 않았을 것이라고 주장한다. 브라운이 주인공 로버트 랭던의 입을 통해 하는 말을 들어보라. "유대 관습은 독신을 금기시했고 아들에게 걸맞은 색싯감을 찾아주는 것이 유대인 아버지의 마땅한 도리였다. 만일 예수가 결혼하지 않았다면 적어도 성경의 사복음서 중 하나는 그 사실을 언급했을 것이고 이 부자연스러운 총각 처지에 대한 어떤 설명을 제공했을 것이다."[8]

적어도 한 가지 면에선 브라운의 말이 맞다. 대다수의 유대인 남자들의 결혼 적령기는 꽤 어린 나이인 18~20세였다.[9] 그러나 랍비 학자들은 공부와 여행으로 몇 해를 소진하는 탓에 훨씬 늦게 결혼했다는 사실에 브라운은 무지한 듯하다. 데이비드 비빈이 밝혔듯, "1세기 유대 사회 내에서 총각 랍비의 활동은 얼핏 생각하는 것처럼 비정상적이지 않았다. 랍비들이 집에서 멀리 떠나 처음엔 학생으로, 그 후엔 순회 교사로 수년을 보내다가 30대 후반이나 40대에 결혼하는 것은 드물지 않은 일이었다."[10]

이는 "천국을 위하여 스스로 된 고자도 있도다"(마 19:12)고 하신 예수님의 발언과 독신에 대한 바울의 긍정과도 완벽하게 맞아떨어진다. 독신은 불가능이 아니라, 랍비가 하나님께 드리는 헌신의 최고 상징이었다.

랍비 집단에 속한 예수님

우리가 아는 한, 예수님은 1세기에 활발하게 활동하던 사두개파, 열심당, 에세네파, 바리새파 등 주요 종교 집단 중 어디에도 속하지 않으셨다. 그럼에도 예수님의 가르침에 가장 근접한 것은 바리새파(주후 70년 성전 파괴 후 유대교를 재정립했다)였다. 오늘날 현존하는 랍비 유대교 역시 바리새파의 유산이다. 이 점이 의외일 수도 있겠다. 예수님이 바리새파에게 "외식하는 자", "독사의 자식들"이라고 하셨으니 그럴 만도 하다. 때로는 예수님이 말씀하신 모든 것이 바리새파의 가르침과 정면으로 충돌한다고 복음서가 암시하는 듯 보인다.

그러나 이런 논쟁은 유대인의 공부에서 중심 특징이었음을 인식해야 한다(훌륭한 학생은 논쟁을 잘하는 학생이라고 랍비들은 믿었다). 한 랍비는 자기를 가장 완강하게 반대했던 사람의 죽음을 애도하면서 이제 더 이상 "내 사고의 날을 벼리도록 강제할 맞상대가 없다"면서 한탄했다![11] 비록 예수님의 청중 중에는 그분을 올무에 걸려들게 하려고 간교한 질문을 하는 자들이 있었지만, 개중에는 공부와 가르침의 일환으로 논쟁하던 자들도 있었다.[12]

아톨 딕슨은 저서 《모세의 눈으로 본 복음》*The Gospel according to Moses* 에서 지역 회당에서 토라 공부 모임에 참여했던 흥미진진한 일화를 들려준다. 어느 날 집단 토론을 이끌어내는 데 어려움을 겪던 랍비는 논의를 활성화하려고 속사포처럼 여러 질문을 던지다가 매우 도발적인 발언을 했다. 그래도 참석자들이 침묵하니 진이 빠진 랍비가 외쳤다. "이봐요! 누가 나한테 반대해야죠! 아무도 반대하지 않는데 대체 어떻게 배우겠어요?"[13]

누가복음은 예수님이 공생애 시작 전부터 여러 회당에서 가르치셨다고 전한다(눅 4:15). 왜 이 점이 중요한가? 유대적 현실에 비추어 볼 때 예수님에 관해 두 가지 단서를 제공하기 때문이다. 첫째, 예수님은 당대 기준으로 상당한 학식을 갖춘 분이었음이 분명하다. 그렇지 않았다면 절대 회당에서 가르쳐달라는 청을 받지 못했을 것이다. 그의 가장 거센 비판자조차도 예수님의 학식에 의문을 제기하진 않았다. 둘째, 예수님은 토라를 지키는 사람이었음이 틀림없다. 만일 토라 준행자가 아니었다면 회당에서 강론은커녕 참석조차 금지되었을 것이다.[14] 따라서 예수님은 당시 유대 사회의 핵심 구성원으로서 랍비들 사이에 진행되었던 수준 높은 대화에 고도의 기여를 하셨음이 분명해 보인다.

예수님 시대의 유대적 사고를 배우고자 할 때 복음서 완독 외에 우리가 할 수 있는 일이 무엇일까? 놀랍게도 유대인이 오늘날 논쟁하고 공부하는 내용 중에는 1세기에 이미 논의되었던 내용도 있다. 유대 민족이 어느 정도로 구전 토라(예수님 시대 랍비들의 가르침)의 권위를 인정하느냐면, 마치 시내산에서 하나님이 모세에게 성문 토라를 주실 때 구전 토라도 같이 하늘에서 내려온 듯 대할 정도다. 이 구전 전승은 마침내 주후 200년경 미쉬나로 집대성되었다. 주로 율법적 판결로 이루어진 미쉬나에는 주전 200년부터 주후 200년 사이에 진행된 유대적 사고와 담론이 오롯이 보존되어 있다. 그후 수 세기에 걸쳐 미쉬나는 방대한 주석을 통합하여 주후 500년 무렵 탈무드로 완성되었다. 지난 2천 년간 그리고 오늘날까지도 미쉬나와 탈무드에 담긴 논의들은 정통파 유대교인의 학습을 위한 근간이다.

사실 예수님은 오늘날 유대 사상의 맹아가 된 학문적 황금기의 한복판에 사셨다. 초기 사상의 양대 산맥을 이루는 힐렐과 샴마이는 예수님이 활동하던 시기 직전인 주전 30년과 주후 10년 사이에 가르친 랍비였다. 힐렐과 샴마이의 제자들 사이의 허다한 논쟁이 미쉬나에 잘 보존되어 있다. 그 판결에 대해 평해달라는 요청을 예수님은 적어도 한 번 이상 받으셨다. 가령 이혼에 관한 예수님의 견해를 묻는 질문은 양대 진영 중에 어느 쪽 입장이신지를 여쭤본 것이었다.[15] 예수님은 다른 랍비들과 견해를 같이하실 때도 있었고, 그들의 생각을 토대로 하면서도 새로운 수준을 제시하기도 하셨다.[16]

탈무드

탈무드는 미쉬나에 대한 방대한 주석이다. 미쉬나 각 절마다 뒤에 주석 단락을 제공하는 형식으로 되어 있다. 주후 400년경 완성된 《예루살렘(팔레스타인) 탈무드》와 주후 500년경 완성된 《바벨론 탈무드》, 이렇게 두 종류가 있다. 오늘날 유대인이 권위를 인정하는 것은 《바벨론 탈무드》다.

랍비들은 비유로 전했다

랍비 선생이라는 소명이 예수님과 어느 정도로 완벽하게 걸맞았는지 확인하는 일은 어렵지 않다. 다른 랍비들처럼 예수님은 걸어 다니시고, 비유로 가르치시고, 논쟁을 벌이시고, 성경을 해석하시고, 제자들을 양육하셨다. 예수님의 가르침 역시 랍비 스타일과 아귀가 잘 맞는다.

가령 비유를 살펴보자. 예수님이 비유로 말씀하신 유일한 랍비가 아니라는 사실에 다소 놀랄지도 모르겠다. 대부분의 랍비는 전통적인 모티프나 주제를 사용했는데, 이는 예수님이 전하신 비유에 빛을 비춰준다. 가령 비유에는 종종 하나님을 상징하는 왕, 양치기, 포도원 주인 같은 인물이 포함되어 있다. 랍비들이 사용한 이런 이미지는 다름 아닌 성경에서 가져온 것이다.[17] 한 랍비의 말을 살펴보자.

> 양 한 마리가 풀밭에서 길을 잃으면 누가 누구를 찾을까? 양이 목자를 찾을까, 목자가 양을 찾을까? 당연히 목자가 양을 찾는다. 마찬가지로 거룩하신 자, 송축 받으실 그분이 길 잃은 자를 찾으신다.[18]

이 랍비의 말을 들으면 왠지 양 아흔아홉 마리를 남겨두고 잃어버린 한 마리 양을 찾아 나선 목자에 관한 비유(마 18:12~13)가 연상되지 않는가? 우리가 엇길로 갔을 때 그런 우리를 찾으시는 분은 하나님이라고 이 랍비는 말한다. 예수님과 랍비 모두 성경에 근거한 비유를 들고 있다. 일단 우리가 랍비식 비유라는 전통적 양식을 확인한다면 예수님이 하시는 말씀을 더 잘 이해할 수 있을 것이다.

아래의 랍비 비유를 살펴보자.

> 랍비들 앞에는 스펀지, 파이프, 압착기, 체, 이렇게 네 가지 부류의 사람들이 앉는다. 스펀지는 모든 것을 그대로 빨아들인다. 파이프는 한쪽으로 듣고 한쪽으로 내보낸다. 압착기는 찌끼는 보존하고 포도주는 내보낸다. 체는 쭉정이는 제하고 고운 밀가루를 보존한다.[19]

이 '네 부류' 비유는 사람이 살아가는 네 가지 방식을 비교하고 있다. 이 비유를 보면 누가복음 8장 4~11절에서 돌밭, 길가, 가시밭, 옥토라는 네 가지 다른 장소에 떨어진 씨 비유가 연상된다. 각 비유는 사람들이 하나님의 말씀에 반응하는 방식이 얼마나 다양한가를 부각한다.

위의 비유에서 랍비는 우리의 고정관념과는 다르게, 최고의 제자는 모든 것을 고스란히 받아들이는 '스펀지'가 아니라 가르침을 걸러내어 최상의 것을 보존하는 '체'라고 역설한다. 이것은 그리스도인에게 얼마나 유익한 조언인지! 우리는 좋아하는 선생에게서 배운 것을 무엇이든 맹목적으로 되뇌는 앵무새가 되어서는 안 됨을 이 비유는 일깨운다. 오히려 우리는 명철과 분별을 발휘하고 끊임없이 질문을 던지고 답을 저울질하고 이해를 궁구하면서 우리 믿음을 하나님의 말씀과 기독교 전통이라는 지혜 안에서 견고히 세워가야 한다.

속량자 랍비

예수님을 당대의 다른 랍비와 비교한다고 해서 그분이 그저 '또 하나의 랍비 선생'에 불과하다는 뜻은 아니다. 아울러 올림픽 금메달 선수를 뽑듯 예수님을 여러 랍비 중 독보적인 랍비라고 집어내려는 것도 아니다. 예수님은 비범한 랍비이셨지만, 그 이상이기도 하셨다.

유대 민족은 모세와 같은 구원자로 올 메시아를 고대했다. 예수님의 동시대인들은 로마라는 압제자에게서 자신을 건져줄 새로운 모세를 찾았다. 그런데 모세가 이스라엘의 위대한 구원자로서만 아니라 이스라엘의 위대한 선생으로도 존경받았다는 사실을 아는가?

사실 유대인은 모세를 종종 '모세 라베누', 곧 "우리의 랍비 모세"로 불렀다. 유대인은 시내산에서 하나님과 만나 그들에게 토라를 전달해준 모세를 존경했다.

모세처럼 예수님도 이 땅에 하나님의 말씀을 가지고 오셨다. 아니 거기 더하여 예수님은 성육신한 하나님의 말씀이셨다. 이 점을 염두에 둔다면 예수님이 유대 랍비로 일생을 보내셨다는 게 그리 놀랍지 않다. 예수님은 삶과 죽음 전체를 통해 우리를 속량하시며 어떻게 살지를 가르치신 우리의 위대한 선생이었다.

당신이 지상에서 최고로 아름다운 피아노 협주곡 악보를 소장하고 있다고 가정해보자. 악보는 있지만, 전곡을 완벽하게 연주한 것은 한 번도 들어보질 못했다. 그런데 어느 날 작곡자의 아들을 만났다. 아들은 빼어난 피아니스트이며 아버지의 곡을 암보하고 있었다. 그가 자리에 앉아 협주곡을 연주하기 시작하자 가슴이 미어질 정도로 아름다운 소리에 당신은 흐느끼기 시작한다. 마침내 당신은 작곡자가 의도한 대로 세상에서 가장 웅장한 협주곡이 연주되는 것을 듣는다. 이것은 예수님이 우리에게 해주신 일에 대한 비유다. 예수님은 하나님의 형상으로 창조된 인간의 완벽한 상을 단지 '말씀'만 하신 게 아니라 '제시'하셨다.

성경이 약속한 메시아는 모세와 같은 구원자일 뿐 아니라 이스라엘의 가장 위대한 왕이었던 다윗왕처럼 찬란히 통치할 왕이었다. 그러나 왕이라는 것과 랍비라는 것이 무슨 연관이 있을까?

유대인이 생각하는 바람직한 메시아 왕을 생각해보자. 정통파 랍비 메이르 즈로토위츠는 메시아 왕은 위대한 토라 선생일 거로 성경이 예언했다고 한다. 그의 글이다. "메시아 왕은 독특한 역할을 한다. 그는 나라의 일등 시민으로서 토라를 삶으로 구현하는 자가 될 것이다." 아울러 이 랍비는 "그 왕은 어마어마하고 거의 통제 불가능한 권능을 소지한 자이다. 이 메시아 왕은 늘 가지고 다니는 성경의 율법에 복종하며 백성에게 토라 공부의 엄중함을 일깨우기 위하여 밤낮으로 노력을 기울인다." 왕은 율법 위에 군림하는 게 아니라 토라를 삶으로 살아내는 최고의 역할 모델이 되어야 한다.[20] 이 현대의 랍비는 하나님이 왕에게 요구하시는 자질을 논한 신명기 17장을 발상의 근거로 삼았다.

> 반드시 네 하나님 여호와께서 택하신 자를 네 위에 왕으로 세울 것이며 … 그가 왕위에 오르거든 이 율법서의 등사본을 … 책에 기록하여 … 평생에 자기 옆에 두고 읽어 그의 하나님 여호와 경외하기를 배우며 이 율법의 모든 말과 이 규례를 지켜 행할 것이라(신 17:15~19).

왕은 율법을 공부하며 준행해야 하며 두루마리에 기록하여 어딜 가든 곁에 두고 볼 만큼 율법을 사랑해야 했다. 율법을 준행하고 율법을 귀하게 여기는 왕에 관한 발상은 차츰 메시아에게로 확장되었다. 위대한 왕 중 왕은 성경 연구에 매진하며 위대한 선생으로서 율법을 백성에게 전달하려 할 것이다. 그는 자신의 영광을 구하지 않으며 하나님의 말씀에 순종하도록 백성을 지도할 것이다.

물질주의적이고 오락 지향적 문화에서 살아가는 우리는 본받아야 할 모델로 굴지의 사업가, 스포츠 영웅, 영화배우를 우러러본다. 이 사회는 아름다움과 부를 소유한 사람을 존경한다. 그러나 유대인은 예수님 시대를 포함해 전 시대에 걸쳐 위대한 성경학자가 되는 것을 인생 지고의 성취로 보았다. 이런 문화에서 메시아가 가장 위대한 선생이 되는 것은 이치에 맞는 이야기다. 예수님이 유대 랍비로 오신 것은 전혀 이상한 일이 아니었다!

랍비의 목표

무리를 가르치는 것과 더불어, 랍비의 가장 큰 목표는 자신의 가르침을 계승할 제자 양성이었다. 제자 양성은 단순히 타인의 뇌 속으로 방대한 데이터를 이전하는 학문적 차원의 활동이 아니었다. 성경 지식이 중요하긴 해도 더 중요한 것이 있었다. 바로 랍비의 도덕적 인품이었다. 이런 말이 있다. "선생이 주의 천사와 같다면 그들은 선생으로부터 토라를 찾을 것이고, 만일 그렇지 않다면 그들은 선생으로부터 토라를 찾지 않을 것이다."[21]

랍비의 사명은 하나님 말씀을 삶에 적용하는 것이 무엇을 의미하는지 생생한 삶의 실례로 보여주는 것이었다. 제자가 랍비에게 가서 수련받는 이유는 그가 성경으로 충만하고 진실하게 하나님을 따르기 때문이었다. 제자는 성경뿐 아니라 랍비의 삶을 통해 본문을 공부하길 원했다. 삶이야말로 토라를 삶으로 살아내는 법을 배울 현장이었다. 제자는 스승의 지식을 얻는 것 이상으로, 하나님의 율법을 내면화한 스승의 성품을 습득하길 원했다.

배움에 대한 이런 접근은 완벽하게 이치에 맞다. 자전거 타는 법이 적힌 지침서를 다섯 살짜리에게 건네주는 것보다 훨씬 나은 방법은 아이에게 자전거 타는 시범을 먼저 보이고 보조바퀴가 달린 자전거에 아이를 태우는 것이다. 아이가 보조바퀴를 뗄 준비가 되면 처음으로 그 짜릿한 시도를 할 때 옆에서 나란히 자전거를 탈 누군가가 필요하다. 이것이야말로 랍비-제자 관계의 정수다. 옛적부터 하나님은 백성에게 "너희는 거룩하라. 이는 나 여호와 너희 하나님이 거룩함이니라"(레 19:2)고 말씀하셨다. 랍비로서 세상을 활보하는 것보다 하나님을 닮는 법을 가르칠 더 좋은 길이 있을까?

우리는 죄에서 구원하시는 예수님의 십자가 사명에 자주 초점을 맞춘다. 이것이 놀라운 일인 건 맞지만, 이 땅에서 예수님이 랍비로 지내셨던 사명도 아주 중요하다. 예수님의 목표는 자신을 닮은 제자를 양육하는 것이었다. 예수님을 따르는 자로서 우리의 부르심은 여전히 제자도라는 모험을 삶으로 살아내며 우리 안에서 역사하시는 성령의 권능을 통해 예수님을 닮아가는 것이다.

그러려면 1세기 유대인의 귀에 따라 조율하면서 예수님이 말씀하셨던 바에 맞출 필요가 있다. 이 과정에서 우리는 예수님이 '생략하신 내용'을 아는 것이 '실제 말씀하신 바'를 아는 것만큼이나 중요함을 종종 발견할 것이다. 이제 말씀 이면의 더 깊은 의미를 탐구해 보자.

03
진주 꿰기

> **그들이 모세오경과 선지서, 그리고 선지서와 성문서의 말씀을 '진주 꿰기' 할 때**
>
> **그들 주변에는 불이 번득였고,**
>
> **말씀은 시내산에서 전달되었던 그날처럼 즐거워했다.**
>
> 아가 라바 1:10(주후 3~6세기)

1946년 늦은 어느 날 오후, 유대 사막의 외진 벼랑의 동굴 속으로 해가 들어오며 동굴 안을 부유하는 먼지 입자를 비추었다. 동굴 안을 들여다보던 베두인족 양치기 소년들은 경이로운 발견을 했다. 20세기 동안 조심스레 감추어둔 두루마리로 그득한 토기 항아리들이 돌연 세상의 조명을 받았다. 이 소년들은 2천 년 성경 고고학 역사상 가장 중요한 발견으로 꼽히는 사해 두루마리를 우연히 만난 것이다. 그 후 1948년, 고대 성경 필사본과 1세기 시절의 유대 저술이 발견되었다는 뉴스 앞에서 학계는 놀라 어찌할 바를 몰랐다.

그러나 그 후 45년이 지나도록 여러 필사본은 작은 무리의 연구팀에게만 접근이 허용되었고, 이를 두고 세계 곳곳에서 학자들의 원성이 자자했다. 마르티 아베그라는 젊은 대학원생은 교수 에마뉘엘 토브 덕분에 이 고대 문서를 열람할 수 있었다. 다른 연구를 수행하는 과정에서 아베그는 우연히 두루마리들의 본문을 재구성할 방법을 발견했고, 1991년 온 세계가 열람하도록 본문 일부를 출간했다. "그 여파는 청천벽력 같았어요. 고양이를 자루에서 풀어놓은 거죠." 아베그의 말이다. 곧 나머지 두루마리들이 잇따라 공개되기 시작했다. 아베그가 당시 사해 두루마리 연구팀의 총편집자였던 토브를 압박한 것이다.

그해 말 토브와 아베그가 한 학술 모임에서 마주쳤을 때 팽팽한 긴장감이 감돌았다. 탈모가 오기 시작한 유대 학자는 잠시 주춤하더니 한때 자신의 학생이었던 아베그에게 단 세 마디를 말했다.

"바님 기달티 베로뭄티(내가 자식을 양육하였거늘)."[1]

대체 무슨 의미였을까? 아베그는 어렴풋이 이사야서에서 그 구절을 읽었던 기억이 났다. 그날 저녁 호텔 방에 돌아가 성경책을 펼쳐 이사야서 1장 2절을 읽었을 때 비로소 토브의 꾸지람의 여파가 고스란히 전해졌다. "내가 자식을 양육하였거늘 그들이 나를 거역하였도다!" 아베그는 움찔했다. 토브는 성경 구절을 일부분만 인용하고 나머지는 생략하는 고전적인 랍비 방식을 사용했던 것이다. 율법을 엄격하게 지키는 유대인이었던 에마뉘엘 토브는 성경에 박식한 사회 속에 살았고, 강력하지만 은근한 방식으로 배신감을 피력했다. 그는 아베그가 메시지의 전후 맥락을 발견하는 순간 논지를 파악할 것을 알았다.

이제 2천 년 앞서 살았던 또 다른 비범한 유대 학자의 말을 들어보자. 그는 성전 구역 안에서 사람들을 가르치고 병을 고쳤다. 어린 아이들조차 "호산나, 다윗의 자손이여!"라고 외칠 정도로 백성 가운데 그에 대한 칭송이 자자하였다. 분개한 제사장들과 율법 선생들은 그에게로 몰려와 따졌다. "이 아이들이 하는 말을 듣고 있습니까?"

예수께서 이르시되 그렇다 어린 아기와 젖먹이들의 입에서 나오는 찬미를 온전하게 하셨나이다 함을 너희가 읽어 본 일이 없느냐 하시고(마 21:16).

대번에 시편 8편 2절의 나머지 부분이 그들 머릿속에 회오리쳤을 것이다.

주의 대적으로 말미암아
어린아이들과 젖먹이들의 입으로
권능을 세우심이여
이는 원수들과 보복자들을 잠잠하게 하려 하심이니이다.

시편 기자는 하나님의 영광이 너무나 위대한 나머지 아이들조차 본능적으로 그를 예배함으로써 미워하는 자들을 부끄럽게 한다고 말한다. 마찬가지로 예수님을 찬양하던 아이들은 주님의 사역에 합당한 반응을 보였고, 그분을 힐난하던 자들은 합당한 반응을 거부했다. 에마뉘엘 토브처럼 예수님은 성경을 짤막하게 인용하심으로써 반대자들도 익히 알고 있었던 구절을 불러오셨다. 반대자들이 마땅히 받아야 할 나머지 책망은 하나님의 말씀이 전하도록 했다.

랍비가 성경을 인용하는 방식

에마뉘엘 토브 역시 예수님처럼 수 세기에 걸쳐 널리 알려진 '랍비 기법'을 사용했다. 랍비들은 어떤 발언의 효과를 크게 하려고 성경을 부분적으로 인용하고 나머지 여백은 청중이 채우게 했다. 성경에서 뽑은 짤막한 인용문과 독특한 구절을 가르침 사이사이에 양념처럼 흩뿌리는 일을 흔하게 한 것이다. 현대의 미국인 랍비 데이비드 월프가 설명하듯 "랍비 문서에 인유引喩의 밀도가 높은 것은 랍비들이 학식 과시에 안달해서가 아니다. 랍비들은 학식 있는 유대인이고 그들에게 성경 본문은 곧 삶이다. 성경의 스토리와 율례는 일상적으로 통용되는 표현이었고, 부단히 삶을 가늠하는 잣대였다."[2]

랍비들은 잘난 척하려는 게 아니라 그들에게 친숙한 성경의 틀 안에서 소통하려 했던 것이다. 예수님도 그리하셨다. 의심스럽다면 스터디 바이블을 가져다가 복음서 관주를 확인해보라. 예수님은 이 기법을 단지 전문 훈련을 받은 종교 엘리트를 상대로만 사용하신 게 아니었다. 어딜 가시든, 백성을 가르칠 때나 일반인의 질문에 응대할 때나 동일하게 이 기법을 사용하셨다.

예수님의 인용구는 훤히 드러날 때도 있고 (한두 단어만 사용하여) 은근할 때도 있었다. 사실 어떤 때에는 예수님이 말씀하시지 '않은' 부분을 아는 것이 말씀하신 부분 이상으로 중요하다. 달리 말하면 예수님이 인용하신 원래 구절이 그 발언을 온전하게 이해하는 데 필수적인 배경을 제공한다. 따라서 인용구를 놓친다면 논점 자체를 놓칠 수도 있다.

여기 잘 알려진 사례가 있다. 마태복음 18장 21절에서 베드로는 이렇게 묻는다. "주여 형제가 내게 죄를 범하면 몇 번이나 용서하여 주리이까 일곱 번까지 하오리이까?"

예수님의 답변이다. "네게 이르노니 일곱 번뿐 아니라 '일곱 번을 일흔 번까지라도' 할지니라." 예수님이 뜻하신 바는 무엇일까? 대다수는 곧바로 성경 각주에서 '칠 곱하기 칠십'이라고 해석할 수도 있음을 확인한다. 우리는 490이 77보다 훨씬 큰 수라는 사실에 만족한다("일흔일곱 번까지"라고 옮긴 역본도 있다—편집자). '그래, 이게 예수님이 말씀하신 뜻이었어.' 정말 그런가? 이것이 전부라면 우리는 여전히 핵심을 놓치고 있는 셈이다.

예수님의 진의를 이해하는 열쇠는 그가 인용하신 구절 속에 있다. "일곱 번을 일흔 번"이라는 표현은 성경 전체에서 딱 한 번 등장한다. 바로 창세기 4장 24절의 라멕의 옛 노래다. 그런데 이 생소한 성경 인물은 누구일까? 라멕은 가인의 후손으로서 선조의 살인 본능을 대물림했을 뿐 아니라 충격적인 복수의 욕망으로는 가인을 능가한 사람이었다.

> 나의 상처로 말미암아 내가 사람을 죽였고
> 나의 상함으로 말미암아 소년을 죽였도다
> 가인을 위하여는 벌이 칠 배일진대
> 라멕을 위하여는 벌이 칠십칠 배이리로다 하였더라(창 4:23~24).

라멕을 건드린 사람은 누구든 큰 대가를 치렀을 것이다. 칠 배가 아니라 칠십칠 배로! 성경에서 칠은 온전함을 상징하는 의미심장한 수다. 그러나 라멕은 온전함을 훨씬 능가하는 보복을 탐했다.[3]

인용문을 파악하면 예수님이 사용하신 대조법이 이해가 된다. 예수님은 제자들에게 보복을 추구했던 라멕의 열심만큼 용서에 열심을 내라고 말씀하신 것이다! 라멕이 범죄를 훨씬 능가하는 응징을 맹세한 것처럼 우리는 피해를 훨씬 능가하는 용서를 해야 한다. 우리는 가능한 한 파격적으로, 온전하게 용서하는 것을 목표로 삼아 라멕의 상극이 되어야 한다. 이처럼 한 단어나 구절에서 얼마나 많은 것을 배울 수 있는지 놀라울 따름이다.

여기 또 다른 예가 있다. "천국은 마치 여자가 가루 서 말 속에 갖다 넣어 전부 부풀게 한 누룩과 같으니라"(마 13:33). NIV 성경은 "많은 양"a large amount의 가루라고 했지만, 원문 그대로 옮기면 '세 스아'였다. 예수님 시대의 사람들은 누구나 이 '세 스아'가 하나님과 두 천사가 아브라함을 방문한 이야기에 나오는 표현임을 눈치챘을 것이다. 아브라함은 황급히 달려가 사라에게 지시한다. "속히 고운 가루 세 스아를 가져다가 반죽하여 떡을 만들라"(창 18:6). 세 스아는 밀가루 약 50파운드(약 23킬로그램 — 편집자)로 100인분이 족히 넘는 양이었다![4]

고대 청중은 사라가 고작 세 명의 나그네를 위해 이렇게 엄청난 양의 빵을 구웠다는 것에 경악을 금치 못했을 것이고 이 사건의 디테일을 인상 깊게 기억했을 것이다. 보통 여자들은 다음날 구울 빵에 쓰기 위해 그 전날 누룩 넣은 반죽을 충분한 양으로 준비해둔다. 사라가 준비한 발효로 이렇게 거대한 베이킹 프로젝트를 진행했다는 사실을 접한 사람들은 작은 기적처럼 받아들였을 것이다. 예수님이 이 구절을 언급하셨을 때 청중은(특히 여자들은) 사라의 누룩으로 어마어마한 양의 반죽이 부풀어 오르는 광경을 상상하며 미소 지었을 것이다.

예수님이 왜 누룩을 하나님 나라의 이미지로 사용하셨는지 짐작이 간다. 누룩은 누가복음 12장 1절에서처럼 종종 부정적인 이미지로 쓰이기도 했다. 왜 여기서는 긍정적으로 이야기하셨을까? 예수님이 아브라함과 사라의 만찬 준비 과정을 넌지시 암시하신 이유는 여기서는 누룩이 (세 천사 손님들과 나눠 먹기 위해 아낌없는 식사를 준비하는) 최상의 목적으로 사용되었기 때문인지 모른다.[5]

이런 식으로 성경 구절을 인용하는 관행이 이상하게 보일 수도 있지만 사실 우리도 크게 다르지 않은 방식으로 소통한다. 가령 "이라크는 제2의 베트남인가?"라는 표현을 보자. 이 표현을 들으며 수천 명의 베트남 난민이 이라크 해안으로 조수처럼 밀려오는 그림을 떠올린 사람은 없었을 것이다. 대부분은 결국 패배로 남은 베트남과의 장기전을 가리키는 것임을 눈치챘을 것이다.

마찬가지로 어떤 증거물을 '피 묻은 장갑'이라고 묘사한다면 언론에 대대적으로 보도된 O. J. 심슨의 살인 관련 재판이 연상될 것이다. 우리가 알아챌 만한 큰 맥락 속에 박혀 있는 단 하나의 특징적 단어나 문구는 그것만으로도 본능적인 반응을 촉발할 수 있다. 성경을 잘 아는 이들에게는 중요한 구절을 짤막하게 언급하는 것만으로도 둔중한 타격이 될 것이다.

예수님의 도서관

당신은 예수님이 어떤 성경을 보셨는지 궁금할 것이다. 예수님도 개신교의 구약에 수록된 그 책들을 읽으셨다.[6] 오늘날도 유대인은 구약을 자신들의 성경으로 여긴다. 예수님 시대의 유대인은 성경을 세 부분으로 나누어 "모세의 율법과 선지자의 글과 시편"(눅 24:44)이라고 칭했다(오늘날도 마찬가지다). 유대인은 이 성경을 '타나크'*Tanakh*라고 부른다. 타나크는 성경 세 부분의 첫 글자를 딴 약어다.

T: 토라 *Torah*(가르침/율법서). 모세오경

N: 네비임 *Neviim*(선지서). 역사서와 선지서(여호수아, 사사기, 이사야 등)

K: 케투빔 *Ketuvim*(성문서). 시편, 잠언, 욥기, 전도서 등

예수님의 말씀은 토라와 선지서와 성문서 인용으로 차고 넘친다. 예수님이 가장 즐겨 인용하시던 세 책이 각 부분에 한 권씩 있다(신명기, 이사야, 시편). 흥미롭게도 사해 두루마리본에서 가장 큰 비중을 차지한 것도 이 세 책이었다.[7] 예수님의 성경 취향은 아마도 당대 유대인들의 취향과 같았던 듯하다.

아울러 예수님은 다른 랍비 선생들과 똑같은 성경 인용법 및 해석법을 사용하셨다. 학자들은 예수님이 '힐렐의 7대 법칙' 중 몇 가지를 사용하셨다고 본다.[8] 일례로 게제라 샤바*gezerah shavah*, 곧 '동등비교법'이라는 법칙이 있다. 만약 두 구절이 특정 단어(혹은 구절)를 공유한다면 한 구절을 가지고 다른 구절로 확장할 수 있다는 것이다. 달리 말하면 성경으로 성경을 해석하는 것이다.

랍비들은 동일한 단어나 어구가 다른 곳에 등장하는 경우를 찾은 다음 어떻게 이 구절들이 상호연결되고 확장되는지를 묵상했다. 으뜸 되는 계명이 무엇이냐는 질문을 받았을 때 예수님이 답하신 방식을 보자.

> 네 마음을 다하고 목숨을 다하고 뜻을 다하여 주 너의 하나님을 사랑하라 하셨으니 이것이 크고 첫째 되는 계명이요 둘째도 그와 같으니 네 이웃을 네 자신같이 사랑하라 하셨으니(마 22:37~39).

"주 너의 하나님을 사랑하라"라는 첫 번째 계명은 쉐마의 유명한 부분인 신명기 6장 5절에서 가져온 것이다. 쉐마는 유대인이 조석으로 낭송하는 기도문이다. "네 이웃을 네 자신같이 사랑하라" 하신 두 번째 계명은 레위기 19장 18절에 있다. 두 구절에 모두 히브리 단어 '베아하브타'*ve'ahavta*가 들어 있는데, 이는 문자적으로 "그리고 너는 사랑하라"로 번역된다. 게제라 샤바 법칙에 의하면 두 구절은 동일한 단어를 공유하기에 상호 연관된다.[9]

예수님의 1세기 청중은 이 연관 구절을 눈치챘을까? 아마도 그랬을 가능성이 크다. 율법을 준행하는 유대인 대다수는 성경에 박식했을 것이다. 정규 교육을 많이 못 받은 사람도 매주 회당에서 상당 분량의 성경 본문을 듣고 기도문으로 읊조렸다. 따라서 청중은 예수님이 인용하신 구절의 맥락을 대부분 알아채고 이해했을 것이다. 예수님은 당대의 독실한 유대 신자들을 배척하지 않으셨고 오히려 그들의 성경 사랑을 십분 활용하여 성경과 자신에 관해 가르치셨다.

로이스는 예수님을 이해하는 데 구약이 얼마나 핵심에 있는가를 깨닫고 매우 놀랐다. "나는 예수님이 성실하게 암송하셨던 본문은 건너뛴 채 신약 첫 페이지부터 닳도록 읽곤 했다. 예수님이 드나드시던 '도서관'이 바로 내 손끝에 있었지만 부끄럽게도 나는 그 부분은 거의 읽지 않았었다. 이제는 복음서를 읽을 때 항상 관주를 보면서 예수님이 즐겨 읽고 인용하셨던 구약의 인용 구절을 확인한다."

번역의 차이도 인용의 깊이를 종종 가린다. 예수님은 히브리어로 (혹은 때때로 아람어로) 쓰인 성경을 인용하셨음을 유념하라. 또한 복음서는 헬라어로 기록되었다. 히브리어나 헬라어를 못 읽는다고 염려할 필요는 없다. 스터디 바이블의 각주를 찾아 읽기만 해도 상당한 것을 배운다. 그러나 스스로 파헤치고 싶다면 분별력이 필요하다. 언뜻 보면 구약의 특정 구절을 가리키는 것 같지만, 실은 성경에서 널리 발견되는 개념이거나 1세기에 흔히 사용하던 표현일 수 있다.

예수님은 히브리 성경을 자주 거론하셨지만 어떤 숨겨진 의미를 찾으려고 그렇게 하신 것은 아니었다. 혹자는 예수님 시대 수백 년 후에 도입된 랍비 해석법을 예수님께 적용하는 잘못을 범하기도 한다. 즉 성경 본문의 단순 자명한 의미를 넘어서는 해석 스타일 말이다. 가령 후세기에 히브리어 글자가 숫자 기능을 겸할 때, 단어에 상응하는 수의 합으로 특정 구절을 해석하는 방법이 도입되었다. 이런 관행은 그리스도 시대 한참 후에야 시작되었다.[10] 예수님이 아셨던 성경을 깊이 파고들어야 할 필요는 있지만 거기 있지 않은 것을 찾기 위해 성경 '너머'까지 볼 필요는 없다.

진주 꿰기

랍비들의 성경 사랑은 아무리 강조해도 지나침이 없을 정도다. 2세기 초에 살았던 랍비 벤 아자이에 관한 일화다. 어느 날 벤 아자이가 가르치던 중 "그의 주변에 불꽃이 번쩍였다." 아자이의 가르침으로 청중이 불에 붙은 것이다. 누군가가 비결을 묻자 그는 이렇게 답한다.

> 나는 토라 속 단어들을 서로서로 연결하고 있었고, 그다음 선지서의 단어를, 그리고 선지서와 성문서의 단어를 연결했다. 그러자 시내산에서 말씀이 전수되었던 그날처럼 단어들이 기뻐 뛰놀았다. 애당초 시내산에서 전해질 때부터 말씀은 불 가운데 있지 않았던가?[11]

벤 아자이는 여러 곳에서 구절들을 뽑아 큰 진리를 궁구하는, 이른바 '진주 꿰기'를 하던 중이었다. 그가 이 진주 꿰기를 할 때 단어들 스스로 서로 함께함에 너무 흥분한 나머지 불꽃이 튄 것이다! 랍비들은 이처럼 꼬리에 꼬리를 물고 본문을 연결하는 일에 아주 능숙했다.

예수님도 똑같은 일을 하셨다. 마태복음 5장 3~12절의 팔복 설교를 들어보라. 이 구절은 이사야서와 시편 인용으로 빽빽하다.

> 심령이 가난한 자는 복이 있나니…
>
> 애통하는 자는 복이 있나니…
>
> 온유한 자는 복이 있나니.

각 구절을 들으면서 무리는 하나님이 신실한 자들을 건져내시겠다고 약속한 여러 성경 구절을 떠올렸을 것이다. 하나님은 우리를 많이 아끼시고 고통스러운 삶 속에서도 그분을 찾으면 복을 주시는 분으로 알길 원하셨다. 예수님은 '하나님은 신실하시다'는 주요 논점을 분명히 하기 위해 성경의 다양한 부분을 끌어오셨다.

믿기 어렵겠지만 하나님 스스로 이 '진주 꿰기'를 즐기신 듯하다. 예수님이 사촌 요한으로부터 세례받는 장면을 기억하는가? 예수님의 세례 때 천부께서 하늘에서 하신 말씀을 들어보라. "너는 내 사랑하는 아들이라. 내가 너를 기뻐하노라"(막 1:11).[12] 얼핏 보면 이건 경이롭긴 하나, 단순한 확인 정도로 보인다. 그러나 그 안에는 훨씬 풍성한 내용이 담겨 있다. 이 구절과 관련된 구절을 다 살펴본 적이 있는가?

- "너는 내 아들이라"의 출처는 시편 2편 7절이다. "'너는 내 아들이라.' 오늘 내가 너를 낳았도다."
- "내 사랑하는"의 출처는 창세기 22장 2절이다. "네 아들 '네 사랑하는 독자' 이삭을 데리고 모리아 땅으로 가서 내가 네게 일러준 한 산 거기서 그를 번제로 드리라."
- "내가 너를 기뻐하노라"의 출처는 이사야 42장 1절이다. "내가 붙드는 나의 종, '내 마음에 기뻐하는 자' 곧 내가 택한 사람을 보라. 내가 나의 영을 그에게 주었은즉 그가 이방에 정의를 베풀리라."

하나님은 이 인용문을 사용해 무슨 말씀을 하고 싶으셨던 걸까? 이 질문에 답하려면 두 가지를 알아야 한다. 각 구절의 전후맥락과 당대 사람들이 그 구절을 이해했던 방식이다.

시편 2편과 이사야 42장은 모두 강력한 메시아 예언이었다. 시편 2편에서 하나님은 그의 아들, 곧 왕 중 왕이 온 땅을 다스릴 것을 천명하는 왕실 발표를 하신다. 또한 이사야 42장에서 하나님은 그의 '종'(이 또한 메시아로 이해되었다)에 관해 말씀하신다. 역설적으로 하나님이 보내시는 메시아는 왕이기도 하고 '동시에' 종이기도 하다. 아울러 이 이사야서 구절은 하나님의 영이 그 종 위에 있다고 천명한다. 요단강에서 예수님 위에 성령이 강림하실 때 천부가 이 말씀을 하셨다니, 이 얼마나 시의적절한가.

"내가 사랑하는"이란 표현은 구약에서 가장 의미심장한 장면으로 꼽히는 창세기 22장에서 가져온 것일 가능성이 크다. 아브라함은 이제 곧 하나님께 순종하여 이삭을 번제로 바치려 한다. 창세기는 이삭이 아브라함에게 얼마나 귀한 존재였는지를 강조하며 천부 스스로 독생자에게 가지셨을 감정을 예견하며 극적인 긴장을 조성한다. 예수님이 요단에서 세례받으셨을 때 천부는 "여기 '내' 귀한 아들, 내 이삭"이 있다고 말씀하시며 머지않아 예수께 요구하실 희생을 암시하신 것이다.

예슈아 ***Yeshua***

히브리어로 예수님의 이름은 영어의 조슈아Joshua에 해당하는 예호슈아*Yehoshua*를 짧게 줄인 형태다. 예슈아와 예호슈아 둘 다 '여호와의 구원' 또는 '여호와는 구원이시다'를 뜻한다. 요셉은 꿈속에서 천사가 이렇게 말하는 환상을 보았다. "아들을 낳으리니 이름을 예수라 하라. 이는 그가 자기 백성을 그들의 죄에서 구원할 자이심이라"(마 1:21).

하나님은 성경에서 단 세 구절을 짤막하게 인용하심으로써 예수님이 왕이시며 종이시며 희생제물이 될 자기 아들임을 말씀하신다. 하나님이 말씀하실 땐 단어 하나하나가 실로 묵직한 보따리다! 그리고 이 세 구절의 출처가 토라(창세기 22장), 선지서(이사야 42장), 시편(시편 2편)임도 눈여겨보라. 벤 아자이가 했던 것처럼, 하나님은 성경의 세 부분에서 가져온 단어들을 하나로 묶으신다. 성경의 세 부분을 모두 인용하심으로써 하나님은 성경 전체가 예수님을 그 성취자로 지목하고 있음을 천명하신다.[13]

예수님이 자신에 관해 하신 말씀

예수님이 성경을 사용하신 사례 중에 성경의 성취자로서 자기 정체성을 지목하실 때가 종종 있다. 가장 위력적인 메시아 주장들은 미묘한 방식으로 전달되었다.[14] 예수님이 인용하신 성경 본문을 더 깊이 들여다보자.

예수님의 대중적인 이미지 중 하나가 '선한 목자'다. 어깨에 어린 양을 둘러메신 예수님의 그림은 다들 보았을 것이다. 이 이미지는 예수님 스스로 다음 말씀을 통해 제시하신 것이다. "나는 선한 목자라. 나는 내 양을 알고 양도 나를 아는 것이 아버지께서 나를 아시고 내가 아버지를 아는 것 같으니 나는 양을 위하여 목숨을 버리노라"(요 10:14~15). 예수님의 말씀을 들으면 또 다른 인기 있는 이미지인 시편 23장 1~3절의 목자가 떠오른다.

> 여호와는 나의 목자시니
> 내게 부족함이 없으리로다
> 그가 나를 … 쉴 만한 물 가로 인도하시는도다
> 내 영혼을 소생시키시고….

제대로 된 랍비라면 '목자'라는 단어를 입 밖에만 내도 위 구절이 듣는 이의 머릿속에 떠다닐 것을 알았다. 이 시편은 지금까지도 우리에게 큰 위안이 된다.

그러나 예수님은 위안을 주는 이미지 그 이상을 의도하셨다. 목자 이미지는 종종 왕을 묘사하는 데 사용되었기에 권능의 이미지도 의도하신 것이다.

가령 이사야서는 바사의 고레스왕을 '목자'로 칭했고(사 44:28) 시편에선 다윗왕이 자기 백성을 '양치는' 자로 세움받았음을 증언한다(시 78:70~72). 가장 흥미로운 대목은 에스겔 34장에서 하나님이 백성의 지도자들을 '악한 목자'로 그리며 분노를 피력하신 부분이다. 그

다음 하나님은 백성을 인도할 선한 목자를 보내 양 떼를 구원할 것을 약속하신다. 예수님이 요한복음 10장에서 목자를 언급하셨을 때 이런 부분을 염두에 두신 건 아닐까?

이스라엘에 태어난 새 왕을 만나고자 박사들이 헤롯을 찾아왔을 때 헤롯의 모사들이 한 말을 들어보라. 그들은 미가 5장 2절을 인용했다(마 2:6 참조).

> 또 유대 땅 베들레헴아
> 너는 유대 고을 중에서 가장 작지 아니하도다.
> 네게서 한 다스리는 자가 나와서
> 내 백성 이스라엘의 목자가 되리라.

예수님이 요한복음 10장에서 자신을 '목자'로 칭하셨을 때 그분은 실제로는 하나님 나라의 미래 통치자, 메시아 왕으로서의 자신의 정체성을 암시하신 것이다.

예수님의 말씀을 들은 자들은 흠칫 놀랐을 것이다. 또 다른 성경 인용을 듣고는 더 크게 놀랐을 것이다. 마태복음 25장 31~32절에서 예수님이 하신 말씀이다.

> 인자가 자기 영광으로 모든 천사와 함께 올 때에 자기 영광의 보좌에 앉으리니 모든 민족을 그 앞에 모으고 각각 구분하기를 목자가 양과 염소를 구분하는 것같이 하여.

이제 에스겔 34장 17절을 보자.

주 여호와께서 이같이 말씀하셨느니라. 나의 양 떼 너희여 내가 양과 양 사이와 숫양과 숫염소 사이에서 심판하노라.

예수님의 말씀에 사람들이 경악한 이유는 그분이 '양을 구분하는 목자'라는 메타포를 사용하셔서 종종 "이스라엘의 목자"로 칭함받은 하나님과 자신을 결부시켰기 때문이었다.[15] 따라서 많은 이가 듣고 충격을 받은 것은 전혀 이상한 일이 아니다. 더러는 못 볼 꼴을 본 느낌을 받았을 것이다. 우리가 천부 하나님과 자신이 하나라는 예수님의 주장을 제대로 들으려면 먼저 1세기 사람들의 귀가 필요하다.

인자

예수님이 입 밖에 내신 표현 중 가장 수수께끼 같은 것이 '인자人子, Son of Man'라는 독특한 자기 호칭이다. 복음서에서 예수님은 80번도 넘게 3인칭인 '인자'로 자신을 칭하셨다. 예수님은 어떤 뜻으로 이 호칭을 사용하셨을까?

많은 그리스도인은 '인자'가 큰 겸양의 표현이라고 짐작했다. 예수님은 신神이지만 우리의 사람 됨을 체휼하신다는 것이다. 기실 히브리어('벤 아담')와 아람어('바르 에나쉬')로 '인자'는 일반적인 사람을 칭하는 관용구로 사용된다. 예수님과 연관해 사용할 때 이것은 그분이 이상적인 참 인간임을 가리키는 표현일 수도 있다. 간혹 예수님도 '인자'를 평범한 방식으로 사용하셨다.

하지만 그보다는 자신의 메시아 사명에 관한 대담한 주장을 펼치면서 아주 특별한 의미로 사용하는 경우가 더 많았다. 그 진의를 간파하려면 다니엘서에 등장하는 '인자'라는 인물에 관한 메시아 예언을 예수님 시대의 유대인이 어떻게 해석했는가를 알아야 한다.

어느 날 밤 다니엘은 꿈속에서 천상의 어전회의가 열리는 생생한 장면을 목격한다. 홀연히 다니엘의 눈앞에 "인자 같은 이가 하늘 구름을 타고" 오는 모습이 보였다. 이 높임받은 인물은 곧장 "옛적부터 항상 계신 이"에게 다가가 "권세와 영광과 나라"를 받는다. 다니엘은 이어 말한다. "모든 백성과 나라들과 다른 언어를 말하는 모든 자들이 그를 섬기게 하였으니 그의 권세는 소멸되지 아니하는 영원한 권세요 그의 나라는 멸망하지 아니할 것이니라"(단 7:14).

1세기에는 누구나 보편적으로 이 구절을 장차 오실 메시아 이야기로 이해했다. 다니엘서는 비록 큰 나라들이 일어나겠지만 결국 영원히 다스리실 한 왕, 가장 높은 한 왕의 권위 앞에서 무너질 것을 예언한다. 다니엘 예언의 절정은 인자 같은 인물이 하나님의 보좌 앞으로 나아가 왕관을 받은 다음 다스리기 위해 권좌에 앉는 장면이다.

유대인 학자 데이비드 플루서는 성경 전체를 통틀어 다니엘서의 이 구절이 가장 강력한 메시아 예언으로 보인다고 했다.[16] 다른 메시아 구절은 다윗의 계보에서 나온 인간 왕을 지목한다고 해석할 수도 있지만(삼하 7:12~13), 이 다니엘서 구절은 메시아의 신성을 예언하는 말씀이다. "인자 같은 이"라는 표현 때문이다. 이 인격은 얼핏 인간으로 보이지만 실은 인간을 훨씬 능가하는 존재다.

예수님 역시 자신을 구름 타고 영광 중에 임할 인자로 말씀하신다(막 13:26, 14:62, 눅 21:27). 이는 명백히 다니엘서 구절을 지목한 것이고, 예수님의 청중은 그 진의를 정확히 알았을 것이다.[17]

주님이 자신에 관해 하신 주장을 상고하는 것이 왜 중요할까? 지난 세기 회의주의자들은 예수님이 나사렛 출신의 초라한 랍비 이상도 이하도 아니라는 주장을 폈다. 그들은 예수를 그리스도로 격상한 것은 예수 자신이 아니라 이방인 교회였다고 한다. 가령 〈예수 세미나〉는 믿음의 대상인 그리스도로부터 '진짜' 역사적 예수를 해체하려는 의도로 만들어진 학자들의 협업 집단이다. 이들은 사복음서에 나오는 예수님은 단지 상상의 산물에 불과하며 자신들이 섬기는 영웅의 주장을 신성의 수준으로 공고히 하려는 후대 신약 기자들의 윤색에 따른 결과물이라고 주장했다.[18]

〈예수 세미나〉 구성원들은 더 높은 역사적 정확성을 달성하기는커녕 역사적 예수의 주장에 관한 오해를 더 부추겼다. 회의주의자들은 예수님이 1세기 청중과 소통하던 유대적인 방식을 이해하지 못했기에 그분이 자신에 관해 언급하신 파격적인 주장을 놓쳤다.

실제로 교회사 초기에도 이방인 신자들은 예수님이 사용하신 '인자'라는 표현의 속뜻을 제대로 깨닫지 못했다. 교부들은 왜 예수님이 자신을 비천한 인간으로 칭하셨는지 이해하지 못했기에 '인자'라는 표현을 거의 쓰지 않았다. 자신이 곧 다니엘 예언의 성취라는 예수님의 유대적 주장은 그렇게 그들의 머리 위를 스쳐 지나갔다.[19] 달리 말하면, 이 지극히 위력적인 메시아 선언은 초대교회가 아닌 예수님을 통해 온 것이다.

성경에 해박하고 성경의 문화적 맥락에 익숙했던 1세기 당시의 이스라엘 사람들처럼 예수님의 말씀을 듣는다면 그 주장의 위력은 우리에게 충격적일 정도로 자명하게 다가올 것이다. 우리는 예수님이 자신을 '선한 목자'로 소개하셨을 때 단지 사랑 많고 위안을 주는 이미지를 제시하신 게 아니라 하나님과 자신을 동일시하셨음을 깨달을 것이다. 마찬가지로 수수께끼 같은 '인자'라는 표현이 그리스도의 전체 구속 사명의 총체적 요약임을 알 것이다. 그 '인자' 안에는 그리스도의 사람 됨, 장차 임할 영광, 온 세상의 심판자와 구세주의 역할이 고스란히 담겨 있다. 많은 이들이 그 말을 듣고 경외감 또는 분노로 엇갈린 반응을 보였음은 전혀 이상한 일이 아니었다!

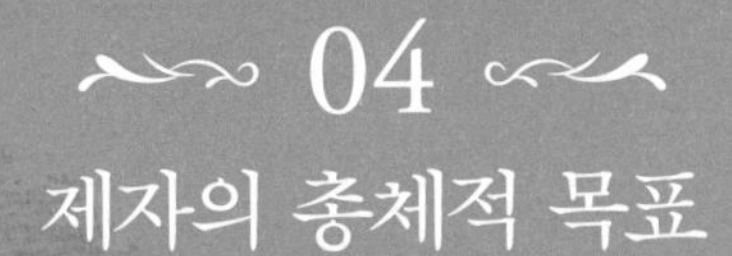

04 제자의 총체적 목표

"그리고 너의 모든 자녀에게 주님을 가르치라.

그리하면 네 자녀에게 큰 평화가 임할 것이다"라고 했으니,

현자의 제자들은 세계 평화를 증진한다.

《바벨론 탈무드》, 베라코트 64a

앤은 영화 〈영 프랑켄슈타인〉을 아주 좋아하는데, 이 영화의 비틀린 유머 감각을 볼 때마다 폭소를 터뜨리곤 한다. 곤충 눈의 마티 펠드먼이 연기한 장면은 옛날 보드빌(1890년대 중엽에서 1930년대 초 사이에 미국에서 유행했던 공연물—편집자) 촌극 형태를 따온 것이다. 이고르라는 이름의 곱추(펠드먼 분)가 젊은 프랑켄슈타인 박사와 루마니아 트란실베니아의 한 기차역에서 만난다. 이고르는 먼저 계단을 뒤뚱거리며 내려온 뒤 새 주인에게 "Walk this way"라고 안내한다. 그 말을 문자적으로 해석한 청년 프랑켄슈타인(진 윌더 분)은 이고르처럼 새우등을 한 채 엉거주춤 계단을 내려간다(walk this way는 "이쪽으로 걸어와" 또는 "이렇게 걸어와" 두 가지 의미로 이해할 수 있다—옮긴이).

우스꽝스럽지만 이 장면을 보면 가르침에 대한 서구적 사고와 유대 랍비의 이해 사이에 중요한 차이가 있음을 알 수 있다. 제자가 랍비를 따른다는 것은 교실에 앉아 강의 내용을 흡수하는 차원이 아닌, 다른 무언가를 의미했다. 즉 제자들이 단지 랍비의 말이 아니라, 랍비가 일상생활 속에서 반응하고 살아가는 방식까지 아우르는 '행동'으로부터 배운다는 뜻이었다. 그것은 랍비와 함께 여행하고 함께 살면서 모방하는 문자적 '따름'을 말한다. 제자의 과업은 가능한 한 랍비와 닮은 꼴이 되는 것이었다.

가르침에 대한 이런 방식의 접근은 현대식 강의실보다는 전통적 도제 제도와 비슷한 점이 많다. 도제 전통은 수천 년간 세계 곳곳에서 큰 변화 없이 이어져왔다. 서구인은 이 낯설지만 놀라우리만치 효과적인 교수법에 문외한이다.

도예가 안게 사빈 피터가 6개월간 유명한 일본 도예가의 도제가 되어 섬겼던 경험을 살펴보자.[1] 안게는 일본으로 떠나기 전 오랫동안 동경했던 연로한 장인 예술가와 함께 공부한다는 생각에 가슴이 부풀었다. 그녀는 장인의 물레 위에서 아름다운 그릇을 빚으며 수십 년 쌓은 장인의 기예를 익히는 자신을 상상했다. 장인의 도제들이 보통 4년을 보낸다는 것은 알았지만 너무 많은 시간을 뺄 수는 없다는 조급함에 속성 단기 과외만으로 충분하길 바랐다.

견습을 시작할 당시만 해도 안게는 장인 시바타 마사키가 너무도 익숙한 고대 일본의 도제 전통에 문외한이었다. 십 대 소년은 기예가 빼어난 공예인의 도제, 즉 '우치 데시'內弟子가 되기 위해 스승의 집으로 '입적'하여 견습기간 동안 한 식구로 살며 그 가정과 공방의 모든 일에 참여한다. 견습생은 자기를 빚고 유약 바르는 법을 배우는 것보다 훨씬 많은 것을 배운다. 집안일을 비롯한 단순 잡무를 수행하는 것부터 시작한다. 제자는 '모든 것'을 제대로 완수하는 법을 배워야 했다. 수년간의 수련 후에야 우치 데시는 신임을 얻어, 장인

스승의 디자인으로 꾸미고 스승의 이름이 들어갈 자기를 빚을 수 있었다.[2]

어느 날 시바타는 신입 견습생 안게에게 말했다. "여기서는 삶과 일이 구분되지 않는다네. 일상의 하잘것없는 활동을 수행하는 방식이 작업에 그대로 녹아들어가는 걸세." 시바타는 그녀를 물레에 앉으라고 청하지 않고 진흙을 파오라고 논으로 내보냈다. 자신의 기예를 보여달라고 스승이 청하지 않은 것에 안게는 자존심이 상했다. 사실 그녀가 일본에 머무는 6개월 동안 시바타는 한 점의 자기도 허락하지 않았다.

어느 날 점심 중 시바타의 아내가 귀띔했다. "당신이 처음 왔을 땐 가지가 굵직한, 다 자란 나무 같았어요. 뭔가 새로운 것이 자라도록 가지치기를 해야 했죠." 안게는 새로운 것이 자라는 느낌을 전혀 받지 못했다. 그래도 허드렛일로 고생하는 틈틈이 스승이 작업하는 모습을 훔쳐보았다.

그녀는 그렇게 실패하고 풀이 죽은 채 귀국했다. 일본에서 보낸 몇 개월이 완전한 시간 낭비였다는 두려움이 들었다. 그러나 물레에 앉자 뭔가 미묘한 차이가 느껴졌다. 뭔가가 달라져 있었다. 새 작품이 가마에서 나왔을 때 그녀는 탄성을 질렀다. 부지불식간에 새로운 작업 방식을 터득했던 것이다. 그럭저럭 용납할 만한 수준의 작품과 탁월한 작품을 가려내는 심미안이 생겼다. 시바타 마사키와 보낸 시간 덕분에 안게 피터가 기예에 접근하는 방식은 획기적으로 달라졌다. 그녀는 기쁨으로 새 그릇을 하나하나 쓰다듬으며 어떻게 일본인 스승의 영향이 자신의 성품에 아름답게 녹아들어가 작품으로 발현되었는지 감탄을 금치 못했다.

또 다른 배움의 방식

예수님의 제자들처럼 안게는 다른 방식으로 배웠다. 그녀는 몇백 년 동안 세계 곳곳에서는 일상적이었던 고대 수련 방식의 세계에 입문한 것이었다.

예수님 시대의 유대 아이들은 정확히 이런 방식으로 배웠다. 그들은 수학 '수업'을 듣는 대신 아버지가 집 지을 때 측량하고 계산하는 법을 어깨너머로 배웠고, 어머니가 시장에서 돈 세는 법을 눈여겨보았다. 소녀들은 따로 가사家事 과목을 공부하진 않았지만 어머니와 언니를 도우며 닭털을 뽑고 조리하는 법을 익혔다. 아이들 역시 역사책을 펴는 대신 저녁에 모닥불 주변에 온 가족이 둘러앉아 선조의 장구한 서사를 들었다. 유대인은 대부분 성경 교육을 받았고 유대 소년들은 학교에서 읽기를 배웠다. 하지만 통상적으로는 직접 손으로 해보고 경험하며 기술을 가진 누군가를 모방하는 방식으로 배웠다.

이 연장선상에서 13세에 학교를 마친 소년은 아버지와 형의 가업에 뛰어들어 생업을 배웠다. 때로는 아버지가 아들을 다른 기능인에게 도제로 보내고 소년은 여러 해 스승의 집에서 더부살이한다.[3] 소년은 멘토

탈미딤

제자나 학생을 뜻하는 히브리어 탈미드 *Talmid*(복수형 탈미딤)는 랍비의 성경 이해와 삶의 방식을 속속들이 배우는 데 헌신한 사람이다. 헬라어로 제자는 마테테스*mathetes*(복수형 마테타이*mathetai*)다. 두 언어에서 모두 '학생' 또는 '배우는 자'를 뜻한다. 여자 제자는 히브리어로 탈미다*talmidah*, 헬라어로 마테트리아*mathetria*였다. 여자 제자들도 있었다. 사도행전 9장 36절에서 도르가(다비다)를 마테트리아라고 부른다.

곁에서 종일 허드렛일을 하며 차츰차츰 장인의 능숙한 손놀림을 어깨너머로 배우고 비법을 습득한다. 이처럼 배움은 데이터 습득이 아니라 주변 사람들로부터 삶에 필요한 본질적 지혜를 흡수하는 것이었다. 이는 또한 랍비들이 그들의 탈미딤, 즉 제자를 훈련하는 옛 방식이기도 했다.

왜 우리가 굳이 옛적의 제자 양육법을 알아야 할까? 우리 역시 랍비 예수님의 제자이기 때문이다. 예수님의 첫 탈미딤처럼 우리도 예수님의 신실한 제자가 되고자 한다. 그리고 우리도 그들처럼 스승으로부터 "가서 모든 민족을 제자로 삼[으라]"(마 28:19)는 소명을 받았다. 예수님의 첫 제자들이 지상명령을 수행했을 때 어떤 일이 일어났는지 기억하는가? 몇 세기 안에 초대교회가 폭발적으로 성장했고 제자들은 로마 제국 전역으로 퍼져나가 고대 역사의 면면을 뒤바꾸어 놓았다. 하나님은 단 열두 명으로 시작한 군대로 온 세계를 제패하셨다.

제자들은 예수님의 산상수훈을 어떻게 이해했을까? 그들은 가까이서 예수님을 3년간 따라다녔고 그 과정에서 '큰 가지들'이 잘려나갔으며, 그리하여 새롭고 더 좋은 가지가 자랄 수 있었다. 그들은 정확히 무엇을 배웠을까? 변화받아 예수 그리스도의 제자가 되라는 우리의 부르심과 관련해 유대의 제자 삼는 문화로부터 우린 무엇을 배울 수 있을까?

제자로 살라는 부르심은 수 세기 동안 메아리처럼 이어져왔고, 이는 교회 안에 국한된 일은 아니었다. 제자로의 부르심은 유대교의 대표적 특징이기도 했다. 오늘날도 랍비들은 안수식에서 1세기 표현을 인용하며 "제자 양성" 사명을 위촉받는다.[4] 어쩌면 고대 유대 사회에서 제자도가 어떻게 기능했는지를 연구하면 예수님의 첫 제자들의 열정과 영향력을 부분적이나마 회복할 수 있지 않을까.

제자 양육법

제자도에 관해 랍비들은 어디에서 아이디어를 얻었을까? 그들은 성경에서, 특히 엘리야와 엘리사 두 선지자의 관계에서 제자도의 모델을 찾았다.[5] 이스라엘의 가장 위대한 선지자로 꼽히는 엘리야는 죽은 자를 살리고 하늘에서 불을 내려 거짓 선지자를 제압하는 등 경이로운 기적으로 이름을 떨쳤다. 그러나 하나님이 엘리야를 위력적인 방식으로 사용하셨음에도, 아니 어쩌면 그 때문에, 엘리야는 자신을 멸하겠다는 대적의 위협을 받아 침체에 빠졌다. 이런 침체 후 하나님이 엘리야에게 말씀하셨고, 엘리사를 후계자로 기름 부으라는 지시에 엘리야는 순종했다.

> 엘리야가 거기서 떠나 사밧의 아들 엘리사를 만나니 그가 열두 겨릿소를 앞세우고 밭을 가는데 자기는 열두째 겨릿소와 함께 있더라. 엘리야가 그리로 건너가서 겉옷을 그의 위에 던졌더니 그가 소를 버리고 엘리야에게로 달려가서 이르되 청하건대 나를 내 부모와 입맞추게 하소서 그리한 후에 내가 당신을 따르리이다. 엘리야가 그에게 이르되 돌아가라 내가 네게 어떻게 행하였느냐 하니라. 엘리사가 그를 떠나 돌아가서 한 겨릿소를 가져다가 잡고 소의 기구를 불살라 그 고기를 삶아 백성에게 주어 먹게 하고 일어나 엘리야를 따르며 수종 들었더라(왕상 19:19~21).

엘리야가 엘리사를 불렀을 때 이 젊은이는 자신의 모든 것을 버렸다. 엘리야의 시종이 되어 그가 가는 곳은 어디든 따라다니며 겸손하게 수종 들려고 번창하던 농장까지 포기했다. 여느 제자처럼 엘리사는 단지 엘리야에게서 배우는 것이 아니라 이스라엘의 선지자 사역을 수행하기 위해 '엘리야 닮기'에 목표를 두었다.

엘리사의 삶은 여러 면에서 예수님 시대 제자도의 귀감이 되었다. 우선 엘리사는 엘리사와 여러 해 시간을 보내며 그와 함께 살고자 출가했다. 제자도의 목표는 단지 학문적인 배움이 아니라 인격적 변화라는 사실에 비추어 볼 때 이는 이치에 맞는 행보다. 유대인 역사학자 쉬무엘 사프라이는 제자가 "선생과 오랜 시간 친밀하게 교제하며 선생의 풍성하고도 심오한 생각을 곁에서 지켜보지 않는 한 그 가르침의 온전한 의미를 파악할 도리가 없다"고 설명했다.[6] 그 목적을 이루고자 제자는 스승이 왕을 알현하고 가난한 자를 돕고 장례를 지내고 노예를 풀어줄 때 동행했다. 제자는 매사에 선생을 도우며 개인적 섬김을 행하며 겸손하게 수종 드는 동반자가 되고자 했다.

복음서는 예수님이 제자들과 바로 이런 관계였음을 분명히 한다. 예수님의 탈미딤은 어딜 가든 그분을 따라다녔다. 그리고 이 과정에서 그들은 마음에 도전과 변화를 받았다. 일례로 예수님을 따라 마태 집 대문을 열고 들어간 사람들을 생각해보라. 로마의 앞잡이라고 손가락질받던 세리들과 나란히 앉아 식사하는 게 어떤 기분이었을지 상상이 가는가? 세리는 유대 사회에서 만인에게 증오의 대상이었다. 안 그래도 과했던 로마가 부과한 세금을 더욱 부풀려 동포를 갈취하고 자기 잇속을 챙긴 무리였다. 이런 한심한 자들과 식사를 하다니, 제자들로서는 치욕이었을 것이다. 같이 밥을 먹는다는 것은 마음을 다하는 우정과 평화의 표시였기 때문이다. 의인이 어떻게 이런 최악의 죄인들과 식사를 한단 말인가?

하지만 예수님의 언행은 끊임없이 제자들을 놀라게 했다. 예수님은 하나님과 사람을 바라보는 제자들의 시선에 도전을 제기하시며 죄인들을 그의 나라로 환영하셨고 다른 랍비들이 업신여길 만한 사람들과도 어울리셨다.

예수님이 제자들의 삶 속에 일으킨 변화는 단박에, 순조롭게 일어나지 않았다. 우리 문화는 즉각적 교정과 극단적 변신에 열광한다. 안게 피터와 다를 바 없이 우리는 문하생으로 들어가 훈련받는 데 꼭 필요한 시간에도 분을 낸다. 그러나 제자도에는 언제나 이런 과정이 필요했다.

그리스도인으로서 우리는 기적적인 변화 스토리에 자기도 모르게 중독된다. 하나님이 우리의 기도를 들으신다면 모든 죄악 된 충동이 단박에 치유되리라 믿는다. 이것은 복음서의 기록과 상반된다. 제자들이 얼마나 자주 사고를 쳤는지 생각해보라. 제자들은 마지막 순간까지 잘못을 저질렀고, 심지어 예수님이 십자가를 지시기 직전 그분과 보낸 마지막 밤에도 그랬다. 유월절 식사 후, 검과 몽둥이로 무장한 장정들이 예수님을 잡으려고 감람산을 올라올 때 가장 가까운 제자들은 잠이 든 상태였다. 랍비가 그들을 가장 필요로 하던 순간, 그들은 기대를 저버렸다.

복음서에는 예수님이 즉각 병을 고치신 사례가 여럿 기록되어 있다. 그러나 제자들의 추악한 습관을 단 한 번의 손놀림으로 교정하신 적은 한 건도 없다. 오히려 예수님은 그저 가르치고 바로잡으시면서 제자들에게 성장의 시간을 허용하셨다.

하나님도 우리 인생의 상당 부분에 이런 식으로 역사하시는 듯하다. 하나님은 우리가 자신의 연약함과 곤고함 때문에 하나님께 다가와 가까이 붙어 있게 하신다. 간혹 기적이 일어나기도 하지만 우리가 그토록 간절히 바라는 내적 변화를 이루는 데는 반드시 시간이 걸린다. 하나님은 이런 식으로 일하길 선호하신다. 우리가 주님을 닮아가려면 지속해서 긴밀한 유대를 유지하는 길밖에는 방법이 없음을 아시기 때문인 듯하다.

전적 헌신

엘리사로선 엘리야의 후계자로 초청받았다는 사실이 분명 놀라운 경험이었을 것이다. 그럼에도 엘리사는 망설였다. 엘리사는 위대한 선지자를 따라가길 원했지만 또 한편으로는 아버지에게 작별인사라도 하고 싶었다. 그러나 엘리야가 자신의 헌신에 의문을 제기하자 곧장 열두 겨리의 수소를 번제로 바치고 '쟁기'를 불사른 뒤 모든 것을 뒤로하고 엘리야를 좇았다. 그는 재물과 집과 가족과 생업에 작별을 고했다. 엘리사는 바쁘면 언제든 빠질 수 있는 새 취미 활동이나 주일 저녁 성경 공부 과정을 신청한 게 아니었다.

예수님은 이 스토리를(직접 하신 건 아니었지만) 언급하심으로써 자신을 따르길 원하는 제자 후보생에게 답변하셨다. 첫째, 그 남자는 집으로 돌아가 가족에게 작별 인사를 고하고 싶어 했다(눅 9:62). 그런데 예수님이 제자 지망생에게 주신 말씀은 의미심장하다. "손에 쟁기를 잡고 뒤를 돌아보는 자는 하나님의 나라에 합당하지 아니하니라." 예수님은 누차 이런 식으로 성경을 인용해 의사를 전달하셨다. 예수님은 그 남자에게 헌신의 척도로서 희생의 은유인 '엘리사의 쟁기'를 일깨우신 것이다.

예수님은 모든 것을 버리고 떠나는 삶을 자주 언급하시며, 스스로 머리 둘 곳이 없다고 하셨다(눅 9:58). 이 마을 저 마을을 다니며 사람들을 하나님 나라로 끌어오는 떠돌이 랍비로 부르심 받았다는 뜻이었다. 이건 녹록지 않은 존재 방식이었다. 갈릴리의 무더운 흙먼지 자욱한 언덕길을 여러 날 오르내리며 들을 의지가 있는 사람을 만나면 가르치고, 기본적인 생활의 필요에서도 타인의 손 대접에 의지해야 했다. 이런 류의 삶에 대해 다른 랍비들은 이렇게 묘사했다. "이것이 토라의 길이다. 빵 한 조각과 소금을 먹으며 물도 아껴 마시고 땅바닥에서 잠을 자고 고통으로 가득한 삶을 살며 토라 속에서 수고하라. 만일 이 일을 한다면 네 마음이 기쁘고 네 길이 형통할 것이다."[7]

제자들은 랍비 예수의 고단한 삶을 함께했다. 물론 그 안에서 큰 기쁨도 경험했을 것이다. 기실 그들은 비범한 랍비로부터 하나님의 깊은 것을 배우는 탈미딤이었다.

현대 그리스도인은 제자도를 '절제 훈련'과 동일시하며 오해한다. 물론 절제 훈련은 영적 생활에 결정적이다. 예수님도 "누구든지 나를 따라오려거든 자기를 부인하고 자기 십자가를 지고 나를 따를 것이니라"(막 8:34) 하고 말씀하셨다. 그러나 제자도의 총체적 목표는 단순히 자기절제 면에서 성장하는 것이 아니라 그리스도와 닮은 모습으로 변화되는 것이다.

누군가 자녀 양육을 '오직' 절제 훈련이라고 정의한다고 치자. 물론 아이들에게는 이런 훈련이 필요하다. 그러나 부모가 절제 훈련에만 초점을 맞춘다면 크게 우려스럽지 않겠는가.

때로는 예수님의 제자가 되는 건 너무 어려운 일이라고 지레 결론 내린다. 그러나 대안을 생각해보자. 예수님의 제자 되기를 거절한다면? 그저 끝없는 유아기에 머무르며 좌절과 낭비로 점철된 인생을 살겠다는 말과 같지 않을까? 랍비 예수와의 사귐으로 깊이 들어갈수록 우리는 더 큰 기쁨을 경험할 것이다. 그리스도를 닮아가는 과정에서 인간관계가 깊어지고 더 진실한 삶을 살게 될 것이다. 그건 늘 쉽지 않겠지만 분명 좋은 삶이다. 그리고 예수를 따르는 과정에서 더 큰 열정과 목표를 품고 더 큰 삶을 이루어가는 자신을 볼 수 있을 것이다.

랍비와 제자의 유대

시간이 흐르며 엘리야와 엘리사의 관계는 부자지간처럼 깊어졌다. 엘리야가 세상에서 보낸 마지막 날 엘리사는 엘리야가 가는 곳마다 따라다녔고 하루라도 더 땅에 붙들어놓고 싶어 간절히 매달렸다. 하늘에서 병거가 엘리야를 낚아채 가자 엘리사는 애도의 표시로 옷을 찢으며 "내 아버지여, 내 아버지여!"(왕하 2:12)라고 괴롭게 부르짖었다. 사랑하는 멘토와의 이별 앞에서 그는 어쩔 줄 몰라 했다.

이 구약의 두 선지자처럼 랍비와 제자는 가깝고도 인격적인 유대를 형성하는 것이 당연했다. 그들이 함께 보낸 엄청난 시간과 그러면서 삶의 중요한 문제들을 끊임없이 함께 의논한 것을 고려하면 이런 유대가 없는 게 오히려 더 이상하다. 랍비와 제자의 이런 막역함은 배움의 과정에 본질적인 것으로 여겨졌다. 한 촛불이 다른 촛불을 밝히려면 가까이 다가가야 하듯 랍비는 탈미딤과 가까운 사이일 때 더 잘 가르칠 수 있다는 말도 있다.

1세기 당시 랍비는 친아버지처럼 애틋한 관계로 여겨졌고 제자가 아버지처럼, 어쩌면 아버지보다 더 존경하는 전통이 있었다. 이런 말이 있다. "당신을 이 세상에 있게 한 건 아버지이지만, 당신을 내세로 이끌 자는 랍비다!"[8]

이런 격언도 있다. "한 남자의 아버지와 랍비가 둘 다 인질로 잡혀가면 제자는 랍비의 몸값을 먼저 지불해야 한다." 비슷한 말도 있다. "아버지와 스승이 무거운 짐을 지고 가면 먼저 스승의 짐을 덜어드린 후 아버지의 짐을 거들어야 한다."[9] 요점은 제자는 랍비에게 전적 헌신을 보여야 한다는 것이다. "만일 제자가 유배지로 끌려가면 랍비는 제자와 함께 가야 한다."[10] 유명한 현자 랍비 아키바는 병든 제자의 집으로 찾아가 건강이 회복될 때까지 간병하며 집안일까지 해주었다고 한다.

그렇다면 베드로가 예수께 "보소서 우리가 모든 것을 버리고 주를 따랐나이다"(막 10:28)라고 말하고, 후엔 "내가 주와 함께 죽을지언정 주를 부인하지 않겠나이다"(막 14:31)라고 한 것은 전혀 이상한 일이 아니었다. 베드로의 발언은 그 시대에 제자들이 랍비를 향해 품었던 헌신의 깊이를 보여준다.

베드로의 헌신은 유다의 배신과 정확한 상극이며 입맞춤으로 랍비를 배반한 제자가 얼마나 비정상인지를 대조하여 드러낸다! 랍비와 제자 사이의 전통적 유대를 이해한다면 베드로가 예수님을 세 번 부인한 후 느꼈을 깊은 고뇌가 헤아려진다. 또한 부활하신 그리스도가 갈릴리 바닷가에서 조반을 준비하시고 베드로를 회복시키셨을 때 그가 얼마나 감사했을지도 헤아릴 수 있다(요 21:17).

랍비 수종 들기

엘리사를 소개할 때 엘리야의 개인 시종으로 섬겼다는 뜻으로 "전에 엘리야의 손에 물을 붓던"(왕하 3:11) 사람이라고 했다. 제자들은 랍비의 시종이 되어 개인적인 필요까지 챙겨주는 것을 당연하다고 여겼다. 어떤 의미로는 엘리사가 엘리야의 '도제'였다는 점에서 이 얼마나 적절한 표현인가.

복음서는 예수님의 제자들 역시 주님을 수종 들었음을 분명히 한다. 제자들은 먹을 것을 사러 마을로 들어갔고(요 4:8) 예수님의 지시에 따라 유월절 만찬 준비를 했다(눅 22:8). 제자들은 매일 식사를 준비하고 일행의 필요를 챙겨야 했다. 이런 말이 있다. "제자는 스승 랍비를 위해 신발 끈 푸는 것을 빼고 종이 하는 모든 일을 했다."[11] 누군가의 신발 끈을 푸는 것은 노예가 하는 천한 일로 간주했다. 이 사실을 염두에 둔다면 예수님의 신발 끈을 풀 자격도 없다는 세례 요한의 발언이 얼마나 강렬한 것인지 알 수 있다(요 1:27).

제자들이 랍비의 시종이 되어야 했던 이유를 사프라이는 이렇게 밝힌다. "어떤 법칙은 이론적으로 공부하거나 단순한 강론만으로 배울 수 없고 선생을 섬겨야만 알 수 있다."[12]

제자는 랍비의 지시에 순종하는 법을 배움으로써 하나님을 경외하며 그 뜻을 행하는 법을 배웠다. 그리고 자신을 종의 자리에 둔다는 것은 제자가 스스로 개방하여 교정받는 자리에 서겠다는 것이다. 그래야 비로소 행실의 모가 깎여 나갈 수 있다. 더욱이 랍비들은 겸손이야말로 배움의 필수 조건이라고 보았다. "물이 고점에서 저점으로 흘러내려 고이듯 하나님의 말씀은 겸허하게 지식을 추구하는 학습자에게만 고인다."[13]

여러 선진처럼 예수님도 랍비와 제자의 관계를 주인과 종의 관계에 빗대어 말씀하셨다. "제자가 그 선생보다, 또는 종이 그 상전보다 높지 못하나니"(마 10:24). 앞서 보았듯이 '랍비'라는 호칭은 문자적으로 '내 상전'이라는 뜻이고, 종이 상전을 부를 때 쓰는 호칭이었다. 예수님은 겸손한 분이셨지만 제자들에게 기대하신 바는 다음 말씀이 예시하듯 명쾌했다. "너희는 나를 불러 주여 주여 하면서도 어찌하여 내가 말하는 것을 행하지 아니하느냐?"(눅 6:46).

다시 다락방 장면으로 돌아가보자. 3년이나 열두 제자를 가르치셨는데도 그들이 전혀 본질을 깨닫지 못하고 있음을 아셨을 때 예수님은 얼마나 낙심이 되셨을까. 겸손한 종처럼 행동하기는커녕 제자들은 자리다툼을 하며 누가 더 큰 자인지를 논했다(눅 22:24~30). 이렇게 머리도 둔하고 가슴은 그보다 더 둔한 제자들에게 대체 어떻게 메시지를 전달해야 할까?

그때 예수님은 무릎을 꿇고 생각할 수 없는 일을 하셨다. 수건을 허리춤에 두르시고 종처럼 제자들의 발을 씻기신 것이다. 그때 하신 말씀이다.

> 너희가 나를 선생이라 또는 주라 하니 너희 말이 옳도다 내가 그러하다. 내가 주와 또는 선생이 되어 너희 발을 씻었으니 너희도 서로 발을 씻어 주는 것이 옳으니라. 내가 너희에게 행한 것같이 너희도 행하게 하려 하여 본을 보였노라(요 13:13~15).

그래서 우린 예수님이 십자가에 못 박히기 전날 밤 몸을 굽히시고 제자들 발가락에 낀 때를 닦은 모습을 본다. 이 의외의, 친밀한 섬김의 행위는 또 다른 랍비 교수법의 표본이다. 바로 어떻게 살지를 삶으로 보여주는 것이다.

바울 역시 고린도 교인들에게 그렇게 행하며 그렇게 가르쳤다. "그리스도 안에서 일만 스승이 있으되 아버지는 많지 아니하니 그리스도 예수 안에서 내가 복음으로써 너희를 낳았음이라. 그러므로 내가 너희에게 권하노니 너희는 나를 본받는 자가 되라. 이로 말미암아 내가 주 안에서 내 사랑하고 신실한 아들 디모데를 너희에게 보내었으니 그가 너희로 하여금 그리스도 예수 안에서 나의 행사 곧 내가 각처 각 교회에서 가르치는 것을 생각나게 하리라"(고전 4:15~17). 바울은 고린도 교인들에게 자신이 그리스도의 본을 따른 것처럼 자신의 본을 따르라고 호소했다(고전 11:1 참조).

다른 랍비들처럼 바울은 자신을 고린도인의 '아버지'로 여겼으며, 그가 '아들'이라고 칭하는 사랑하는 제자 디모데를 그들에게로 보냈다. 바울은 고린도인들이 디모데를 본받아 자기 삶의 방식을 배우길 바랐다. 바울은 고린도인의 삶을 변화시키기 위해 '전인격적' 제자양육법을 사용했던 것이다.

그러나 그리스도는 이런 말로 제자들에게 경고하지 않으셨던가? "그러나 너희는 랍비라 칭함을 받지 말라. 너희 선생은 하나요 너희는 다 형제니라. 땅에 있는 자를 아버지라 하지 말라. 너희의 아버지는 한 분이시니 곧 하늘에 계신 이시니라. 또한 지도자라 칭함을 받지 말라. 너희의 지도자는 한 분이시니 곧 그리스도시니라"(마 23:8~10). 예수님은 인간의 자기숭배 성향을 잘 알고 계셨다.

최근 데이비드 브룩스는 〈뉴욕 타임즈〉 사설에서 세상에서 가장 권세 있는 자리인 미국 대통령직에 대해 이런 통찰을 했다.

> 대통령직은 박테리아다. 박테리아는 드러난 상처를 지닌 사람을 찾아다닌다. 박테리아는 사람을 감염시키고 거기서 비롯된 추문은 대통령직과 나라를 감염시킨다. 그래서 상처가 적은 사람일수록 백악관에 최상이고, 나라를 위해서도 최상이다.[14]

브룩스의 촌평은 "권력은 부패하고 절대 권력은 절대 부패한다"는 오랜 격언을 참신하게 비튼 것이다. 전권을 가져도 안전한 분은 예수님밖에 없다. 이런 의미에서 예수님은 우리의 유일한 참 랍비다.

비록 그리스도가 제자들에게 나가서 제자 삼으라는 소명을 주셨지만 그리스도는 과대망상형 리더십 모델을 독려하지 않으셨다. 권위주의적 리더십 스타일은 그리스도와는 거리가 멀다. 이는 전적으로 인간의 자기중심성ego의 산물이다. 그리스도인 중에는 무지나 수동성 때문에 자기 삶에 관한 개인적 책임을 포기하는 이들이 있고, 안타깝게도 그렇게 하라고 부추기는 리더들도 있다.

권력의 남용 가능성이 있다고 해서 하나님이 지도자에게 부여하신 정당한 권위를 무시하거나 의심의 눈초리로 대해선 안 된다. 인간의 불완전성에도 불구하고 우리에게는 여전히 다른 사람을 제자 삼으라는 부르심이 있다. 자신을 죄인의 '괴수'로 소개했던 바울 역시 제자 삼으라는 부르심을 받았다(딤전 1:15-16). 우리도 같은 부르심을 받는다. 가령 부모는 자녀를 제자로 살도록 해야 한다. 그리스도가 우리의 참 주인이심을 아는 것은 제자 훈련에 도움이 된다.

"너희는 랍비라 칭함을 받지 말라"는 예수님의 말씀에 따라 우리는 교만하게 자신을 '랍비'로 추켜세우며 사람들을 자기처럼 만들지 않도록 조심해야 한다. 하지만 종종 우리 바람과는 무관하게 제자 훈련이 흘러간다. 부모는 누구나 아이들이 경이로운 흉내쟁이임을 안다. 앤은 딸 케이티의 한 살 무렵을 회고한다. "딸을 중국에서 입양했을 때 생후 9개월밖에 안 되었어요. 그래서 언어 면에서 적응하는 데 시간이 좀 걸렸죠. 어느 날 케이티가 옹알이하는데 그 소리가 저를 빼닮았다고 엄마가 말했어요. 딸이 이미 내 억양과 어투를 습득했던 거죠."

모방 성향은 어른이 된 후에도 계속된다. 로이스가 대학에서 생물학 강의를 할 때였다. 학생들에게 실험 과정을 설명한 다음 시범을 보여주었다. 얼마 지나지 않아 로이스는 흥미로운 지점을 목격했다. 그녀가 실험 과정에서 어설프게 하거나 대충 건너뛰면 학생들도 어김없이 똑같이 했다. 학생들은 예외 없이 그녀의 '말'이 아닌 '행동'을 따라 했다.

시간이 흐르며 로이스는 자신의 영향력을 예민하게 느꼈다. 가령 매일 밤마다 자신은 일찍 퇴근하면서 연구생들에게는 프로젝트에 많은 시간을 투자하라고 요구할 수 없음을 깨달았다. 아울러 실험 과정을 제대로 기록하면서 연구에 열정을 표하는 것이 얼마나 중요한지도 알게 되었다. 만일 대충 하거나 심드렁하면 학생들도 십중팔구 그랬다. 예수님도 말씀하시지 않았는가. "제자가 그 선생 같고 종이 그 상전 같으면 족하도다"(마 10:25).

로이스의 말이다. "모방 성향에 관해 이야기하자면, 내 생각은 놀랄 만치 말랑말랑해서 읽거나 보는 것을 본으로 삼으려는 것을 발견했다. 꾸준히 냉소적인 정치 논평을 받아먹다 보면 어느새 부정적인 사람이 되었다. 험담하는 친구들과 다니다 보면 나도 모르게 입단속에 소홀해졌다. 우리 중 외부의 영향을 일절 받지 않을 정도로 성숙한 사람은 없다. 문제는 누구 또는 무엇의 영향으로 내 삶을 빚어갈 것인가에 있다. 우리가 자신을 예수 그리스도의 영향력 아래 두지 않는다면 주변의 문화가 우리를 '제자'로 만들려고 할 것이다."

초입에 영화 〈영 프랑켄슈타인〉에서 이고르가 프랑켄슈타인 박사에게 'walk this way'라고 말한 장면을 기억하는가? 랍비가 제자를 훈련하는 방식에 관한 비유로 원고에 이 장면을 적어놓은 지 수개월 후, 앤은 한 목사의 설교를 듣다가 최근 이스라엘을 방문한 친구의 목격담을 전한 이야기를 들었다. 어느 날 친구가 예루살렘 거리를 거니는데 몸이 구부정한 랍비가 거리의 인파 사이로 걸어가는 모습이 눈에 들어왔다. 랍비 뒤에 그의 제자들로 보이는 몇몇 남자들이 걸어가는데, 놀랍게도 그들의 걸음걸이는 제각각 구부정했다.[15] 모방을 통한 랍비 교육의 사례를 이보다 잘 보여주는 그림을 찾기가 쉽지 않다.

제자도에 관한 동양적 견해

로이스는 말한다. "한때는 제자 삼으라는 예수님의 명령에 대해, 단순히 사람들에게 하나님에 관한 어떤 신념을 가르치고 그리스도를 구주로 영접하도록 도운 다음, 교리적인 진리를 교육하라는 뜻이라고만 생각했다. 이 모든 것이 다 중요하지만 이런 식으로 제자도를 정의하는 것은 나 역시 여러 서구인처럼 복음을 주로 정보 전달 차원에서 접근했다는 걸 보여준다." 안타깝게도 이런 접근을 따르면 전도가 속이 뻔히 보이는 세勢 겨루기 양상으로 흐르는 경향이 있다. 우리는 자신의 신념 체계를 타인에게 주입하려고 열을 내며 우리의 도가 최상이라는 선언을 받아낼 때까지 논쟁한다.

제자도에 관한 한 복음서는 동양적 견해와 훨씬 밀접하게 닿아 있다. 회개함으로써 예수님을 우리 죄를 위해 죽으신 구주로 영접하는 것을 포함하여, 그분이 제자들의 눈앞에서 숨김없이 살아가시면서 어떤 삶을 살아야 하는지를 가르치셨음을 인정한다. 따라서 제자들도 다른 이들 앞에서 숨김없는 삶을 살며 그리스도의 도를 겸손하게 전해야 했다. 이 접근은 그저 '정보'가 아닌 '변화'를 아우른다. 하나님의 목표는 단지 옳은 신념을 지닌 사람들로 세상을 채우는 게 아니다. 하나님의 목표는 그리스도의 광채로 빛나는 사람들로 세상을 채우시는 것이다.

이스라엘에서 양 치는 일은 이런 유형의 제자도에 기막힌 메타포를 제공한다. 여러 나라에서 양은 울타리를 두른 목초지에 살며 풀을 뜯으며 시간을 보낸다. 많은 그리스도인은 지상명령이 양을 '양우리 안에 집어넣기'의 문제, 곧 사람들을 청하여 그리스도를 영접하게 하는 것으로 생각하는 듯하다. 그러나 토양이 건조하여 풀이 잘 자라지 않는 이스라엘에서는 양이 이 초지에서 저 초지로 이동하는 목자를 잘 따라다녀야 하므로 목자를 알아야만 한다. 그곳에서 양치는 일은 훨씬 적극적인 업이다.

더럼 대학의 박사 후보생 주디스 페인은 연구 과제를 수행하기 위해 매년 수개월씩 이스라엘에서 시간을 보낸다. 어느 날 베들레헴 인근 길을 거닐던 중 각자의 양 떼를 데리고 한데 모이는 세 목자의 모습이 눈에 들어왔다. 세 남자는 걸음을 멈추고 대화하기 시작했다. 그들이 대화하는 동안 양들은 뒤섞여 하나의 거대한 무리가 되었다. 어떻게 세 양치기가 각자의 양을 구별해낼지 궁금했던 쥬디스는 그들이 헤어질 때까지 지켜보았다. 이윽고 목자들이 자기 양들을 향해 소리를 내자 목자의 음성에 양들이 마법처럼 세 때로 갈라졌다. 기막힌 광경이었다. 분명 이스라엘에는 수천 년이 흘러도 변하지 않는 것들이 있었다.

이처럼 구별됨이란 어떤 '양우리' 안에 살고 있느냐가 아니라 우리가 어떤 목자를 따르는지에 있다. 어떤 양은 목자가 부르자마자 달려오지만 어떤 양은 목자의 인도에 순종하는 걸 어려워하고 유혹이 닥칠 때마다 엇길로 들어선다. 여기저기 돌아다니는 목자를 따라다니는 일에는 우리 안에 옹기종기 모여 있는 것보다 훨씬 많은 에너지가 필요하다.

그러나 우리는 늘 자신의 길을 가시는 랍비의 제자가 되라고 부름받았고, 그분은 우리가 그와 함께 다니며 땅끝까지 가서 제자 삼기를 원하신다. 우리는 그 랍비께서 원하는 곳으로 가서 그를 섬기고 닮아서 온 세계에 복음을 나누기 위하여 그 음성을 알아듣는 법을 배워야 한다.

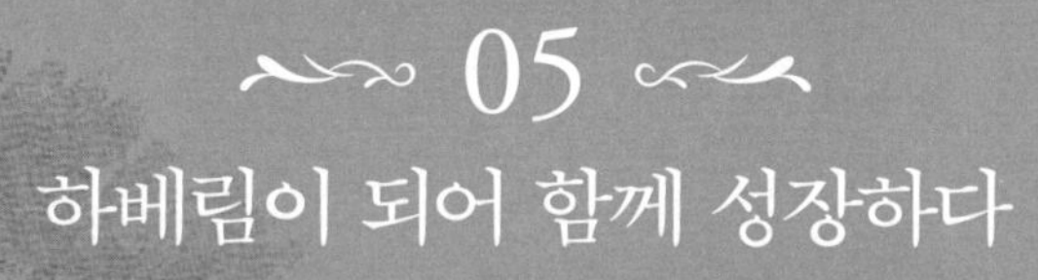

05 하베림이 되어 함께 성장하다

난 많은 것을 스승에게서 배웠고

더 많은 것을 하베림에게서 배웠다

그러나 가장 큰 배움은 제자들로부터 얻었다.

《바벨론 탈무드》, 타아니트 7a

정통 유대교 신학교인 예시바의 대형 도서관 문을 열면 쥐 죽은 듯한 정적과 마주할 것을 기대할지 모르겠다. 예시바 학생들은 학습 분량이 엄청나니 그러리라 생각할 것이다. 그러나 다들 머리를 고서에 파묻고 정적 속에서 치열하게 공부하는 광경을 기대했다면 틀렸다.

들어가보면 여기저기 몇 명씩 대화하는 학생들의 무리가 눈에 들어온다. 어떤 학생들은 마주 보는 단상에 짝을 이루어 서서 각 본문의 세세한 논점을 놓고 활발하게 토론한다. 안경을 쓰고 한 손은 펼친 책 위에 놓고 다른 손으로 미친 듯 손동작을 하는 과정에서 논쟁은 달아올랐다 식었다를 반복한다. 한 학생이 어떤 구절을 이해하지 못하면 다른 학생이 설명을 시도한다. 그

예시바

예시바*Yeshiva*는 종교적 가르침을 위한 현대의 정통 유대교 학교다. 청년 학생들을 위한 예시바도 있고 랍비 안수를 준비하는 성인을 위한 예시바도 있다.

들은 본문에 관해 가능한 해석들을 함께 생각한다. 이런 모임을 '하브루타'*havruta*라고 하며, 모든 학생은 본문을 정복하기 위해 하베르(*haver*, 문자적으로 '친구'를 뜻한다)와 더불어 공부한다.

처음 보면 이상한 학습법처럼 보인다. 그러나 유대 사상가들은 오랜 세월 사람들과 함께 한자리에서 성경을 공부하는 것이 매우 효과적인 방법이라고 보았다. 예수님 이전 시대의 한 랍비는 "너를 위해 랍비를 얻고, 하베르를 만들라"[1]는 유명한 조언을 했다. 하베르는 통상적으로는 '동반자'나 '친한 지기'를 의미하지만, 여기서는 실제로 성경과 랍비 본문을 가지고 씨름할 파트너를 뜻한다.

유대인은 랍비와 함께 공부하는 것만큼이나 곁에서 나란히 학습해나가는 한두 사람을 확보하는 것을 필수적으로 여겼다. 선생에게는 차마 부끄러워서 하지 못할 질문도 동료 학생에게는 할 수 있기 때문이다. 아울러 동반자들은 서로에게 배울 수 있다.

하베르, 하베라

하베르(*haver*, 복수형은 하베림*haverim*)는 배움을 증진하기 위하여 한 학생과 공부 파트너가 된 남학생을 뜻한다. 하베림은 함께 모여 종교 문헌을 공부하고 토론한다. 여자 공부 파트너는 하베라(*haverah*, 복수형은 하베롯*haverot*)라고 한다.

예수님도 이런 성경 공부법을 알고 계셨을까? 초창기 랍비의 말을 살펴보자. "두 사람이 함께 앉아 토라의 말을 주고받으면 그들 가운데 신이 임하신다."[2] 이제 예수님의 말씀을 들어보자. "두세 사람이 내 이름으로 모인 곳에는 나도 그들 중에 있느니라"(마 18:20). 누가 봐도 비슷하지 않은가? 당대의 다른 유대 선생처럼 예수님도 제자들에게 공동체가 필요하다는 것을 아셨다. 더욱이 예수님 자신이 하나님의 말씀이므로 우리가 성경 공부를 하러 모일 때 임재하신다는 약속은 앞뒤가 맞는 이야기다.

우리의 서구화된 머리로는 이런 발상을 받아들이기 어려울 수 있다. 우리는 하나님을 깊이 만나려면 홀로 기도하고 혼자 공부해야 한다고 믿는 경향이 있다. 그러나 예수님은 하베림이 모인 소모임 현장에서 그분의 임재를 '가장 빈번하게' 느낄 수 있다고 암시하신다.

유대인은 수 세기에 걸쳐 가족과 관계의 중요성을 크게 강조해왔다. 예수님의 활동은 상당 부분 동양 문화를 배경으로 하고, 그분의 말씀도 공동체를 많이 강조한다. 당시 문화에서 공동체와 하베림이 어느 정도로 중요했는지 살펴보자.

공동체, 과거와 현재

로이스는 이스라엘을 처음 방문한 여행에서 13~16세의 정통 유대교 소녀들의 수업을 참관했다. 답사팀은 그들과 함께 비공식적으로 회당을 탐방했고, 소녀들은 한 쌍의 고대 토라 두루마리를 꺼내와 자랑스럽게 비마(강대상) 위에 올려놓았다. 소녀들이 누런 양피지에 손으로 필사한 히브리어 본문을 조심스레 펼치자 누군가 그 주에 학습한 구절을 찾아달라고 주문했다.

두루마리엔 장이나 절 표시가 없었다. 해당 구절을 찾으려면 본문을 속속들이 알고 있어야 했다. 유려한 글씨를 단락별로 훑어보던 소녀들은 거대한 두루마리를 말았다 펼쳤다를 반복하다가 구절을 찾아냈다. 그것도 아주 쉽게.

이보다 더 대단했던 것은 한 학생이 그 주의 성경 본문을 소개한

유대교 교파

정통파 유대교인(Orthodox Jews)은 성경의 영감설을 믿으며, 하나님이 토라를 지키며 살도록 유대인을 부르셨고 언젠가 메시아를 보내실 것을 믿는다. 음식 율법과 유대 전통을 엄격하게 지키지만, 일정 부분 현대의 관습을 채택하기도 한다. 이 특정한 형태의 유대교는 1세기부터 현재까지 명맥을 이어왔다.

초정통파 유대교인(Hasidic Jews)은 1700년대 후반 유럽에서 시작된 유대교의 한 분파다. 정통파보다 엄격한 이 소수파는 신비주의와 기쁨 충만한 순종을 강조한다. 그들은 독특한 차림으로 눈에 띈다. 정통파처럼 초정통파 유대교인은 메시아가 오실 것을 믿는다.

보수파 유대교인(Conservative Jews)은 일반적으로 전통적 유대 신념과 관습을 받아들이지만 이것이 현대 문화에 맞게 개정되어야 한다고 본다. 성경 영감설과 성경의 권위에 관해서는 정통파 유대인(높은 수준)과 개혁파 유대인(낮은 수준)의 중간 위치에 있다.

개혁파 유대교인(Reform Jews)은 성경은 인간이 쓴 지혜로운 가르침을 담고 있으며 각 시대의 문화에 맞게 개정될 수 있다고 본다. 그들은 일반적으로 메시아를 믿지 않는다. 이 운동은 1800년대 유럽에서 태동했다.

내용이었다. 그의 말이다. "우리는 하나님이 우리를 애굽에서 인도하시고 애굽인에게서 구해내신 이야기를 읽고 있어요." 마치 그들이 모세와 이스라엘 백성과 함께 이제 막 홍해를 건넌 것처럼, 소년은 '그들'이라고 하지 않고 '우리'라고 했다.

유대인은 성경을 자기 민족에 관한 이야기로 알았기에 보통은 '우리'라는 대명사를 사용한다. 이들은 자기 가족사처럼 성경을 읽었고, 수천 년 전 선조가 그랬듯 성경을 자기 이야기로 받아들였다.

유대 지도자 네이훔 골드먼은 자신의 자서전에서 전통을 중시하는 유대인은 시간상 멀리 떨어진 성경 인물이나 역사적 인물과 자신이 연결되어 있다는 느낌을 받는다고 한다. "어릴 적, 모세에 관해 배우면 그를 신화 속 인물이 아닌, 촌수는 멀어도 영향력 있는 삼촌 정도로 보았다." 골드먼은 "랍비 교육기관인 예시바의 학생이 되어 랍비 아키바나 랍비 유다를 분석하면서 나는 고대 역사를 공부한다는 느낌보다는 나이 많고 지혜로운 친척과 생생한 토론을 벌인다는 느낌을 받는다."[3]

어쩌면 유대인이 고대 본문 공부를 그토록 사랑하는 이유가 여기에 있을지도 모른다. 그들은 고문서를 소중한 '가족 회고록'으로 보는 것이다. 유대인이 선조의 허물과 죄에 관해 읽을 때 공감할 수 있는 것은 자기 혈육의 이야기처럼 읽히기 때문이다.

로이스의 말이다. "이런 독해 방식은 내가 광야에서 방황하는 이스라엘 백성에 관해 읽던 것과는 큰 대조를 이룬다. 나는 왜 하필 하나님이 이렇게 징징대는 민족을 택하셨는지 의아해했다. 그들이 '내' 동포라는 생각은 한 번도 들지 않았다.

만일 그 유대 소년들처럼 성경 읽는 법을 배웠더라면 그들과 나란히 광야를 터덜터덜 걸으며 허구한 날 만나를 먹고 투덜거리는 내 모습을 보았을 것이다. 기독교는 인간 죄성의 실재에 대해 유대교보다 훨씬 더 강조한다. 따라서 난 이스라엘 백성의 실패 속에서 마땅히 내 모습을 봤어야 했다."[4]

유진 피터슨은 우리의 영적 조상과 자신을 연관시키는 일이 얼마나 중요한지를 강조한다. 어떤 텔레비전 특집 프로그램을 고작 10분 시청한 사람에게 그 프로그램에 대해 묻는다면 우린 그 인터뷰에 큰 의미를 두지 않을 것이다. 마찬가지로 피터슨은 "너무나 많은 그리스도인이 중요한 여러 문제(가령, 기도 응답, 하나님의 심판, 그리스도의 죄사함, 영원한 구원 등)에 대한 최종 증거를 이런 식으로 받아들인다. 그들에게는 오직 자기 의견만 소중하고, 그마저도 최근 10분의 경험만을 평가 기준으로 삼는다." 우리는 교회와 성경에서 형제자매들이 전하는 수백 년의 경험에서 배울 필요가 있다.

피터슨은 계속 말한다.

> 뼛속에 다윗이 있고 혈관 속에 예레미야가 있으며 손끝에 바울이 있고 심장 속에 그리스도가 있는 그리스도인은 자신의 찰나적 느낌과 한 주의 경험에 어느 정도의 가치를 부여해야 할지 안다. 사막을 떠도는 아브라함, 애굽에서 종살이하는 히브리인, 블레셋 족속과 싸우는 다윗, 바리새인과 논쟁하는 예수님, 고린도 교인들에게 편지 쓰는 바울을 고집스레 외면하는 것은 흡사 이렇게 말하는 것과 같다. "지난주 내가 저 검정개를 발로 걷어찼을 때 개가 내 다리를 물었던 사실을 기억하지 않을 거야." 이 사실을 기억하지 않는다면 다음에 또 분통이 터질 때 개를 찰 것이고 또 물릴 것이다.[5]

유진 피터슨과 로이스가 이스라엘에서 만난 유대 소년들은 우리의 영적 선조들과 잇닿아 살아가면서 뼛속에 다윗을 품고 혈관 속에 예레미야를 지나게 하는 것이 얼마나 지혜로운 일인지 잘 안다. 과거와 단절되지 않고 연결되어 있다는 의식은 특히 유월절에 두드러진다. 유월절은 모든 이에게 스스로 애굽에서 속량받았다고 상상할 것을 주문한다. 출애굽기 12장 26~27절 말씀을 들어보자.

> 이후에 너희의 자녀가 묻기를 이 예식이 무슨 뜻이냐 하거든 너희는 이르기를 이는 여호와의 유월절 제사라. 여호와께서 애굽 사람에게

재앙을 내리실 때에 애굽에 있는 이스라엘 자손의 집을 넘으사 우리의 집을 구원하셨느니라 하라.

랍비들은 이 본문을 이렇게 해석했다. '하나님은 처음 듣는 이스라엘 백성에게만 이런 대화를 청하신 게 아니었다. 이 말씀은 미래의 독자에게도 해당한다. 하나님이 우리 가정도 같은 방법으로 재앙을 면하게 하셨음을 깨달아야 한다.'

유월절이 되면 유대인은 가족끼리 모여 성대한 만찬을 먹은 다음 '가족'의 구속사를 다시 들려준다. 그리스도인 가정도 1년에 한 번이라도 하나님이 그들을 위해 행하신 바를 서로에게 들려주며 가족사를 나눈다면 얼마나 좋을까?

굳이 의도하진 않았지만 로이스 가족도 이런 이야기를 나누는 전통이 있다. 티어베르그 가문은 오랜 루터교 집안이다. 60년 넘게 개리슨 케일러(미국의 풍자작가—편집자)도 부러워할 법한 가족 모임을 가져왔다. 무척 독실한 루터교인이라, 매번 모일 때마다 가족 성가대까지 완벽하게 갖추고 주일 오전 예배를 드린다.

노르웨이인 특유의 프라이버시 의식에도 불구하고 가족 예배 시간엔 가족들이 일어서서 하나님이 자기 삶 속에서 행하신 일을 나눈다. 한번은 사촌이 일어나 몇 개월 전에 당한 끔찍한 고난을 상세하게 들려주었다. 한밤중에 청년 둘이 그 집에 잠입하여 사촌을 칼로 찌르고 도망가 그가 중상을 입었음을 가족은 이미 알고 있었다. 그날 아침 사촌은 나머지 이야기를 들려주었다.

사촌이 습격을 당한 순간 교회의 한 여자가 한밤중에 그를 위해 기도해야 한다는 강한 압박감을 느끼며 잠에서 깨어났다. 놀랍게도 사촌의 아내가 청년에게서 칼을 빼앗아 간발의 차이로 칼끝이 주요 장기를 피해 갔다. 비록 사촌은 그후 큰 트라우마에 시달렸지만 목숨을 건졌고, 마침 일정이 변경되어 출장을 미룬 실력 있는 외과의사가 수술을 성공적으로 마쳤다. 비록 흑암의 시간이었지만, 그 외에 여러 놀라운 일이 하나님의 강력한 간섭하심을 보여주었다.

이와 같은 개인 간증은 어떤 명설교보다 내 신앙에 큰 영향을 미쳤다. 어찌 안 그러겠는가. 신앙은 일련의 추상적 진리에 동의하는 것 이상이기 때문이다. 신앙은 실제의 삶에서 예수 그리스도를 만나는 것이다.

이런 이유로 하나님은 매년 유월절마다 구속사를 다시 회고하라고 이스라엘에게 명하셨다. 가족사를 되새기는 것이 그들에게 얼마나 중요한지 아셨다. 하나님이 그들을 위해 베푸신 바를 다가오는 세대가 정확하게 알기를 원하셨다.

유대 백성이 그들의 성스러운 역사와 자신을 동일시하는 것처럼 우리도 자신을 기독교 역사와 동일시해보면 어떨까? 어쩌면 초기 기독교 순교자인 페르페투아, 모니카와 그녀의 유명한 아들 어거스틴, 아시시의 프란시스, 디트리히 본회퍼 등 각 시대마다 위대했던 남녀 선진의 신앙을 다시 공부할 때가 되지 않았을까. 하나님의 신실함에 대한 간증은 우리 가족의 삶만큼이나 다채롭다. 하나님의 은혜는 오늘날에도 예수 생전이나 과거 수 세기처럼 도처에 흘러넘친다.

페싸흐

히브리어 페싸흐*Pesach*는 출애굽 사건을 회고하는 '유월절'이다. 성경의 7대 절기 중 첫 번째로 3월이나 4월에 지낸다. 오늘날 유대인은 매년 한 차례 가정에서 특별한 만찬 예식인 세데르*seder*를 나눠 먹음으로써 이 고대 절기를 지킨다.

고독을 재고하다

눈을 감은 후 머릿속에 맨 처음 떠오르는 예수님의 이미지를 말해보라. 십중팔구 홀로 겟세마네에서 기도하거나 양을 안고 있거나 십자가에 못 박히신 장면일 것이다. 기독교 역사 초기부터 예수님은 종종 고독하고 외로운 사람으로 그려졌다.

물론 예수님은 고독의 시간을 많이 보내셨다. 복음서를 보며 우리는 예수님이 때로는 물러나 홀로 기도하신 것을 안다. 40일을 홀로 광야에서 보내며 금식기도를 하기도 하셨다. 초기 수도사들은 예수님의 광야 금식이 영성과 제자도의 요체라고 생각하여 몇 시간 또는 몇 날씩 골방에 틀어박혀 기도했다. 이들 외에도 고독의 필요성을 강조한 사람은 많다. 한 작가는 영적 훈련을 위해 네 가지 훈련 항목을 추천했다.

1. 고독
2. 침묵
3. 금식
4. 성경 암송

이 훈련들이 유익한 건 맞지만 작가의 목록엔 핵심이 빠져 있다. 공동체는 어찌 되었는가? 제자도의 목표가 그리스도를 닮는 것이라면 다른 사람과 함께 시간을 보내며, 사랑하고 사랑받는 법을 배우며 우리의 거친 모서리가 깎여나가게 해야 한다. 우리는 상대방의 결점을 관용하고 자신의 결점을 인정하며 그리스도의 영이 우리를 갈고닦아 새롭게 빚어지는 법을 배워야 한다.

우리 중 외향적이더라도 공동체에는 참여하지 않는 사람이 많다. 그리고 성향상 고독을 강조하는 제자도에 이끌리는 사람들도 있다. 어떤 이들은 짜증 나고 도전을 주는 사람을 피해 도망치는 출구로 고독을 택하기도 한다. 그러나 두세 사람이 그의 이름으로 모인 곳에 임하신다는 예수님의 말씀은 우리의 '나홀로' 영성을 재고할 것을 요구한다.

서구의 개인주의자들은 예수님이 처한 현실을 망각하기 쉽다. 생각해보라. 예수님의 공생애 대부분은 충성스런 탈미딤과 동고동락하며 이 마을 저 마을 함께 도보로 이동하면서 가는 곳마다 노숙하는 일상의 연속이었다. 그 당시 순회 랍비의 관행대로 예수님은 너그러운 초청자의 집에서 숱한 저녁을 낯선 이들과 식사하며 보내셨을 것이다. 예수님이 일부러 소란한 무리에게서 떨어져 나오셨을 때조차 종종 제자들이 동행했다. 놀랍게도 예수님은 제자를 혼자 파송하신 적이 한 번도 없었고 늘 짝지어 보내셨다. 예수님은 제자들에게 하베림이 꼭 필요함을 아셨다.

실상 예수님이 다른 사람과 함께하는 시간을 아주 즐기시던 모습이 우리 눈에 종종 들어온다. 가령 제자들은 예수님이 어린아이들을 즐겁게 맞으시는 모습에 놀랐다. 한번은 제자들이 배고픈 무리를 해산하려 하자 예수님은 다들 함께 저녁 식사를 하기 위해 한 줌의 빵과 물고기 두 마리를 엄청난 양으로 불리셨다. 사실 예수님의 공적 사역은 물을 포도주로 변화시킨 결혼식 만찬 자리에서 시작했다. 예수님을 따른다는 것은 공동체에서 우리 삶을 나눈다는 것이고, 공동체야말로 삶의 부요함이 펼쳐지는 현장이다.

물론 정신없이 돌아가는 현대 사회 속에서 고독 역시 귀하게 여겨야 한다. 일상의 압박에서 한발 물러나 하나님과 홀로 보내는 시간은 하나님의 세미한 음성을 분별하는 데 도움이 된다. 그러나 우리 대다수는 고독에 일상의 지배권을 내주어선 안 된다. 오히려 우리는 의미 있는 방식으로 타인과 잇닿을 기회를 물색해야 한다. 특히 현대 문화가 사람을 점점 고립시키는 방향으로 회오리치기에 더욱 그렇다.

작가인 우리 두 사람은 혼자 컴퓨터 앞에 앉아 하루의 상당 시간을 보내는 것이 어떤 느낌인지 잘 안다. 많은 사람은 무덤 같은 사무실 칸막이 안에 앉아 하루 여덟 시간 이상을 보낸다. 그런 사람들이 집으로 돌아가 텔레비전 앞에 앉아 정신을 놓으면 어떤 일이 일어날까? 팟캐스트, 엑스박스, 위성 채널은 가족과 친구들의 웃음과 사랑을 대체하기엔 함량 미달이다.

로버트 스톤 목사는 전 세계 대부분 사회는 미국인처럼 날카롭게 외로움을 경험하지는 않는다고 말한다. 스톤에 따르면 미국인은 지상에서 가장 외로운 사람들이라며 자신이 관찰한 바를 말한다. "다른 문화권에선 사람들이 신체적이나 정서적으로 혼자 있는 경우가 흔치 않다. 모든 이의 일상에서 친척, 이웃, 낯선 사람들이 큰 비중을 차지한다. 하지만 미국은 그렇지 않다!"[6]

우리의 개인주의와 부요함 덕분에 타인과의 접촉을 최소화하는 게 가능해졌다(가장 큰 피해자는 우리 자신이다). 이 '친구 없음'의 문제는 교회에도 존재한다. 《친구 없는 미국인 남성》*The Friendless American Male*에서 래리 리처즈는 말한다. "교회에서 우리는 함께 앉아 함께 노래하다가 예배가 끝나면 예배당을 나서며 유쾌하게 인사한다. 우린 어떤 실제적이고 인격적인 관계를 맺지 않으면서 이 모든 일을 수년간 계속할 수 있다. 우리의 말은 피상적일 때가 많고 교회는 그리스도인이 나홀로 함께 사는 곳이 된다."[7] 교회에 출석하면 대단한 설교를 듣고 가슴 뭉클한 찬양을 부를 수 있지만, 더 깊은 방식으로 친구가 되고 관계를 맺지 않는다면 무언가 큰 것을 놓치는 것이다.

하베림이 되는 것에 관하여

로이스의 말이다. "내 인생을 돌아보면 하베림을 두는 것이 지혜로운 일이다. 탁월한 성경 공부 모임에 참여하면서 나는 혼자서는 발견할 수 없었던 온갖 통찰을 얻었다. 다른 사람의 삶에 하나님이 역사하신 이야기를 들으면 성경 읽기의 위력이 배가되었다. 내가 가꾼 최고의 인간관계는 하베림과 맺은 관계였다. 하나님의 말씀을 토론하며 서로 기도하며 함께 시간을 보낼 때 서로 얼마나 친해지는지 모른다."

하베르가 된다는 것은 단지 그리스도인 친구가 되는 것 이상이다. 하베르는 신앙의 문제로 다른 사람과 함께 씨름하려는 진지한 열망이 있는 동료 제자를 말한다. 하베르는 하나님의 말씀 속으로 함께 파고들며 도전받고 연마되기를 원하는 사람이다. 하베르는 비 오는 날 아침일지라도 알람 버튼을 끄고 다시 잠들지 않고, 침대에서 기어나와 운동화를 신는 영적인 '조깅 파트너'와도 같다. 일어나 함께 달리다 보면 걸음이 좀 더 빨라지고 좀 더 오래 걸을 수 있다. 지적으로, 영적으로 자기를 몰아붙이는 것이다. 만일 진심으로 신앙 안에서 제자로 성숙하길 원한다면 이렇게 서로 성장하도록 몰아붙이는 하베림을 두어야 한다.

하베림이 되는 것은 가벼운 헌신이 아니다. 평소보다 더 힘을 써야 한다. 공부하고 준비하는 데 시간을 쥐어짜야 하고, 미리 성경 본문을 가지고 씨름하면서 뭔가 나눌 것을 가지고 와야 한다. 우리 대부분에게 이건 만만찮은 도전이지만 한 랍비의 조언을 경청할 필요가 있다. "'시간이 더 생기면 공부하겠다'고 말하지 말라. 그런 일은 거의 없다."[8]

아울러 영적 문제들을 나누는 데 사생활 보호에 집착한다면 좋은 하베르가 되지 못한다. 허다한 공부 모임이 피상적이고 탈인격적 대화를 넘어가지 못하는 이유가 여기에 있다. 하베림은 서로 신뢰하면서 생각과 느낌을 활짝 열어 표현하고, 모임 내에서 나눈 것이 밖으로 퍼져나가지 않을 것을 믿어야 한다. 아울러 필요하다면 서로에게 도전하며 존중 어린 반대를 하는 기술도 익혀야 한다. 기억하라. 토론은 제자들 삶의 일상이었고 핵심 학습법이었다.

서로의 하베림이 되는 것은 제자를 키우라는 예수님의 계명을 효과적으로 성취하는 방식이다. 하베림이 된다는 것은 자신을 '랍비'로, 다른 이를 '제자'로 보는 것이 아니라 '상호 제자'의 역할을 자임하는 것이다. 우리는 사람들과 나란히 배우면서 다른 이가 성장하도록 돕는다.

로이스의 말이다. "난 대학 시절엔 성숙한 그리스도인과는 거리가 멀었다." 사실 그리스도인이 수업마다 성경책을 끼고 다니며 학생 식당에서 기도 모임을 하거나 끼리끼리 몰려다니는 모습에 그녀는 오히려 거부감을 느꼈다. 이 사람들은 대단한 영성이 없어보이는 다른 그리스도인과 친구가 될 수 있을까? 그녀는 알고 싶었다. 그래서 일부러 경계를 넘어서는 발언을 하고 세상적인 양 행동하며 그들을 시험해보았다. "연기가 너무 그럴듯하여 민망하게도 그들은 내가 그리스도인이 아니라고 생각했다."

"몇 달 후 그들과 함께 성경 공부를 하면서 그들은 내게 좋은 친구가 되기 시작했다. 내가 그리스도인임을 알자 그들은 경계를 풀고 자신의 갈등을 털어놓았다. 그제야 난 그들 속에서 그리스도의 모습을 발견했다. 같은 반 친구였던 브라이언은 다른 학생의 고민을 상담하기 위해 공부 시간을 줄인다고 했다. 즉각 나의 경쟁 본능이 꼬리를 쳐들었다. 다른 누군가를 돕고자 자기 성공을 뒷전에 두는 일은 내겐 상상도 할 수 없는 일이었다.

"스테프라는 친구는 캠퍼스에서 소외받는 외국인 학생들과 스스럼없이 친구가 되는 모습으로 내 입을 다물게 했다. 아이오와 시골 출신인 나는 그녀가 어떻게 그럴 수 있는지 알 수 없었다. 가랑비에 옷 젖듯 난 서서히 다른 문화권 출신을 사랑하는 그녀의 능력을 배워갔고, 그 후 나도 다양한 나라 사람들과 소중한 관계를 키워나갔다."

로이스가 대학 시절 친구들 사이에서 본 그리스도의 모습은 삶의 방식을 바꾸는 데 큰 도전이 되었다. "그들이 나의 하베림이 되고자 솔직하고 진실하게 다가오기 시작할 때부터 그들의 삶은 나의 미성숙을 드러내는 강력한 증거가 되었다."

우리 중 많은 이들은 제자 양육이 어떤 '울타리' 안에서만 일어난다고 생각한다. 그래서 사람들을 우리로 집어넣는 것이 자신의 주된 과업이라고 여긴다. 그러나 로이스처럼 울타리 안쪽에 있으면서도 여전히 풀을 뜯을까 말까를 고민하는 양들이 많다. 그들은 참 제자가 되어 그리스도에게 더 가까이 가야 한다.

예수님에 대해 아예 관심이 없거나 교회에 적개심이나 분노를 품은 사람에 대해서는 어찌할까? 그들과는 어떻게 관계 맺어야 할까? 어쩌면 해법은 신앙이 있든 없든 모든 사람 곁에서 투명하게 살아가는 것일지 모른다. 상대방이 '울타리' 어느 편에 있는지를 너무 염려하지 말고, 개방적이면서 세심하게 자신의 갈등과 함께 그리스도가 우리 삶에 행하신 바를 나눠야 한다. 그때 친구들이 누구이든 상관없이 우리 삶의 모든 편린이 그들에게 그리스도를 증거할 것이다. 때로는 그 간증이 울타리 문을 열고 들어오게 할 수도 있다. 그보다 더 빈번하게는, 다른 신자를 돕는 과정에서 우리가 더 효과적인 제자가 되고 있음을 깨달을 것이다. 핵심은 예수님께 가까이 붙어 랍비를 따라 투명하게 살아가는 것이다.

우리의 제자도를 강화하고 예수님께 가까이 붙어 있기 위한 방법 중 하나는 우리의 기도생활을 보다 심화하는 것이다. 제자들은 매일 동틀 녘 별빛 아래에서 하늘에 계신 아버지께 기도하러 나가시는 스승의 뒷모습을 보았다. 물론 그들은 예수님의 영적 생활에 호기심을 가지고 "주여 우리에게도 기도를 가르쳐주옵소서"(눅 11:1 참조)라고 졸랐다. 유대인이 1세기에 기도하던 방식을 보면서 우리는 무엇을 배울 수 있을까? 지상 최고의 랍비가 드린 기도에서 우리는 무엇을 배울 수 있을까?

2부
예수의 제자로 살아간다는 것

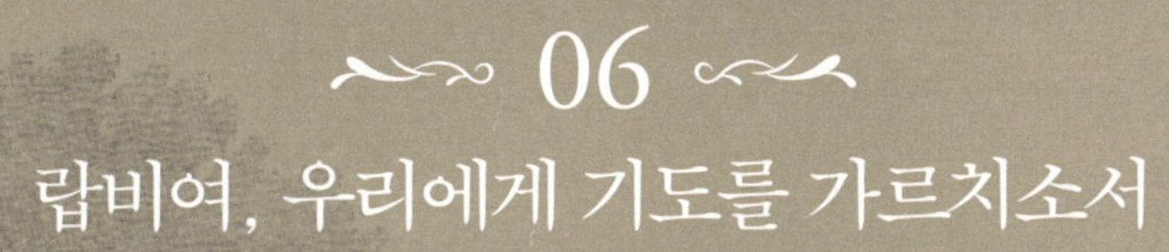

06

랍비여, 우리에게 기도를 가르치소서

기도는 하나님이 우리 삶에 간섭하시며 하나님의 뜻이 우리 일을 지배하도록 하나님을 초청하는 것이다. 기도는 우리의 뜻 가운데 하나님을 향해 열린 창이며 그분을 우리 영혼의 주인으로 삼으려는 노력이다.

랍비, 아브라함 요수아 헤셸[1]

앤이 뉴욕에서 탔던 엘알 항공편을 기억하는가? 텔아비브에 도착하자마자 앤은 곧장 택시를 타고 세계에서 가장 종교적인 도시로 꼽히는 예루살렘으로 들어갔다. 가는 곳마다 검정 페도라(챙모자)에 검정 양복, 흰 셔츠를 걸친 남자들이 거리에 즐비했다. 긴 수염을 기르고 원통 모양의 모피 모자 밑으로 곱슬머리가 삐져나온 남자들도 눈에 들어왔다. 긴 소매 블라우스와 바닥까지 닿는 치마를 입은 여자들도 있었다. 도시는 예전에 기억했던 것보다 더 종교적으로 변한 듯했다. 앤이 그날 본 사람 중 화려한 패션을 선보인 사람은 단 한 명도 없었으나 다들 자기 신앙과 그들이 속한 공동체에 관해 무언가를 크고도 또렷하게 웅변하고 있었다.

"그 신앙을 외적으로 표현하는 방식에 깊은 인상을 받았다"고 앤은 말한다. 특히 여름 더위가 한창일 때! 만일 예수님이 이 장면 속으로 걸어 들어오시면 어떤 모습일지 궁금할 정도였다. 주름 없는 여행용 바지에 짧은 소매 블라우스를 입고 어깨에는 경쾌하게 카메라 가방을 걸치고 작은 금십자가 목걸이를 한 나보다는 예수님이 이들과 더 잘 어울리지 않으셨을까? 율법을 준행하는 오늘날의 유대인과 예수님, 그리고 예수님 시대 사람들의 관습 사이엔 어떤 닮은 구석이 있을까 궁금했다.

오늘날의 유대교가 고대 유대교와 동일하다는 전제하에 후대의 종교적 전통을 예수께 투사하는 것은 어리석은 일임을 나도 알고 있다. 그래도 어떤 유사점이 있진 않을까? 예수님과 제자들도 테필린(*tefillin*, 경문 띠)이나 야르물케*yarmulkes*, 즉 기도 숄을 했을까? 그들도 오늘날 유대인이 하는 기도문을 낭송했을까? 예수님과 제자들도 뉴욕에서 이륙한 비행기에서 내 옆자리에 앉았던 소녀처럼 기도할 때 리듬을 타며 몸을 앞뒤로 흔드는 '다브닝'을 했다고 상상해도 될까?

난 역사와 복음서 기술을 통해 오늘날의 정통파 유대인과 예수님 시대 유대인의 관습 사이에는 놀라운 연관성이 있음을 발견했다. 가령 머리와 팔에 검은색 작은 상자, 즉 테필린을 둘러매는 관습은 예수님 출생 당시에도 이미 수백 년간 이어져온 것이었다. 1969년 고고학자들은 사해 근방의 한 쿰란 동굴에서 안에 양피지 두루마리가 담겨 있는 1세기 연대의 온전한 테필린을 발견했다.[2] 테필린 상자는 매우 작아 우표보다 작은 크기다.

예수님은 아마도 단지 기도할 때만 착용하는 오늘날의 관습과 달리 테필린을 늘 착용하셨을 것이다. 고대 필사본은 유대인 남자들이 대낮에 테필린을 착용했고, 식사하거나 일하거나 부정한 곳에 들어갈 때만 벗었다고 기술한다. 만일 당시 관행이 그랬다면 자신의 대단한 경건을 과시하려고 큼직한 테필린을 착용했던 이들을 비판하

실 때 예수님도 작은 테필린을 착용하고 계셨을 것이다(마 23:5).[3]

그러나 예수님은 남자의 머리 가리개인 야르물케는 쓰지 않으셨을 것이다. 이 머리 가리개는 바빌론의 유대인으로부터 유래한 수세기 후의 관습이었다.[4] 고린도전서 11장의 바울의 말에서 남자의 머리는 가리지 않았지만 여자의 머리는 가렸음을 알 수 있다.

예수님은 의례용 옷술(치치트*tzitzit*, 복수형은 치치욧*tzitziyot*)은 착용하셨어도 후대에 도입된 기도 숄은 쓰지 않으셨을 것이다. 기도 숄은 테슬(장식 술)을 달기 위함이었고 기도와 종교 행사 때만 썼다. 예수님이 매일 걸치신 양모 두루마기에는 옷술이 달려 있었을 것이다.

우리는 마태복음 9장 20절에서 여자가 예수님 옷자락의 '옷술'을 붙잡고 병고침을 받았음을 본다. 치치욧을 단지 기도 시간 때만 아니라 늘상 착용한 예수님 시대의 풍습은 오늘날의 정통파 유대인과 하시드파 유대인에게로 계승되었다. 예수님 시대의 여자들은 옷술을 착용할 의무

테필린

테필린*Tefillin* 즉, 경문 띠는 신명기 6장 8절("너는 또 그것을 네 손목에 매어 기호를 삼으며 네 미간에 붙여 표로 삼고") 계명을 완수하기 위해 이마나 오른팔에 착용했던, 성구가 담긴 가죽 상자를 말한다. 예수님 시대에는 테필린을 온종일 착용했다. 오늘날엔 기도 시간에만 착용한다.

야르물케

유대 남자들이 전통적으로 착용하는 야르물케*Yarmulke*는 키파*kippah*라고도 하는데, 천으로 만든 머리 가리개다. 상시 착용하는 이도 있고 종교 행사 때에만 착용하는 이도 있다.

다브닝

다브닝*Davening*은 '기도하기'를 의미하는 이디쉬 단어다. 다브닝은 기도문을 낭송할 때 몸을 이리저리 흔드는 관습을 가리킨다. 이 관습은 중세 유대인에게서 유래했다.

는 없었지만, 겉두루마기에 옷술을 단 여자들도 있었다. 간혹 남편들이 아내의 두루마기를 빌려 입고 나갔기 때문이다.[5]

아울러 유대인 남자 중에는 레위기 19장 27절("머리 가를 둥글게 깎지 말며")을 실천하려고 머리 가장자리에 긴 곱슬머리*peyot*를 기르는 이들이 있다. 이는 주로 폴란드와 러시아의 일부 집단이 과거 수백 년간 준행한 꽤 근래의 전통이다. 흥미롭게도 한 전승은 가장자리 곱슬머리를 레위기 19장 9~10절 계명과 결부시킨다.

> 너희가 너희의 땅에서 곡식을 거둘 때에 너는 밭 모퉁이까지 다 거두지 말고 네 떨어진 이삭도 줍지 말며 네 포도원의 열매를 다 따지 말며 네 포도원에 떨어진 열매도 줍지 말고 가난한 사람과 거류민을 위하여 버려두라.

혹자는 유대 남자들이 머리 모서리를 자르지 않고 남겨둠으로써 밭 모퉁이까지 다 추수하지 않고 남겨두는 것(달리 말하면 가난한 자에게 공급하는 것)의 중요성을 스스로 일깨웠다고 생각한다.[6]

이와 유사하게 하시드파 유대인의 양모 외투와 모피 모자는 17세기 폴란드 패션의 산물이다. 그리고 다브닝은 중세 유럽에서 시작되었다. 즉, 현재의 유대적인 것이 모두 예수님을 묘사하는 그림은 아니라는 말이다.

그런데 테필린과 옷술 착용처럼 아주 희한하게 보이는 어떤 관습은 예수님의 일상을 이루었을 것이다. 생각해보면 나보다 예수님이 뉴욕에서 이륙한 엘알 비행기에서 더 편안하셨을 것이다. 그분은 승객들이 낭송하는 기도문에 나보다 더 익숙했을 것이다. 특히 기도문

이 예수님 시대 이래로 유대인의 기도 언어였던 히브리어로 되어 있기에 더욱 그러셨을 것이다.[7]

예수님은 그들이 쉐마를 읊조릴 때 분명 동참하셨을 것이다. 쉐마는 성경의 세 단락으로 이루어진 선언문인데, 하나님께 전적 헌신을 약속한다. 예수님은 지난 수천 년간 유대인이 그랬던 것처럼 매일 조석으로 쉐마를 낭송하셨을 것이다. 쉐마는 "이스라엘아 들으라[쉐마] 우리 하나님 여호와는 오직 유일한 여호와이시니 너는 마음을 다하고 뜻을 다하고 힘을 다하여 네 하나님 여호와를 사랑하라"(신 6:4~5)의 첫 줄, 첫 단어에서 비롯된 것이다.[8] 율법 선생으로부터 첫째 되는 계명이 무엇이냐는 질문을 받았을 때 예수님은 쉐마를 인용하여 답하셨다(막 12:28~30). 이 기도문에는 예수님이 천부께 드리신 깊은 헌신의 본질이 담겨 있다. 많은 유대인이 하나님께 대한 헌신의 확증으로 임종 때 마지막으로 입 밖에 내는 말도 이 쉐마다.

쉐마

쉐마 기도는 하나님을 사랑하고 율법을 준행하겠다는 헌신의 약속이다. 쉐마는 '듣다'를 뜻하지만 '경청하다'와 '순종하다'라는 뜻도 함께 갖고 있으며 행동까지를 포함한다. 쉐마 전문은 성경의 세 단락(신 6:4~9, 11:13~21, 민 15:37~41)으로 구성되어 있다.

내가 탑승한 이스라엘행 비행기에서 승객들은 어떤 기도문으로 기도했을까? 십중팔구 그들은 느헤미야 시대부터 시작된 축도문 시리즈를 낭송했을 것이다. 〈18개의 축도〉(현재는 19개다)로 알려진 〈아미다〉*Amidah*는 유대 예배의 중심이다. 간혹 아미다를 간단하게 '기도'를 뜻하는 테필라*Tefillah*라고 부르기도 한다. 그만큼 아미다는 예배에서 중심을 차지하고 있다.[9]

예수님은 유년 시절부터 아버지 요셉이 하루 두 번씩 (오늘날의 아미다와 완전히 같은 문구는 아니지만) 이 전통 기도문으로 기도하는 소리를 들으셨을 것이다.[10] 아미다는 예수님 시대 약 50년 후 바울의 스승인 랍비 가말리엘의 손자에 의해 정식 예배 전례로 채택되었다.[11] 그 이래로 근 2천 년간 아미다는 큰 변화 없이 유지되었다. 아미다엔 찬양 및 감사 기도와 더불어 메시아를 보내달라는 간구, 지혜, 용서, 병 고침, 구원을 위한 간구가 들어 있다. 모든 유대 기도문처럼 아미다 역시 그 중심에 시편이 있으며 성경 인용구로 차고 넘친다(〈아미다〉 기도문은 부록 참조).

아름다운 아미다 전례는 이렇게 시작한다. "우리 조상의 하나님, 아브라함의 하나님, 이삭의 하나님, 야곱의 하나님, 오 우리 하나님 여호와를 송축할지어다." 이 시작 기도가 얼마나 반복적인가를 지적하며 랍비 웨인 도시크는 이렇게 평했다.

> 이 기도의 저자들은 유대교의 '건국 시조들'이 자기 시대에서 하나님과 개별적, 개인적, 인격적 관계를 맺었음을 알았다. 이삭의 세계는 아버지의 세계가 아니었다. 야곱의 세계 또한 아버지나 할아버지의 세계가 아니었다. 사람마다 자기 나름의 하나님을 필요로 했고, 기대했기에 각 사람은 자신의 하나님을 발견해야 했다.[12]

1세기의 일반인은 아미다 외에도 여러 다른 기도문으로 기도했을 것이다. 사실 유대인의 삶은 기도로 충만했다. 주후 70년의 성전 파괴 이후 더 이상 제사를 드릴 수 없었던 유대 민족은 기도가 제사를 대신한다고 믿었다. 아침, 점심, 저녁, 하루 세 번 드리는 기도 시간은 성전 제사의 시간대를 본딴 것이었다.

유대인은 먹기 전이나 삶에서 어떤 낙을 누리기 전, 심지어 불행의 한복판에서도 기도한다. 독실한 유대교인은 하루에 최소 일백 번 송축문을 낭송한다. 유대인이 기도를 우선시한다는 점은 미쉬나의 첫 번째 책(또는 소책자), 《베라크호트》*Berakhot*('송축'을 뜻한다)가 '언제 어떻게 기도하는가', 이 한 주제만을 다루고 있다는 점을 봐도 알 수 있다.

예수님 역시 기도에 우선순위를 두셨다. 복음서 곳곳에 예수님이 유대 기도의 풍성한 전통을 준수하셨다는 증거가 있다. 예수님은 종종 일찍 일어나시거나 혼자 한적한 곳으로 물러나 기도하셨다. 예수님은 기도에 관해 가르치셨고, 기도에 관한 비유를 들려주셨고, 천부께 기도할 땐 이렇게 기도하라며 제자들에게 메모를 건네기도 하셨다. 예수님처럼 기도하기 위하여 우리가 배워야 할 유대 기도 관습에는 어떤 것이 있을까?

주기도문에 대한 유대인의 통찰

종교성이 강한 자신의 문화적 관습인 기도를 예수님은 어떻게 실천하셨는가를 알면 기도에 관한 예수님의 가르침과 관련해서 많은 통찰을 얻을 수 있다. 잠시 주기도문을 생각해보자. 크게 사랑받는 기도문이지만 우리는 "이름이 거룩히 여김을 받으시오며"나 "나라가 임하시오며" 같은 표현 앞에서 고개를 여러 번 갸웃거린다. 이 표현들은 익숙한 동시에 이상하다. 우리가 이해에 어려움을 겪는 건 우리 머리가 아둔한 탓이 아니라 예수님의 언어가 너무도 유대적이기 때문이다. 예수님의 기도에 대한 가르침 이면에는 오늘날의 유대인이 들어도 여전히 울림이 있을 고전적인 주제들이 있었다.

아미다가 주기도문의 몇몇 주제를 포괄하고 있기 때문에 주기도문이 아미다의 요약본이라는 견해도 있다.[13] 예수님 시대의 다른 랍비들은 기도의 본질을 예시하고자 아미다의 요약본을 가르쳤다. 더욱이 초대교회는 하루 세 번 아미다로 기도했고 그때마다 주기도문을 같이했다.[14] 예수님이 주기도문을 가르치실 때 아미다를 염두에 두셨는지와 무관하게 양자 간에 비슷한 주제가 있다는 사실은 예수님의 기도가 유대 기도에 담긴 지혜의 총화임을 보여준다.

주기도문의 첫 두 단어("우리 아버지") 역시 우리에게 많은 것을 가르쳐준다(원문에는 이것으로 시작한다—편집자). 주기도문엔 '내 아버지'가 아니라 '우리 아버지'라는 표현을 사용하는 유대 전통이 녹아 있다. 자신의 개인적 필요에 초점을 맞추는 우리와는 달리 유대 기도는 대체로 온 백성의 필요를 위한 공동체적 기도를 담고 있다. 오늘날에도 어떤 기도는 백성 전체를 대표하기에 민얀 *minyan*[15]이 출석해야만 드릴 수 있다.

눈여겨볼 점은 예수님은 제자들에게 하나님을 "우리 아버지"로 부르라고 가르치셨지만 정작 당신께서는 "내 아버지"

아미다

아미다*Amidah*는 유대 예배 전례의 중심 기도로서 주후 1세기 이래로 하루 세 번 낭송하는 기도문이다. 아미다를 '18개'를 의미하는 '슈모네 에스레'*Shmoneh Esreh*라고도 하는데, 본디 18개의 기도문으로 구성되어 있기 때문이다. 19번째 간구는 예수님 사후 백 년이 지나 추가되었다.

민얀

일부 공중 기도는 최소정족수(열 명의 성인 남자)가 모여야만 할 수 있었다. 1세기에는 여자도 민얀*Minyan* 계수에 포함되었다.

로 단수 소유격으로 칭하셨다는 것이다. 유대 기도에서 간혹 하나님을 '우리 아버지'로 부르는 사례가 있긴 하지만 '내 아버지'는 전대미문의 과감한 표현이었다. 많은 이들은 이것을 예수님이 메시아라는 증거로 보았다. 메시아는 하나님과 특별히 가까운 관계인 사람이라고 묘사된 여러 메시아 예언이 있었기 때문이었다.[16] 예수님이 하나님을 '내' 아버지라고 칭하셨을 때마다 듣는 이들은 그 대담함에 주목했을 것이다.

놀랍게도 예수님은 겨우 열두 살의 나이에 하나님을 '내 아버지'라고 부르셨다. 예수님이 성전에서 학자들과 대화할 때 그분을 찾은 부모님께 보인 반응을 기억하는가. "내가 내 아버지 집에 있어야 될 줄을 알지 못하셨나이까"(눅 2:49). 소년 예수는 자신의 정체성과 사명을 이미 알고 있었던 것으로 보인다.

"오늘 우리에게 일용할 양식[빵]을 주시옵고"라는 표현은 또 어떤가? 왜 예수님은 우리에게 '빵'을 구하는 기도를 시키셨을까? 왜 소고기나 바나나를 달라고 기도하지 않으셨을까? 빵을 뜻하는 히브리어 '레헴'*lechem*은 음식 일반을 뜻하기도 한다. 예수님이 빵을 집어 드시고 조각내신 후 하늘의 아버지께 감사를 올리신 것은 여느 유대인 아버지가 하듯 식사 전체를 놓고 감사기도를 올리신 것이다. 레헴은 음식 일반을 뜻할 뿐 아니라 하나님의 '공급하심' 전체를 뜻하기도 한다. 이런 식으로 기도할 때 우리는 하나님께 우리의 모든 필요를 공급해달라고 구하는 셈이다. 이 부분을 파악하면 예수님이 무슨 뜻으로 "나는 생명의 떡이니"(요 6:35)라고 하셨는지 폭넓게 이해할 수 있다. 예수님 자신이 가장 심오한 의미에서 '하나님의 공급'이라는 것이다.

오늘날의 유대 사고에서도 빵은 특별한 의미가 있다. 유대인 중에는 절대 빵을 버려선 안 된다고 믿는 이들이 있다. 빵을 버리는 것은 하나님의 은혜로운 공급에 대한 배은망덕이라는 것이다. 이스라엘에서 오래 살았던 조싸 비빈의 글이다.

> 그들[이스라엘인]은 거리에 늘어선 쓰레기 수거함에 빵을 여타 쓰레기와 함께 버리지 않는다. 대신 그들은 빵을 비닐봉지에 넣어 가난한 사람들이 가져갈 수 있도록 수거함 양쪽에 있는 갈고리(쓰레기 차에 수거함을 고정하는 용도로 쓴다)에 내건다.[17]

궁핍한 자에 대한 민감성과 하나님의 공급하심을 향한 감사의 마음은 존경할 만하다. 로이스는 자신의 집 근처 신학교로 유학 와서 자신의 좋은 친구가 된 우간다 목사와 나눈 대화를 잊지 못한다. "나는 친구에게 고국으로 돌아가면 미국의 어떤 점이 가장 기억에 남겠느냐고 물었고, 그의 대답은 나에게 큰 충격을 남겼다. 그는 '평생 음식 걱정 안 하고 살았던 한 해를 결코 잊지 못할 거에요'라고 답했다. 내 친구가 음식을 배불리 못 먹을까 봐 일평생 걱정하며 지냈다는 사실이 쉽게 믿어지질 않았다." 예수님이 '일용할 양식'을 구하라고 하신 것은 양식이 인류 역사에서 기본적 고민거리였음을 생각하면 완벽하게 상식에 부합한다.

"악에서 구하시옵소서"는 또 어떠한가? 예수님은 어떤 종류의 악을 말씀하셨던 걸까? 우리는 성경과 유대 기도에서 두루 단서를 얻을 수 있다. 구약의 여러 곳에서 '[누군가를] 악에서 건지시는' 하나님이 언급된다.[18] 그러나 히브리어로 '악'을 뜻하는 '라'*ra*는 포괄적

죄 외에 '위험'이나 '불운'이란 뜻도 있다. '라'에 여러 의미가 담길 수 있음을 알았던 랍비들은 주후 200년경의 기도문에는 표현을 세분화했다. "나를 악한 사람과 악한 동반자와 악한 상처와 악한 의도와 멸하는 자 사탄으로부터 건져주옵소서." 여기 히브리 단어 '라'가 4번 사용되었는데, 육신의 보호를 구하는 뜻도 있지만 그다음은 타인, 자신의 욕망, 사탄의 미혹에 넘어가 악을 행하지 않도록 보호해달라는 간구인 것이다. 이는 결국 우리 삶을 망가뜨릴 것들을 피하게 해달라고 하나님께 영육의 도움을 구하는 기도다.

이 고대 랍비 기도는 랍비 예수님의 가르침을 이해하는 데 도움이 된다. 이 기도는 "우리를 시험[유혹]에 들게 하지 마시옵고"라는 예수님의 말씀과 닮았다. 예수님의 이 표현은 '우리 자신의 악한 성향에 굴복하지 않게 하옵소서. 유혹과 죄를 피하도록 도우소서'라는 말을 유대식으로 표현한 것이다. 예수님의 기도를 우리의 안과 밖에 있는 악으로부터 보호해달라고 하나님께 간구하는 것으로 해석한다면 틀리지 않을 것이다.[19]

차라리 기도하지 마라

우리는 13장에서 "나라가 임하시오며"라는 표현을 더 자세히 살피며 주기도문을 다시 들여다볼 것이다. 여기서는 유대 기도의 또 다른 면을 잠깐 상고해보자. 바로 차라리 기도하지 않는 법이다.

유대인은 정한 시간에 정해진 기도문으로만 기도했는지 궁금할 것이다. 비록 당시에 여러 기도문이 있었지만, 즉흥적으로 드리는 기도도 했다. 1세기의 한 랍비는 공허하게 기계적으로 반복 암송하면서 기도를 '고정'시켜버리는 것을 경고했다.[20] 중언부언하며 길고 '헛되이' 기도하는 것에 대한 예수님의 경고와 동일한 취지인 듯하다. 즉흥적이면서도 깊이 기도하는 법에 관해 지혜를 제시한 랍비도 있었다. 흥미롭게도 그들 역시 예수님처럼 '헛되이' 기도한다는 것에 대해 논했다. 한 랍비의 말이다.

> 아내가 임신한 것을 알게 된 남편이 이렇게 기도했다. "주님의 뜻이어든, 아내가 아들을 낳게 하소서." 보라, 이것은 헛된 기도다. 길을 걷다가 마을에서 울음소리를 듣고 "우는 사람이 내 식구가 아니게 하옵소서"라고 기도한다면, 보라, 이것이 헛된 기도다.[21]

왜 이것이 헛된, 공허한 기도일까? 잉태 시점에 이미 하나님께서 결정하신 태아의 성별을 바꾸어달라고 구하는 것은 무의미하다. 아이의 성별을 바꾸어달라는 기도는 현실을 우리 입맛에 맞게 마법처럼 바꾸고 역사를 조작해달라는 기도다. 두 번째, 곤고한 울음소리를 듣고 우리 가족이 내는 소리가 아니길 구하는 기도 역시 잘못된 기도다. 이 역시 하나님께 이미 일어난 역사를 바꿔달라고 구하는 것이기 때문이다. 이 기도가 더 나쁜 것은 우리가 사랑하는 사람을 위해 다른 누군가에게 환난을 보내달라고, 즉 남에게 악이 가도록 빌기 때문이다.

단지 이런 기도를 하지 말라는 차원이 아니다. 잘못된 기도 방법을 살펴보며 참기도를 들으시는 하나님께 기도할 수 있는 우리의 놀라운 특권을 떠올릴 수 있어야 한다. 우리는 늘 경외심과 사랑으로 하나님께 다가가야 함을 기억하자.

하나님 임재 의식

많은 현대인이 생각하는 하나님은 몇 광년 떨어진 '천국'이라는 다른 차원에 사시는, 멀리 계시고 무관심한 신이다. 온 우주의 창조주인 하나님이 진심으로 우리의 소소한 문제에 관심을 두실까? 대다수는 정답이 '그렇다'고 하니 그렇게 답한다. 하지만 우리는 가까이 계시는 하나님을 깊고도 직접 체험하길 간절히 원한다. 우리는 하나님의 신실하신 돌보심을 바위처럼 굳건하게 확신하고 싶다.

하나님이 우리를 아끼신다는 사실이 왜 때로는 믿어지지 않을까? 우리 중 다수가 성경이 아닌 세속적 세계관의 영향 아래 있기 때문이다. 서구 사회는 하나님을 '신성한 시계공'으로 묘사한 계몽주의 철학자들의 묵직한 영향 아래 있다. 여기서 하나님은 우주를 작동한 다음 뒤로 물러나 우주가 째깍거리며 돌아가는 모습을 지켜보는 존재다. 그러나 성경이 말하는 하나님은 이와 정반대다. 하나님은 멀찍이 떨어져 계신 분이 아니다. 성경의 하나님은 아브라함, 야곱, 요셉, 모세와 이야기하시는 친밀하고도 가까운 존재다. 하나님은 백성의 유익을 위해 적극 개입하시고 그들을 애굽에서 건져내시고 약속의 땅으로 인도하신다. 그리고 이제 그분의 성령이 믿는 자들 안에 거하신다. 성경이 계시하는 하나님은 동떨어져 있는 무정한 분이 아니라 자신이 만드신 세상에 치열하게 관심을 두는 분이다. 그러나 서양 철학은 이 성경적 그림을 의심하게 했다.

일부 회당에선 세상 속에 활발하게 임재하시는 하나님을 기억하게 하려고 회당 전면의 정교한 토라 두루마리함 위에 히브리어로 "다 리프네 미 아타 오메드"("네가 누구 앞에 서 있는지를 알라") 글귀를 걸어놓는다. "네가 바로 하나님의 임재 안에 서 있음을 잊지 말라"는 말씀은 약간의 공포와 함께 경외감이 들게 한다.

유대교의 어떤 종파는 우리가 상시 하나님의 임재 안에 있음을 크게 강조한다. 많은 유대 남자가 야르물케를 착용하는 이유도 주변의 모든 것에 임하시는 하나님을 겸허하게 경외할 것을 상기하기 위함이다.[22] 작가 애니 딜러드는 매 주일 하나님의 임재 앞에 서는 특권을 우리가 얼마나 가볍게 취급하는지를 지적하며, 하나님 앞에서 그리스도인의 상대적 벌거벗음을 인상적인 표현으로 부각했다.

> 왜 교회에 있는 사람들은 절대자를 단체 관광하러 온, 유쾌하지만 뇌가 없는 관광객처럼 보일까? … 우리가 아무렇지도 않게 불러오는 권능이 대체 어떤 권능인지 조금이라도 이해하는 사람이 단 한 명도 없는 걸까? 아니면 내가 의심하듯 다들 그런 말을 전혀 믿지 않는 걸까? 교회는 주일 아침 시간을 죽이기 위해 TNT 다발을 혼합하며 화공약품 세트를 가지고 노는 아이들 같다. 여자들이 밀짚모자와 벨벳 모자를 쓰고 교회에 가는 것은 미친 짓이다. 우린 모두 충격 흡수용 안전모를 쓰고 가야 한다.[23]

어떤 의미에서 바로 이런 이유로 유대인은 머리 가리개를 쓴다. 그것은 무한하게 위력적이면서도 너무도 가까이 계시는 하나님의 존재를 일깨우는 작은 '충격 흡수용 안전모'다.

그렇다면 기도 중에 하나님의 임재 의식을 더욱 키우는 게 가능할까? 이 문제를 다루는 히브리어 단어로는 '의도' 또는 '방향'을 뜻하는 카바나*kavanah*가 있다. 카바나는 마음을 하늘로 향하게 한 뒤 당신이 이야기하는 그분을 깊이 인식하는 것이다. 랍비들은 "카바나 없는 기도는 영혼 없는 몸과 같다"고 한다. 곧 생명 없는 시신이라는 것이다. 여러 유대 기도가 반복적이기에 랍비들은 더욱 카바나의 필요성을 강조한다. 카바나가 있어야 매번 기도할 때마다 경이로운 하나님께 초점을 맞춘 채 경외심을 가지고 참신하고 열정적인 언어로 기도할 수 있다.

앤은 예루살렘에서 한여름의 가장 무더운 시간대에 서쪽 성벽에 서 있던 때를 기억한다. '통곡의 벽'이라고 알려진 이 서편 성벽은 성전산의 고대 옹벽의 일부이자 유대교의 가장 거룩한 성지다. 비록 더위가 극심했지만 앤은 그날을 이스라엘에서 보낸 시간의 절정이라고 추억한다. 앤의 말이다.

"내가 느꼈던 경외를 어떻게 표현해야 할지 모르겠다. 그 경외는 고대의 돌무더기 앞에 서 있어서가 아니라 천부의 임재 안에 있다는 느낌에서 비롯되었다. 만일 그 경험을 딱 두 단어로만 묘사해야 한다면 '광대함'과 '사랑'을 고르겠다. 이전 답사 때도 서편 벽을 방문했지만, 전혀 비범하다는 느낌을 받지 못했다. 그러나 이제 여기 이 벽을 보며, 뉴욕에서 비행기에 탑승한 이래 내가 목격한 온갖 헌신과 경외의 장면들이 하나로 합쳐지는 것 같았다. 평생 한 번도 경험하지 못한 하나님의 위대함이 오감으로 다가왔다."

유대인 신학자이자 작가인 아브라함 헤셸은 카바나를 이렇게 설명한다. 카바나는 "하나님께 주의를 집중하는 것으로, 하나님의 임재 안에 설 수 있음을 감사하는 행동이다. … 카바나는 자신이 마주한 어떤 존귀함에 스스로 이끌리는 것이다. 기도할 수 있다는 것의 소중함을 오감으로 느끼고, 하나님을 예배하는 일의 지고한 의미를 인지하는 것은 더 높은 카바나의 시작이다."[24]

카바나는 비단 기도에 국한되지 않는다. 랍비들은 네 가지 활동에서 카바나를 가져야 한다고 말한다.

- 기도
- 성경 공부
- 사랑과 배려의 행위
- 우리 삶의 일[25]

각각의 활동은 하나님이 임재하시며 매 순간 우리를 통해 말씀하고 일하길 원하신다는 심오한 자각을 가지고 하는 게 이상적이다. 만일 우리가 매사에 이런 마음가짐으로 임한다면 하루하루가 얼마나 뜻깊은 날이 될지 상상해보라.

카바나를 가지고 살면 우리 인생의 경험이 크게 달라진다. 수년 전 로이스의 친구들은 연말마다 크리스마스카드를 보내는 일에 지쳤다. 주소록에 있는 수십 명에게 자식 자랑의 메시지를 담아 대량 발송한다는 게 왠지 공허하게 느껴졌다. 그해 로이스의 친구들은 기도하는 마음으로 카드를 쓰기로 했다. 여전히 가족 소식을 전했지만 그저 이름을 서명하는 대신 진심 어린 메시지를 담아 각 사람에게 그들과의 관계를 얼마나 귀하게 여기는지를 전했다. 그다음 봉투에 주소를 써넣을 때 함께한 추억을 묵상하며 수신자를 위해 기도했다. 그해 그 가족은 크리스마스카드를 쓰는 데 더 오랜 시간을 들여야 했지만 그 시간은 스트레스가 아닌 기쁨이 되었다. 그들의 카드엔 하나님의 임재를 의식하는 카바나가 충만했기 때문이었다.

유대인의 삶은 아침부터 저녁까지 기도로 가득 차 있다. 바울이 데살로니가인에게 쉬지 말고 기도하라고 했던 것을 기억하는가(살전 5:17)? 얼핏 불가능한 명령처럼 들린다. 어떻게 항상 기도하겠는가? 이제 바울의 참뜻을 조명해줄 고대 유대인의 기도 관습을 살펴보자. 우리의 기도 경험에도 풍성함과 깊이를 더할 것이다.

07
하나님의 임재를 유지하는 길

감사로 가득한 현자의 영혼은

하나님의 참 제단이다.

알렉산드리아의 필로(주후 1세기)[1]

영화 〈지붕 위의 바이올린〉을 보았다면 유대인 우유 배달부 테브예가 하나님과 주고받는 익살스러운 대화를 기억할 것이다.[2] 테브예는 일을 하다가 잠시 멈추고 큰 소리로 주님과 무언가를 토론한다. 주거니 받거니 하나님과 그리고 자신과도 논쟁한다. 마치 하나님이 언제든 찾아가 조언을 구하고 통사정할 수 있는 오랜 지기인 것처럼, 떼도 쓰고 어르기도 하고 주먹을 휘두르기도 한다. 하나님은 보이지 않지만 그 존재감은 확실하다. 테브예는 하나님의 상시적 가까움에 대한 심오한 의식을 가지고 편안하고 스스럼없는 기도 생활을 누린다. 우리 중에는 그런 테브예가 부러운 사람들이 많을 것이다.

테브예처럼 하나님을 느낄 방법이 있을까? 테브예가 속한 문화의 어떤 면이 하나님의 밀접함을 깊이 의식하는 데 도움이 되지 않았을까? 믿기 어렵겠지만 테브예는 예수님 시대로 거슬러 올라가는 고대 관행에 대해 잘 알았고, 이 관행은 오늘날 우리의 삶에도 풍성함을 크게 더한다.

영화의 어느 시점에선가 테브예가 사는 러시아 시골 마을의 랍비에게 누군가 이런 질문을 한다.

"재봉틀을 위한 축도도 있나요?"

"모든 것엔 그에 걸맞은 축도가 있지요!" 랍비가 답한다. 랍비는 유대의 풍성한 '송축' 전통을 말하는 것이었다. 이 작은 기도 습관은 실천하는 사람에게 하나님 임재에 대한 지속적 의식을 불어넣어 진정한 변화를 가져오게 할 수 있다. 좀 더 자세히 살펴보자.

예수님보다 수백 년 앞서 살았던 유대인들은 모세가 약속의 땅 언저리에서 한 말을 주목했다. "네가 먹어서 배부르고 네 하나님 여호와께서 옥토를 네게 주셨음으로 말미암아 그를 찬송하리라"(신 8:10). 그다음 모세는 백성에게 그들의 은금이 증식될 때 마음이 미혹되어 여호와의 큰 은혜를 잊어버리고 자기 힘으로 번성했다고 여길 것이라고 경고했다(신 8:14).

이 경고를 잊지 않고자 유대인은 눈뜬 순간부터 잠드는 순간까지 온종일 구체적이고 짤막한 기도를 드리는 전통을 만들었다. 허다한 유대인이 간단한 송축 기도를 드림으로써 온종일 자신에게 하나님을 일깨우려는 이 전통은 예수님 시대부터 오늘날까지 이어져왔다.

각각의 작은 기도는 '송축'을 뜻하는 베라크하*berakhah* 또는 브라크하*brakha*라고 한다. 영어 단어 '축복'blessing에도 누군가에게 은총을 베푼다는 의미가 있다. "내 영혼아 여호와를 송축하라"(시 103:1). 하나님을 송축한다는 것은 만복의 근원이 하나님이심을 인정하며 하나님을 '찬미'하는 것이다. 베라크하는 실은 감사 기도다. 유대인들은 베라크하를 설명할 때 종종 '축복'을 뜻하는 바라크*barakh*에 '무릎 꿇다'는 뜻도 있음을 언급한다. 마치 정신적으로 잠시 '무릎을 꿇은 듯' 겸손히 하나님의 선하심을 찬양하는 것이다.[3]

예수님 시대에 각각의 기도는 "그를 송축할지어다"로 시작하는 짤막한 한 줄이었다. 그러나 랍비들은 200년이 못 가 기도할 때마다 늘 여호와의 이름을 부르며 하나님을 '우주의 왕'으로 불러야 한다고 정했다.[4] 그래서 과거 1700년 동안 전통적인 송축의 첫 줄은 "오 여호와 우리 하나님, 우주의 왕이신 당신을 송축하나이다"였다. 히브리어로는 "바루크 아타 아도나이 엘로헤누, 멜레크 하올람"*Barukh atah, Adonai Elohenu, Melek ha-olam*이다.

기도에 젖어 사는 삶

분명 유대인의 삶은 기도로 '흠뻑 젖어' 있다. 기도에 대한 이런 접근이 1세기 현실에선 어떤 모습으로 나타났을까? 당신이 예수님 시대에 살았다면 수탉 울음소리에 잠이 깼을 것이다. 당신은 영혼이 다시 육체로 돌아오게 하셔서 또 다른 날을 허락해주신 하나님께 감사하여 이렇게 읊조렸을 것이다. "수탉에게 밤낮을 구분할 지각을 주신 그를 송축할지어다."[5] (당신은 알람 시계를 만들 지능을 사람에게 허락하신 하나님께 감사한 적이 있는가?)

눈을 뜬 후 당신은 기도한다. "소경의 눈을 뜨게 하신 그를 송축할지어다." 그다음 아직 제 기능을 다하는 모든 신체 부위를 떠올리며 하나님을 찬양하는 짤막한 기도를 열댓 번 정도 한다. 믿거나 말거나 화장실 사용 후 드리는 송축도 있었다!(주후 400년 즈음 시작되었다)[6] 신체가 제대로 작동하는 이 기적에 우리는 과연 얼마나 자주 감사하는가?

기상 시에 드렸던 고대 송축은 오늘날 오전의 기도 예배 시에 드리는 기도가 되었다. 유대인이 입 밖으로 내는 첫 기도는 "살아계시며 영원하신 왕이시여, 긍휼하심으로 나에게 영혼을 되돌려주심을 감사하나이다. 당신의 신실함은 측량할 수 없나이다." 이 얼마나 아름답게 하루를 시작하는 방법인가.

밖을 거니는 것만으로도 여호와를 송축할 만한 허다한 기회를 발견한다. 봄에 과실수에 첫 움이 튼 것을 보면서 이렇게 읊조린다. "이 세상에서 어떤 것도 빠뜨리지 않으시고, 선한 창조물과 멋진 나무를 즐기게 하신 분을 송축할지어다!" 길고도 추운 겨울 끝에 움튼 이 멋들어진 새 생명의 징표를 보고 기쁘지 않을 사람이 어디 있을까?

아주 오랜만에 바다를 보았을 때도, 왕의 행차를 보면서도 이스라엘은 하나님을 송축했다. 탁월하게 아름다운 사람이나 랍비를 봤을 때도 하나님을 송축했다. 오랫동안 연락이 끊겼던 친구와 다시 만나면서도 입에서는 찬양의 언어가 흘러나온다. 신선한 오렌지 껍질을 벗겨 상쾌한 향을 맡을 때에도 하나님을 찬양한다. "과일에 이렇게 좋은 향을 주신 주님을 송축할지어다."

누군가 죽거나 비극적인 소식을 듣는 슬픔의 시간에도 유대인은 이렇게 하나님을 송축한다. "참 재판관이신 그를 송축할지어다." 이런 기도는 인간의 불운이 아무리 극심할지라도 하나님은 여전히 선하시며 결국엔 공의를 행하셔서 세상의 그릇된 것을 바로잡으실 것을 자신에게 일깨운다.

왜 이런 일을 하는 걸까? 쉐마가 '온 마음을 다하여' 하나님을 사랑하라고 하기 때문이다. 이 명령은 랍비들에게 단지 행복한 마음일 때만 하나님을 사랑하는 게 아니라 마음에 분노와 슬픔과 애통이 있더라도 하나님을 사랑해야 함을 뜻한다.

필립 얀시는 기도에 관한 탁월한 저서에서 신앙의 위기 가운데 있는 한 남자를 돕고자 랍비 도비드 딘이 수고한 이야기를 들려준다. 랍비는 몇 시간이나 남자의 불평을 들어준 다음 마침내 질문했다. "왜 그리 하나님께 화가 나 있죠?"

남자는 랍비의 질문에 소스라치게 놀랐다. 장시간 분통을 터트리는 내내 하나님은 입 밖에도 내지 않았기 때문이었다. 남자는 답했다. "평생 하나님께 내 분노를 표현하는 게 두려웠어요. 그래서 늘 하나님과 연결된 사람들에게 분노의 화살을 돌렸지요. 지금까지 내가 그런 줄도 몰랐어요."

그 후 랍비는 남자를 '통곡의 벽'으로 데리고 갔다. 얀시의 글이다. "보통 사람들이 기도하는 곳에서 떨어져 성전 잔해가 있는 곳으로 갔다. 거기 다다르자 도비드 딘은 남자에게 이제껏 하나님을 향해 느꼈던 모든 분노를 표현할 때라고 말했다. 그다음 한 시간 넘게 남자는 코텔(통곡의 벽)의 벽을 양손으로 치며 맘껏 소리 질렀다. 그다음 그는 울먹이기 시작했고 멈추지 않는 울음은 차츰 흐느낌이 되다가 급기야 기도가 되었다. 그렇게 랍비는 그 남자에게 기도하는 법을 가르쳐주었다."[7]

복음서에 나타난 송축

일상적으로 이런 송축 기도를 드렸다는 증거가 복음서에 있을까? 마태복음은 예수님이 오병이어로 오천 명의 배고픈 사람들을 먹이

시기 전에 "하늘을 우러러 축사하시고 떡을 떼어 제자들에게 주[셨다]"고 한다(마 14:19).[8] 마태는 예수님의 축사 문구를 정확히 기록하진 않았다. 아마도 모든 이가 다 아는 내용이었기 때문일 가능성이 크다. 아마도 예수님은 식사 시작할 때 빵을 떼신 후 "땅에서 빵을 내신 그를 송축할지어다"라고 했던 유대인 아버지처럼 기도하셨을 것이다.[9] 오늘날에도 유대인은 약간 바뀌기는 했지만 이와 같은 기도를 드린다. "땅에서 빵을 내신 우주의 왕, 우리 하나님 여호와를 송축할지어다."

어떤 성경 역본은 '음식'이라는 단어를 추가함으로써 본문에 없는 혼돈을 일으킨다. 마치 예수님이 음식을 주신 여호와를 송축한 것이 아니라 '음식' 자체를 축복하신 것처럼 말이다.[10] 하나님께 우리의 음식을 축복해달라고 구하는 기독교 전통은 이 오해에서 비롯되었다. 우리가 먹기 전에 기도하는 이유는 음식을 거룩하게 하려는 게 아니라 음식을 공급하신 하나님께 감사를 표하기 위해서다.

복음서에는 다른 송축 기도의 흔적도 있다. 예수님이 중풍병자를 고치시자 사람들은 "이런 권능을 사람에게 주신 하나님께 영광을 돌[렸다]"(마 9:8). 그들은 "이곳에서 기적을 베푸신 하나님을 송축할지어다!"라고 외쳤을 것이다. 이는 과거에 하나님이 기적을 베푸신 장소를 보면서 전통적으로 드리던 송축이었다.

유대인 학자 데이비드 플루서는 마태복음 9장 8절이 다른 랍비 저술에는 보존되지 않은 송축일 수 있다고 말한다. "이런 권능(또는 권세)을 사람에게 주신 하나님을 송축하나이다."[11] 플루서는 이 대사가 다른 전통 송축문과 얼마나 유사한지를 지적한다. 유대인은 왕을 보면 인간에게 당신의 '영광'을 나누어주신 하나님을 찬양했고, 빼어난 랍비를 만나면 인간에게 당신의 '지혜'를 나눠주신 하나님을 찬양했다. 여기서 하나님은 병을 고치고 죄를 사하는 자신의 '권능'을 공유하는 하나님이시다. 랍비의 사고에서 능력, 영광, 지혜 등 모든 인간적인 탁월함은 궁극적으로 자기 본성의 작은 일부분을 인간과 공유하시는 하나님의 은혜에서 비롯된 것이다. 물론 예수님의 경우 하나님은 한량없이 그 본성을 공유하셨다.

이 송축 관습을 이해하면 누가복음 17장 12~19절이 더 잘 이해된다. 예수님은 이제 막 열 명의 나병환자를 고치셨다. 그런데 열 명 중 단 한 명, 사마리아인만 돌아와 큰 소리로 주님을 '송축'했다. 그는 아마도 이렇게 기도했을 것이다. "자격 없는 자에게 선을 행하시고 내게 모든 선한 일을 행하신 그를 송축할지어다!"[12] 이는 하나님이 끔찍한 질병을 고쳐주시거나 큰 위험에서 건져주실 때마다 사람들이 드렸던 송축이다. 예수님은 왜 다른 아홉은 사마리아인처럼 행동하지 않았는지 의아해하셨다. 그들의 감사 없음에 예수님이 언짢아하신 것처럼 보일 수도 있다. 하지만 예수님은 왜 고침받은 다른 나병환자들은 돌아와서 하나님이 그들을 위해 막 행하신 위대한 일을 공개적으로 송축하고 감사하지 않는지 물으셨던 것이다.

사도 바울 역시 이 '송축' 전통을 언급한다. 당신은 "하루에 백번 여호와를 송축"해야 한다는 랍비의 주장이 과하다고 생각할 수 있다. 그러나 범사에 감사하라는 바울의 말을 들어보라. 서신서에서 그가 얼마나 자주 이것을 언급했는지 살펴보라.

- 범사에 … 항상 아버지 하나님께 감사하며(엡 5:20).
- 또 무엇을 하든지 … 다 주 예수의 이름으로 하고 그를 힘입어 하

나님 아버지께 감사하라(골 3:17).

• 쉬지 말고 기도하라. 범사에 감사하라(살전 5:17~18).

바울은 우리에게 모호한 최상급 형용사로 하나님을 찬양하라고 하지 않았다. 어쩌면 바울은 문화 속에 깊이 배어든 이 송축 기도 습관을 생각한 게 아니었을까.

당신의 태도를 바꾸는 기도

하나님을 송축하는 전통은 삶을 '절반이 찬 유리잔'으로 보고 접근하는 것이다. 이는 삐딱함과 배은망덕을 피하고 하나님의 공급하심에 눈뜨는 훌륭한 방법이다! 우리가 이 경이로운 유대 기도 관습을 더 많이 실천한다면 세상은 훨씬 나은 곳이 되지 않을까?

오늘날 아침에 옷을 입거나 새 옷을 입을 때 이렇게 송축해보자. "벌거벗은 자에게 옷을 입히신 우주의 왕, 우리 하나님 여호와를 송축할지어다!" 의복처럼 기본적인 것으로 하나님께 감사하는 태도는 우리에게서 많은 허세를 벗겨 내며, 옷을 신분의 상징으로 이용하는 태도가 얼마나 얄팍한지 드러낸다. 이 송축을 보면 너무도 유려하게 인간이라는 존재를 표현한 욥의 말이 떠오른다. "내가 모태에서 알몸으로 나왔사온즉 또한 알몸이 그리로 돌아가올지라"(욥 1:21). 이 송축은 우리의 물질주의 문화에 저항하며 우리에게 옷의 주목적—신체를 보호하고 가려, 온기와 단정함을 준다—이 무엇인지 일깨운다. 하나님의 공급에 감사드릴 때 헐벗고 배고픈 세계 곳곳에 있는 사람들의 필요에 더 민감하게 될 것이다.

또는 태양을 사랑하는 사람이라면 비가 올 때마다 이런 감탄을 발하면 어떨까. "선하시며 좋은 것을 주시는 우주의 왕, 오 우리 하나님 여호와를 송축할지어다!" 우리 다수는 비가 자주 내리는 축복 받은 지역에 살고 있다(사실 너무 '자주' 내린다고 생각하고 싶지만). 그러나 만일 5월부터 10월 사이에는 비가 내리지 않는 이스라엘에 산다면 어떨까? 비가 기쁨의 원천이지 않겠는가. 기실 랍비들은 "비는 새와 짐승과 온 세상에 기쁨을 준다"고 말했다.[13] 한 랍비는 기도하기에 최적의 시간은 비 올 때라고 재치있게 말했다. 하나님이 기분이 좋으셔서 선뜻 복을 내리신다는 것이다.

예수님과 그 시대 사람들은 폭우에 어떻게 반응했을까 생각해보라. 그들은 천둥소리가 들리면 탄성을 질렀을 것이다. "그 힘과 권능으로 세상을 가득 채우신 그를 송축할지어다." 그들은 번개를 보면 "세상을 창조하신 그를 송축할지어다"라고 했을 것이다. 그다음 무지개가 나타나면 이렇게 기도했을지도 모른다. "언약을 기억하시고 언약에 신실하시며 약속을 지키시는 그를 송축할지어다." 우린 자주 망각하지만, 식량 공급 역시 비에 달려 있다. 다음에 당신이 사는 동네에서 천둥과 폭우가 몰아칠 기미가 보이면, 그 전에 밖으로 나가 바람의 경이로운 위력을 온몸으로 느끼며 몰려오는 장엄한 구름을 보라. 그다음 놀라운 하나님의 권능을 송축하라.

앤과 나는 겨울에 풍성한 구름으로 축복을 받은 미시간 호수 인근 도시에 산다. 문제는 우리 둘 다 구름이 낮게 드리운 잿빛 하늘이 여러 날 계속되는 것을 좋아하지 않는다는 데 있다. 겨울 날씨에 대해 투덜거리는 것은 미시간 주민의 두 번째 천성이다. 유대인이 비를 주신 하나님을 어떻게 송축했는가를 공부하면서 나는 구름이 드리워 햇볕이 약한 날은 하나님이 마치 직무유기를 하신 양 불평했던 내 모습을 떠올렸다. 난 이 작지만 나쁜 습관을 바꾸기로 했고 실제로 외출할 때마다 투덜거리기를 그만두었다. 그러자 나의 인생 전망이 얼마나 쾌청해졌는지 스스로 놀랐다. 앤의 말이다. "수년간 난 쇼핑을 하며 이 가게 저 가게 지나칠 때마다 옛 속담을 내 식으로 바꾸어 이런 혼잣말을 했다. '어리석은 자와 돈은 금세 이별한다.'" 쇼핑을 갈 때마다 이 경고를 청종했다면 이제는 이렇게 하나님을 송축해야겠다는 생각이 든다. "어리석은 자와 돈이 멀어지지 않게 해주신 우주의 왕, 우리 하나님 여호와를 송축할지어다!"

쉐헤히야누*shehehiyanu*라는 풍성한 축도 기도가 있다. 오랫동안 기다려온 경사를 축하할 때나 특별한 날에 이 기도를 한다. 나(로이스)는 실제로 이 기도를 하는 모습을 유대인의 혼인잔치에서 보았다. 후파(장막)와 케투바(결혼 서약), 신랑 신부가 키두쉬 와인을 함께 마시는 것을 보고 홀딱 반했던 게 기억난다. 모든 게 다 너무 기뻐 보였다. 그러나 신랑 부모의 친구로서 나는 그날 저녁에 일어난 일이 신랑에게 커다란 의미로 다가간 것을 알았다. 총명한 아들이 외로움과 우울증으로 수년간 고생한 것을 지켜보았던 부모는 과연 아들이 결혼할 날이 오긴 올지 의심했다. 그러나 어느 날 아들이 자신을 있는 모습 그대로 사랑하며 스스로도 사랑할 줄 아는 여인을 만나자 모든 게 달라졌다.

와인 잔을 부딪친 후 건배사를 하고 파티가 시작되었다. 친한 친구 하나가 신랑의 어머니에게 다가가 포옹한 다음 나즈막이 쉐헤히야누를 암송했다. "우리를 살게 하사 지키시고 이 날에 이르게 하신 우주의 왕, 오 우리 하나님 여호와를 송축할지어다." 두 친구는 포옹하며 눈물이 그렁한 채 고대 기도의 언어로 하나님이 행하신 경이로운 일을 찬양하였다.

시간이 흐르면서 너무 많은 송축문을 암송하다 보면 심드렁해져 심금을 울리지 못하는 판에 박힌 기도가 되지 않을까 의문이 들 수 있다. 그러나 어릴 적 배운 단순한 습관을 생각해보라. 어머니가 시마다 때마다 '제발이요'please와 '감사해요'thank you라는 마법의 주문을 사용하라고 일깨워줬던 것을 기억하는가? 이 작은 언어 습관에 감사와 배려의 자세를 갖추게 하는 마력이 있음을 알았기 때문이다. 마찬가지로 지속해서 하나님을 송축하는 습관은 하나님이 우리를 얼마나 사랑하시고 지속해서 돌보시는지를 항상 의식하는 길이다.

작가 로렌 위너는 자신의 초기 기도 훈련에서 첫 단추가 되었던 경험을 말한다. 그녀는 유대인으로 자랐고, 바트 미츠바(유대인의 성인식—편집자) 며칠 전 루비 리히텐슈타인이라는 나이 든 여인이 자신을 조용한 곳으로 데리고 가 했던 말을 기억한다. 비닐봉지로 싼 선물을 하나 건네며 루비는 말했다. "로렌, 유대인이 된다는 징표는 하나님께 기도한다는 거야. 이 책이 바로 유대인이 기도하는 법이란다."[14] 봉투 안엔 기도집 《시두르》*siddur*가 들어 있었다.

그리스도인이 된 후에도 위너는 여전히 그녀가 건넨 기도집의 가치를 인정한다.

> 며칠 아니 몇 주씩 기도집을 등한시한 후엔 어김없이 나르시시즘으로 퇴행한 자신을 발견했다. 하나님을 경외하고 그분을 인정하고 그와 동행하려는 마음은 여전했다. 하지만 나의 기도는 '하루 동안' 있었던 나의 감정을 자신에게 되뇌는 식이었다. 나의 기도는 어머니의

건강 염려, 돈 스트레스, 더 행복하게는 좋은 소식, 햇볕이나 인생 일반에 관한 설렘에 관한 것이었다. 거기서 결코 한 발짝도 더 나아가지 못했다.[15]

로렌 위너의 기도집처럼 하루에도 수차례 하나님을 송축하는 습관은 우리가 올바른 방향으로 주의를 집중하게 한다.

수년 전 로이스는 온종일 송축 기도로 기도하는 유대인의 관습을 의식적으로 따라 해보기로 했다. 로이스의 말이다. "그때는 하나님께 실망하고 분노하던 영적 침체기였다. 처음엔 송축이 그저 좋은 소리를 암송하며 입만 놀리는 형식적인 기도 같았다. 그러나 시간이 흐르며 나의 하루에 고루 흩뿌려진 송축 기도가 단지 그 빈도만으로도 예기치 못한 방식으로 하나님의 놀라운 선하심을 드러내고 있음을 발견했다. 해묵은 상처에 삿대질하고 싶은 기분이 들 때도 하나님은 나에게 계속 사랑을 부어주셨다. 이 습관을 회복할 때마다 하나님의 사랑과 돌보심에 관한 새로운 확신이 생겼다."

하나님을 송축하는 습관을 들이기 시작하면 일상이 크리스마스 아침처럼 느껴질 것이다. 당신의 기도 생활이 하나님의 임재와 어마어마한 사랑을 깊이 의식하는 카바나로 충만해진다. 하루하루가 반짝반짝 빛나는 새 선물 더미를 손에 넣으려고 무릎까지 오는 포장지와 리본 더미를 헤쳐가는 느낌일 것이다.

유대인의 기도는 감사에 깊이 뿌리내리고 있다. 이 넘치게 감사하는 습관이 가장 잘 보존된 것이 이스라엘의 대절기들이다. 절기는 하나님이 필요를 공급하시며 종살이에서 속량하셨음을 지속해서 일깨운다. 유대인은 절기에서 최고치의 기쁨과 최대치의 카바나를 경험한다. 이 고대 절기들을 통해 하나님은 자신의 백성을 위해 준비하신 궁극의 축복, 곧 그리스도의 축복을 암시하신다. 이제 유대인의 절기가 우리의 신앙에 어떤 도움이 될지 살펴보자.

08
유월절의 재발견

그러므로 우리에게는 선조와 우리를 위해 이 모든 기적을 베푸신 분께 감사와 찬양과 영광과 존귀를 올려드리고 그분을 송축할 의무가 있다. 그분은 우리를 종살이에서 자유로, 고뇌에서 기쁨으로, 애통에서 축제로, 어둠에서 큰 빛으로, 종속에서 속량으로 옮기셔서 우리가 그 앞에서 할렐루야를 외칠 수 있게 하셨다!

미쉬나 유월절 전례 중[1]

유월절 보름달이 예수님을 내려다본다. 흔들리는 올리브 나뭇잎 사이로 달빛이 쏟아지고 4월 초의 미풍에 가지가 흔들렸다. 쌀쌀한 저녁 날씨에도 예수님의 이마엔 구슬땀이 맺혀 있다. 예수님은 어둠 속을 뚫어지라 응시하며 기도하셨다. 저 멀리서 웅성거리는 소리가 들려왔다. 예수님의 탈미딤인 유다가 다가오고 있었고, 그 뒤로 한 무더기의 군인들이 언덕을 올라오고 있었다.

근처 나무 밑에선 베드로, 야고보, 요한이 포개어 누워 있었다. 예수님은 인생의 가장 힘겨운 밤에 함께 깨어 기도해달라고 그들에게 두 번 부탁하셨다. 그러나 그들은 거기서 묵직한 양모 탈리트를 몸에 휘감은 채 다가오는 위험은 안중에도 없이 입을 벌리고 나지막이 코를 골고 있었다.

"겟세마네 장면을 생각할 때마다 발작성 수면증 환자 같은 예수님의 제자들이 이상하다고 생각했다." 로이스의 말이다. "어떻게 사랑하는 랍비가 함께 깨어 지켜 달라고 간청했는데 그렇게 잠이 들 수 있을까? 어떻게 구원사의 절정이 이제 막 펼쳐지려는 때에 졸릴 수가 있을까?" 아무리 찾아도 만족스러운 답을 얻을 수 없었다. 그 외에도 운명적 주간을 곱씹을 때마다 여러 질문이 머리를 가득 채웠다.

탈리트

오늘날 탈리트*Tallit*는 옷술이 달린 의례용 기도 숄을 말한다. 그러나 예수님 시대에 탈리트는 양모로 만든 두루마기로서, 묵직한 사각 천의 네 귀에 옷술이 달려 있었다. 공공장소에선 상시 착용했고, 취침 시 이불로 덮을 수도 있었다. 그 밑엔 하루크*haluk*라는 리넨 속옷을 입었다. 요한복음 19장 23절에서 군인들은 예수님의 리넨 튜닉(웃도리)을 차지하려고 제비를 뽑았다.

지난번 참석했던 종려주일 예배가 기억났다. 아이들이 흥겹게 종려나무 가지를 흔들며 줄지어 복도를 지나가면서 예수님의 예루살렘 입성을 축하했다. 그런데 불과 몇 분이 안 되어 복음서의 수난 이야기를 낭독하며 분위기가 엄숙하게 돌변했다. 왜 예루살렘에 있던 무리는 한 주는 예수님을 동경했다가 다음 주엔 증오하며 변덕을 부렸을까? 그리고 왜 예수님은 생의 마지막 식사로 유월절의 세데르*seder*(유월절 축제를 기념하기 위해 니산월 15일과 16일에 유대인 가정에서 지키는 종교적 식사—편집자)를 택하셨을까? 여러 의문이 들었다.[2]

시간을 2천 년 이후로 건너뛰어 부활절 전 '세족 목요일'로 알려진 성목요일 오후에 우리 교회 친교실로 가보자. 우리는 유월절의 세데르 만찬 준비를 하는 중이다. 이방인 아마추어로서 유월절 의미를 묵상하는 자리를 마련하고자 최후의 만찬을 재현해보는 것이다. 중요한 것은 완벽하고 정확한 재현이 아니다. 우리의 목표는 예수님이 제자들과 함께하신 마지막 저녁을 조금이나마 체험하면서 세족

목요일 예배를 더 잘 이해하는 데 있다.

오후 내내 교회 부엌은 냄비 부딪히는 소리와 파슬리를 자르고 달걀을 삶고 고추냉이 소스를 접시에 담아내며 수다 떠는 소리로 북적거린다. 마침내 우리가 착석했을 땐 배고파 기절할 지경이었다. 시간이 째깍째깍 흘러가는 가운데 난 소금물에 담근 파슬리와 고추냉이를 곁들여 낸 메마른 마분지 같은 마짜(무교병) 한 입으로 긴 만찬 전례를 견뎠다. 마침내 양고기 스튜의 소박한 식사가 시작되자 난 허겁지겁 식사를 마친 다음 재빨리 치우는 과정을 도왔다. 그다음 이미 시작한 예배에 참석하기 위해 뒷자리로 살짝 들어가 앉았다. 예배는 슬프고도 엄숙했다.

그날의 사건으로 여파가 있었다. 쉼 없이 준비한 다음에 허기진 상태에서 급하게 음식을 먹다 보니 과식을 하게 되었고, 결국 참을 수 없는 졸음이 엄습했다. 성소의 불빛이 차츰 흐려지더니 마침내 완벽한 어둠이 되었다. 무거운 눈꺼풀 사이로 아무것도 보이지 않았다. 예배 중 누군가가 날 부르는가 싶어 흠칫 놀라 잠에서 깼다. 누군가 내 이름을 불렀나? 예수님의 실망한 듯한 음성이 들리는 듯하다. '한 시간도 나와 함께 깨어 있을 수 없더냐?'

갑자기 제자들이 왜 그리 깨어 있기 힘들어했는지 이해가 되었다. 제자들은 나보다 핑곗거리가 많았다. 전통 유월절 잔치는 엄청난 양의 식사에 네 잔의 포도주가 더해졌고 해 질 녘에 시작하여 자정 무렵에야 끝났다. 더욱이 잔치는 며칠 간의 고단한 여행과 준비 후에 진행되었다. 틀림없이 예루살렘의 모든 이가 심야 만찬 후 한시라도 빨리 침대 속으로 기어들어가고 싶었을 게다. 이 부수적인 문제를 해결하기 위해 랍비들은 가볍게 조는 사람은 유월절 저녁 식사

에 계속 참여할 수 있지만 깊이 잠든 사람은 참여할 수 없다는 규정을 제정했다.[3]

최후의 만찬을 재현하려는 우리의 아마추어적인 시도는 예수님 생애의 마지막 몇 시간에 관해 다른 통찰도 제공했다. 가령 나는 왜 지도자들이 유월절 식사 후에 예수님을 연행하려고 꾀했는지 이해가 되었다. 그토록 열렬한 인기를 누리는 사람을 백주에 연행할 수는 없는 노릇이었다. 대제사장들은 민란을 피하고자 은밀하게 일을 진행해야 했다. 그래서 그들은 예수님이 성 밖에 있을 동안 유다를 앞장세워 그분을 찾아냈다. 유월절 저녁이 완벽한 타이밍이었던 이유는 모든 유대 가정이 일몰에 시작된 잔치를 즐기느라 바빴기 때문이었다.

예수님의 연행과 재판은 주님의 지지자 대부분이 잠자리에 들었을 새벽에 일사천리로 진행되었다. 베드로가 예수님을 부인한 것은 새벽 네다섯 시경 수탉이 울 때쯤이었다. 마가복음에 의하면 예수님에 대한 최종 판결은 동틀 녘에 내려졌다(막 15:1). 대체 어떤 무리가 중요한 유대 명절에, 그것도 동틀 무렵 깨어서 "그를 못 박으라"고 외쳤을까? 의문이 드는 대목이다. 대다수는 예수님을 죽이길 원했던 부패한 제사장들과 로마 군인들이었다.

그러나 그게 다가 아니다. 예수님은 오전 9시, 즉 그날의 첫 성전 예배 시간에 십자가에 못 박히셨다! 지도자들은 무리가 예배 드리기 위해 성으로 재입장하기 전에 비밀 재판을 속결했다. 예수님이 도성 밖으로 십자가를 지고 가셨을 때 제자들이 다시 나타났고, 죽음으로 끌려가시는 그분을 보고 통곡했다(눅 23:27). 예수님의 여러 제자는 그제야 전날 밤에 일어난 사건을 알게 된 것이다.

유월절 만찬 경험 전에는 예수님을 환호했다가 다음 날 주님의 목숨을 요구한 백성이 상상할 수 없을 정도로 변덕스럽다고 생각했다. 그러나 지지자들은 변심한 적이 없었다. 예수님의 체포와 재판 때 출석하지도 않았는데 어찌 그럴 수 있었겠는가? 모든 음모는 유월절 축제 후 대다수가 곤히 잠들었을 때 전개되었다.[4]

예수님의 마지막 유월절

유대인에겐 최초이자 가장 중요한 절기인 유월절을 공부하다 보면 예수님이 보낸 지상 마지막 주간에 관한 풍성한 통찰을 얻을 수 있다. 유월절은 2천 년 전, 이스라엘 백성이 출애굽도 하기 전에 하나님이 직접 명령하신 거룩한 축제였다. 유월절은 이스라엘 백성의 애굽 종살이 탈출을 기념하는 큰 기쁨의 시간이어야 했다. 유월절은 유대 민족이 출발했다는 징표였고, 하나님 백성의 정체성을 드러냈다.

오늘날 가정에서는 특별한 음식과 노래와 전례를 아우르는 정식 저녁 만찬으로 유월절을 기린다. 이 만찬을 '순서'를 뜻하는 세데르라고 부르는데, 예수님 시대부터 거의 변함없이 일정한 순서를 따라 이 전례가 이루어진다. 이날 저녁의 초점은 하나님이 백성을 애굽에서 건져내신 기적적 스토리를 다시 전하고 하나님이 이스라엘을 속량하기 위하여 보내실 메시아를 묵상하는 것이다.

예수님 시대에 유월절은 수십만 명의 유대인을 예루살렘으로 불러들이는 3대 순례 절기 중 하나였다. 저녁 만찬 전 오후엔 각 가족이 성전으로 어린양 한 마리를 가져와 정결례를 행했다. 그 후엔 어린 양을 구워 대가족과 친지의 큰 모임에서 나눠 먹었다. 오늘날에는 성전이 없어 희생제사를 드리지 않기에 대부분의 유대 전통에서 더 이상 어린양을 만찬상에 올리지 않는다. 대신 그날 저녁으로 먹는 다른 의례 음식들에 어린양의 정강이뼈를 곁들여 낸다.

특히 예수님 시대의 유월절은 메시아에 대한 기대감과 예언적 의미로 충만했다. 하나님은 여호와의 천사가 애굽 가정을 덮칠 때 이스라엘 집은 '넘어가게' 하여 백성을 구원하셨다. 마찬가지로 하나님이 유월절에 임하셔서 백성을 구원하신다는 믿음이 있었다. 그 시대에는 "그들은 그날 밤 속량되었고 그날 밤 속량될 것이다"란 말이 있었다.[5] 예수님의 마지막 주간에 벌어진 사건들이 유월절 기념과 어떻게 맞물리는지를 알면 예수님의 죽음과 부활의 엄청난 의미를 깨닫게 된다.

출애굽기는 유월절에 관해 이렇게 말한다. "이 밤은 그들을 애굽 땅에서 인도하여 내심으로 말미암아 여호와 앞에 지킬 것이니 이는 여호와의 밤이라. 이스라엘 자손이 다 대대로 지킬 것이니라"(출 12:42). 랍비들은 이를 하나님이 후에 행하실 큰일을 보기 위해 지켜보아야 한다는 뜻으로 해석했다. 오늘날에도 어린아이가 유월절 저녁 식사 후 대문을 열어 엘리야가 서 있는지를 확인하는 전통이 있다. 왜? 말라기가 메시아에 앞서 엘리야가 올 것이라고 했기 때문이다.

> 만군의 여호와가 이르노라 보라 내가 내 사자를 보내리니 그가 내 앞에서 길을 준비할 것이요 또 너희가 구하는 바 주가 갑자기 그의 성전에 임하시리니 곧 너희가 사모하는 바 언약의 사자가 임하실 것이라. … 보라 여호와의 크고 두려운 날이 이르기 전에 내가 선지자 엘리야를 너희에게 보내리니 (말 3:1, 4:5)

그래서 수천 년간 유대 민족은 하나님이 다시 구속자를 보내실 날이 유월절이라고 믿었고 지금도 그렇게 믿는다. 구속은 그들이 고대하던 그 날에 도래했지만 의외의 모습으로 왔다. 하나님은 유대 민족이 상상하던 것보다 훨씬 큰 해방을, 즉, 단지 한 민족이 아니라 열방의 해방을 계획하셨다. 이는 이 땅의 권세에 대한 정치적 대적이 아닌 죄와 사망의 음침한 권세로부터의 해방이었다.

애굽에서의 유월절 중 이스라엘에 하신 명령은 심판이 임할 때 천사가 '지나가도록'(유월) 어린양의 피를 문설주에 바르라는 것이었다. 흥미롭게도 랍비들은 어떻게 단순히 양의 피가 하나님의 심판으로부터 백성을 보호할 수 있었는지 감탄을 금치 못한다. 랍비들은 하나님이 문설주에서 '이삭의 피'를 보신 게 분명하다고 평했다. 그러니까 하나님이 기꺼이 아들을 바치는 아브라함을 기억하여 백성을 심판하지 않으셨다는 것이다. 랍비들의 답은 정답에 아주 가까웠다! 랍비들이 미처 깨닫지 못한 것은 하나님이 아브라함의 아들 이삭을 보셨을 때 언젠가 아버지에 대한 사랑과 순종으로 스스로 희생 제물로 바칠 자신의 아들 예수를 보셨다는 것이다.[6]

첫 번째 유월절에 하나님은 애굽 장자들의 생명을 앗아가심으로써 백성을 풀어주셨다. 수 세기 후 하나님은 장자의 생명을 내어주심으로써 이를 받아들이는 모든 사람에게 구원이 임하게 하셨다.

유월절 빵

유월절은 다른 두 봄의 절기인 무교절(마초트*Matzot*), 초실절(비쿠림 *Bikkurim*)과 시기적으로 일치한다. 이는 그리스도의 죽음과 부활에 관해 새로운 사실을 드러낸다. 첫 번째 세 절기는 보통 3월 말이나 4월 초, 초봄에 한 주 내에 연달아 빠르게 진행된다.

유월절과 무교절은 거의 동시에 시작되며 때로는 하나로 칭해진다(막 14:12). 유월절 어린양을 제물로 바치는 것은 니산월 14일 오후지만, 양고기를 먹는 것은 7일간의 무교절이 시작되는 니산월 15일 일몰 후다.[7] 유대력에선 하루의 시작이 일몰임을 기억하라.

왜 무교절이 중요할까? 한 가지는 예수님이 빵을 떼어 "이는 내 몸이라"고 하셨을 때 들고 계시던 빵과 관련이 있다. 우리가 상상하는 예수님의 마지막 만찬은 레오나르도 다빈치의 역작 〈최후의 만찬〉의 영향을 크게 받았다. 이 그림에서 예수님은 평범한 빵 덩어리를 들고 계셨다.[8] 그러나 유대인은 유월절 식사에 오직 무교병만 상에 올릴 수 있었고, 식탁이나 집 어디에도 일반 빵을 두지 않았다(신 16:1~3). 사실 유월절 식사를 기점으로 한 7일간의 무교절 기간 내내 어떤 유의 발효도 허용되지 않았다. 그래서 예수님은 보통 빵이 아닌 마짜*matzah*를 들고 계셨을 것이다.

왜 이 대목이 의미심장할까? 그리고 대체 왜 누룩을 그리도 몹쓸 것으로 여기는 걸까? 고대의 발효 과정에는 묵혀서 발효시킨 생반죽 덩어리를 새 반죽에 첨가하는 과정이 있었다. 신선한 반죽을 일부러 미생물에 감염시키면 처음엔 부풀어 오르고 후엔 시큼해지다가 부식하고 부패한다. 유대인은 발효 과정의 부풀어 오름을 보고 인간의 교만과 외식을 떠올렸다. 그러므로 1년 내내 여호와께 화제로 바치는 모든 곡물에는 누룩이 없어야 했다(레 2:11, 6:17). 고대인들은 발효에 대해 하나님이 번제물에 들어가길 원치 않으시는 죄와 오염의 표상으로 보았다.

그래서 예수님이 사망 전날 밤 "이는 내 몸이라"고 하셨던 빵은 누룩 없이 만들어 부패하거나 변하지 않는 특별한 종류의 빵이었다. 여타 인류와 달리 예수님은 인류 안에 역사하는 '썩음'에 감염되지 않으셨다. 오직 예수님만이 우리의 죄를 위한 합당한 제물이었다. 어쩌면 수 세기 전 백성에게 유월절 중에 누룩 먹기를 금하셨을 때 하나님은 이미 예수께서 손수 빵을 집어 떼신 후 "이는 너희를 위하여 주는 내 몸이라"고 말씀하실 그날 밤을 생각하셨는지도 모른다.

바울과 유대 신자들은 예수님이 말씀하시는 바를 정확하게 이해했다. 바울이 예수님의 희생으로 말미암아 우리가 의롭게 살 수 있음을 설명할 때 누룩 이미지를 어떻게 사용했는가 보라.

> 적은 누룩이 온 덩어리에 퍼지는 것을 알지 못하느냐 너희는 누룩 없는 자인데 새 덩어리가 되기 위하여 묵은 누룩을 내버리라. 우리의 유월절 양 곧 그리스도께서 희생되셨느니라. 이러므로 우리가 명절을 지키되 묵은 누룩으로도 말고 악하고 악의에 찬 누룩으로도 말고 누룩이 없이 오직 순전함과 진실함의 떡으로 하자(고전 5:6~8).

유대인 학자 데이비드 도우브는 예수님이 떼신 빵에 또 다른 중요한 의미가 있다고 하였다.[9] 예수님이 마짜 한 조각을 들어 올려 떼어낸 특별한 조각을 아피코멘*afikomen*이라고 하는데, 유대인은 이 아피코멘을 숨겨두었다가 식사가 끝날 무렵 꺼내 다시 떼어 모든 참여자가 나눠 먹는다. 오늘날에도 행해지는 이 풍습에 관해서는 다양한 설명이 있다. 흔한 설명은 식사 중에 아이들을 잠들지 않게 할 요량으로 감춰둔 아피코멘을 찾은 아이에게 상을 준다는 것이다. 혹은 식사 후 마지막으로 먹는 '디저트'를 뜻하는 헬라어 에피코모이가 이 전통의 기원이라는 설도 있다.

그러나 도우브는 예수님 시대의 아피코멘은 사모하는 메시아, 곧 '오실 자'를 가리켰다고 주장한다. 마짜의 온전한 덩어리는 이스라엘 민족 전체를 상징하며 아피코멘은 이 민족으로부터 '떼어져' 숨겨진 메시아를 상징한다는 것이다.[10] 마지막에 이 빵 조각이 출현하는 것은 예수님 시대에 사람들이 열렬히 고대하던 메시아 도래의 상징이었다. 예수님이 이 빵 조각을 들고 "이는 내 몸이라"고 말씀하신 것은 자신이 그리스도, 곧 메시아라는 충격적인 주장을 하신 것이었다. 후대의 랍비들이 이 의식에서 메시아와 연관된 본질을 축소한 이유는 그리스도인과 유대인 사이의 관계 악화 때문이라고 도우브는 말한다.

이 모든 것이 대단한 이야기지만 질문은 여전히 남는다. 출애굽기를 읽을 때 우리는 '유월절에 먹는 무교병은 황급히 애굽을 떠나는 과정에서 만든 반죽을 기념하는 것 아닌가?'라고 물을 수 있다. 그렇다, 그것도 맞다. 그 빵은 여러 이미지를 갖고 있다. 신명기 16장 3절에서는 무교병을 '고난의 빵'이라고 불렀다. 이처럼 무교병은 애굽에서 고난받던 이스라엘을 상징한다. 따라서 무교병은 백성을 위한 그리스도의 수난을 상징한다고 할 수도 있다. 종종 절기들에는 복합적인 발상이 담겨 있다.

초실절

유월절이 의미심장한 만큼 그리스도의 사망과 부활의 의미를 조명하는 다른 중요한 절기들이 있다. 우리는 그리스도가 제3일(유월절 후 안식일 다음 주 첫날)에 다시 살아나셨음을 안다. 놀랍게도 그날은 또 다른 절기인 초실절과 겹친다. 초실절은 어떤 해엔 유월절 며칠 후가 되는 식으로 계속 바뀌지만, 예수님이 돌아가신 해의 초실절은 정확히 부활하신 날과 일치했다.[11] 그 함의는 무엇일까?

초실절은 보리 추수의 시작을 축하하는 것이다. 곡물 한 섬을 밭에서 거둬 여호와께 감사제로 바치고 그다음에야 나머지 추수를 재개할 수 있었다. 이 절기에는 추수의 시작과 더불어 사람들이 품은 미래를 향한 희망이 담겨 있다.

그러나 다른 의미도 있었다. 초실절 바로 직전, 유월절 후 안식일에는 성전에서 항상 극적인 예언서 구절을 낭독했다. 그 예언에서 여호와 하나님은 에스겔에게 마른 뼈로 가득한 골짜기를 향해 이렇게 선포하라고 명하신다. "내가 생기를 너희에게 들어가게 하리니 너희가 살아나리라"(겔 37:5). 유월절에 하나님의 백성은 미래의 구속자가 오시길 고대했다. 뒤이은 안식일엔 하나님이 임하셔서 죽은 자를 살리신다는 말씀을 낭독했을 것이다.[12] 하나님은 지상의 추수보다 훨씬 더한 것을 약속하셨다. 하나님은 죽은 자를 살리시겠다고 말씀하셨다!

이제 예수님이 돌아가신 다음 날인 안식일에 제자들이 성전으로 몰려 들어가는 모습을 상상해보자. 그들은 스승의 참혹한 처형에 여전히 충격을 받은 상태에서 하나님이 죽은 자를 살리겠다고 약속하시는 환상을 낭독하는 소리를 들었을 것이다. 그리고 제자들은 바로 다음 날인 초실절에 예루살렘 전역에 파다하게 퍼진 황당한 소문을 들었을 것이다. 예수님의 무덤이 텅 비어 있으며 제자들 몇 명이 예수를 보았다고 주장한다는 것이다. 예수님은 과연 죽음에서 다시 살아나신 걸까? 예수님은 과연 약속된 부활의 첫 열매이신 걸까? 세월이 지나 바울이 내린 결론을 들어보자.

> 그러나 이제 그리스도께서 죽은 자 가운데서 다시 살아나사 잠자는 자들의 첫 열매가 되셨도다. 사망이 한 사람으로 말미암았으니 죽은 자의 부활도 한 사람으로 말미암는도다. 아담 안에서 모든 사람이 죽은 것같이 그리스도 안에서 모든 사람이 삶을 얻으리라. 그러나 각각 자기 차례대로 되리니 먼저는 첫 열매인 그리스도요 다음에는 그가 강림하실 때에 그리스도에게 속한 자요(고전 15:20~23).

사망은 인류에 드리운 가장 어두운 그림자다. 제아무리 전도유망한 인생일지라도 비극으로 끝난다. 그러나 바울은 불굴의 소망이 죽음에 대한 두려움을 대신할 수 있다고 위로한다. 부활은 하나님이 우리 각자를 위해 행하실 일의 약속으로 우뚝 서 있다. 아들에게 속한 사람들에게 영생은 단지 가능성이 아니라 필연이다.

우리의 구속 기억하기

누군가 당신에게 신약에서 가장 중요한 사건 하나를 꼽으라면 무엇을 택하겠는가? 우리 대다수처럼 당신은 아마도 그리스도의 사망과 부활이라고 답할 것이다. 그러나 누군가가 구약에 관해 같은 질문을 한다면? 그 많은 사건 중에 무엇을 고를까? 창조? 대홍수? 아브라함 언약? 약속의 땅 입성? 성전 건축? 우리에게는 이 질문이 당혹스럽겠지만 유대인 대다수에게는 답이 불 보듯 뻔하다. 출애굽의 기적은 구약에서 누차 언급된 사건이며(거의 모든 책에 빠짐없이 언급된다) 출애굽이야말로 거의 모든 예배 때마다 언급된다.

하나님은 그의 백성이 왜 하나님께 복종해야 하는지를 역설하실 때마다 어떻게 그들을 애굽에서 건져내 자기 백성 삼으셨는가를 상기하게 하셨다. "나는 너희를 애굽의 종살이에서 건져낸 하나님이라"는 말씀을 계속 반복하셨다. 토라의 많은 율법은 출애굽에 뿌리를 둔다.

> 너희와 함께 있는 거류민을 너희 중에서 낳은 자같이 여기며 자기같이 사랑하라. '너희도 애굽 땅에서 거류민이 되었었느니라'(레 19:34)

> 네 형제가 가난하게 되어 빈손으로 네 곁에 있거든 너는 그를 도와 거류민이나 동거인처럼 너와 함께 생활하게 하되 … 나는 너희의 하나님이 되며 또 가나안 땅을 너희에게 주려고 '애굽 땅에서 너희를 인도하여 낸 너희의 하나님 여호와이니라'(레 25:35, 38).

> '너는 기억하라. 네가 애굽 땅에서 종이 되었더니' 네 하나님 여호와가 강한 손과 편 팔로 거기서 너를 인도하여 내었나니 그러므로 네 하나님 여호와가 네게 명령하여 안식일을 지키라 하느니라(신 5:15).

위의 각 계명은 하나님이 이스라엘을 위해 행하신 바와 직결되어 있다. 하나님의 백성은 외국인을 학대해선 안 된다. 하나님이 그들을 건져내시기 전 애굽에서 어떻게 학대당했는지 잊었는가? 하나님의 백성은 그 땅에 가난한 자의 생활을 도와야 한다. 하나님이 그들에게 살 땅을 주시기 전, 남의 나라에서 궁핍을 경험하지 않았는가? 하나님의 백성은 안식일에 스스로 쉬고 종들도 쉬게 해야 한다. 애굽에서 노예로 살 때 그들도 이런 쉼을 간절히 바라지 않았던가?

마찬가지로 그리스도의 제자 된 우리 역시 끊임없이 유월절 어린양인 예수님이 어떻게 우리를 사망에서 속량하셨는지를 되새겨야 한다. 우리가 용서할 수 있는 이유는 용서받았기 때문이다. 우리가 섬길 수 있는 것은 그리스도가 우리를 위해 낮은 자리로 내려오셨기 때문이다. 우리가 사랑할 수 있는 것도 하나님의 아낌없는 사랑을 경험했기 때문이다. 우리에게 새 생명과 새 소망이 있음은 예수님이 유월절이란 고대 절기를 성취하셨기 때문이다.

세 가지 중요한 절기인 유월절, 무교절, 초실절이 예수님의 죽으심과 부활과 일치하는 것은 우연이 아니다. 해마다 열리는 이 축제는 예수님의 죽으심과 부활을 통해 새로운 의미로 채워졌다. 그러나 이외에도 랍비 예수에 관한 놀라운 통찰을 계시하는 성경 절기들이 있다. 이제 그 절기들을 살펴보자.

09
유대 절기 속에서 만난 예수

유대교는 우리에게 시간 속의 거룩함에 밀착하고,

성스러운 사건에 밀착하여 한 해의 장엄한 흐름 속에서

그 모습을 드러내는 성소를 정결하게 하는 법을 배우라고 가르친다.

안식일은 우리의 위대한 성당이다.

우리의 지성소는 로마인도 독일인도 불사를 수 없었던 신당인 … 속죄일이다.

랍비 아브라함 조슈아 헤셸[1]

바닷가에서 일생을 보내다 처음으로 바다 밑 세상을 보게 된 사람에 관한 비유를 기억하는가? 이제 하와이섬의 마우나로아 화산에서 다이빙하는 모습을 상상해보자. 흩뿌연 심해로 내려가기 위해 스노클링 마스크를 벗고 다이빙 장비를 장착했다면 마우나로아가 실은 에베레스트산보다 1,200미터 더 높다는 설명을 듣게 될 것이다.[2]

그리스도께서 유월절 절기를 어떻게 성취하셨는지의 견지에서 보면 마우나로아와 상당히 흡사하다는 사실을 알 수 있다. 탐사를 시작하면 갈보리 언덕이 생각보다 훨씬 높이 서 있음을 깨달을 것이다. 사실 그 뿌리는 시간을 한참 거슬러 올라가 이스라엘의 초기 역사와 닿아 있다.

마우나로아 화산에서 태평양으로 다이빙하기 전 또 다른 설명을 듣는다. 마우나로아는 하와이섬의 나머지 부분을 이루는 해저 산맥과 연결되어 있다. 동일한 방식으로 유월절은 시간 속에서 외딴 섬으로 존재하지 않는다. 유월절을 알려면 다른 여러 '섬'이나 '산꼭대기'를 탐사해야 한다. 당신은 이미 어떻게 유월절이 수천 년 앞서 도입된 고대 초실절과 연결되는지를 보았다. 유월절은 다른 성경 절기들과도 연결된다.

하나님이 시내산에서 명하신 고대 절기들은 1세기 일상에 중요한 리듬을 형성하며 한 해에 윤곽선을 부여하고 유대 민족을 그들의 성스러운 역사와 이어주는 고리였다.

율법을 준수하던 예수님 가족 역시 매년 절기를 지내려고 며칠씩 걸려 예루살렘을 왕래했다. 어른이 된 예수님은 메시아로서 자기 역할을 부각하고자 절기에 참여하고 절기를 언급하며 절기에서 가져온 이미지를 사용하셨다. 오늘날에도 여전히 기념하는 성경의 7대 절기에는 그리스도의 구원 사역과 관련된 풍성하고도 다중적인 의미가 담겨 있다. 그 속에서 오늘날 우리 삶을 변화시킬 만한 교훈을 얻을 수 있을까?

과거, 현재, 미래를 기념하다

본디 많은 절기의 중심 주제가 농사였기에 절기는 파종과 추수 시기에 지냈다. 레위기 23장은 절기 준수에 관한 구체적 지침을 제공한다.[3] 현대 도시인에게는 고대 농부가 메마른 땅에서 힘겹게 거둔 풍성한 추수로 다음 1년간 가족의 생존을 보장받는 것이 얼마나 큰 기쁨이었는지 잘 와닿지 않을 것이다. 그렇다면 하나님이 당신의 고용인이고 연말에 파격적인 보너스나 승진을 내렸다고 상상해보면 어떨까?

절기의 목적은 하나님이 유대 민족을 위해 공급하신 것을 즐거워하고 되돌려드릴 기회를 마련하는 것이었다. 절기는 하나님의 신실하심과 돌보심을 기억하는 유형의 방식이었다.

이 추수 절기에 덧입혀진 또 다른 메시지가 있다. 이스라엘은 하나님이 어떻게 자신을 속량하셨는가를 기억해야 하며 그들을 애굽에서 건져내셔서 약속의 땅으로 들이셨음을 결코 잊어선 안 된다는 것이다.

이 주제가 7대 절기를 전부 관통하고 있으며 한 해 동안 시기별로 그 이야기의 일부분을 다양한 측면에서 기억하고 있다. 그런 식으로 유대 민족은 매년 애굽 탈출의 기적과 시내산 언약, 하나님이 공급하신 만나로 연명하며 40년간 광야를 방황했던 것에 초점을 맞추고 그 이야기를 다시 경험했다. 민족의 독특한 정체성을 기억하자 감사와 믿음이 커졌고, 이로써 삶의 방식이 변화되었다.

교회는 유대의 본을 따라 이 현명한 관행을 도입했고 우리 자신의 구속을 상기하고자 교회력을 만들었다. 그리스도인으로서 우리의 초점은 그리스도의 삶이다. 크리스마스에는 그리스도의 탄생을 기념하고 부활절에는 그의 죽음과 부활을 기념하며 오순절에는 교회의 탄생을 축하한다.

하나님이 이스라엘 백성에게 절기를 지키라고 명하신 이유는 애굽 종살이에서 건짐받은 것을 기억하여 과거를 기리고 추수 때 양식을 제공하신 하나님으로 즐거워하며 현재를 축하하라는 뜻이다. 그러나 이 절기들에는 미래적인 차원도 있었다. 장차 임할 더 좋은 것에 대한 암시가 이 고대 축제들을 꿰뚫고 지나갔다.

오순절의 더 깊은 의미

우리는 이미 속도감 있게 연이어 진행되는 세 절기를 배웠다. 유월절, 무교절, 초실절은 다 한 주 안에 일어난다. 이 땅에서 예수님이 보내신 마지막 해에 이 세 절기는 아주 새로운 의미를 덧입었다.

그러나 그게 끝이 아니다. 초실절로부터 7주 후 보리걷이가 끝나고 밀 추수가 시작되는 시점에 오순절이 시작된다. 히브리어로 오순절은 '여러 주'를 뜻하는 샤부오트*Shavuot*이다. 헬라어로는 초실절 후 50일을 계수하여 펜테코스트*Pentecost*다.

그리스도인이 오순절을 만들어낸 게 아니라는 사실에 놀랐을 것이다. 우리는 오순절을 초대 제자들이 성령을 받은 날로 기억하며 '교회 탄생일'의 의미로 부활절 50일 후에 기념한다. 그러나 오순절은 이미 예수님 시대에 수 세기째 지켜온 절기였다. 샤부오트 절기를 공부해보면 그때 일어난 일에 대해 더 깊이 이해할 수 있다. 여기 사도행전에서 오순절 장면을 묘사한 내용을 보자.

> 오순절 날이 이미 이르매 그들이 다 같이 한곳에 모였더니 홀연히 하늘로부터 급하고 강한 바람 같은 소리가 있어 그들이 앉은 온 집에 가득하며 마치 불의 혀처럼 갈라지는 것들이 그들에게 보여 각 사람 위에 하나씩 임하여 있더니 그들이 다 성령의 충만함을 받고 성령이 말하게 하심을 따라 다른 언어들로 말하기를 시작하니라. … 베드로가 열한 사도와 함께 서서 소리를 높여 이르되 … 그 말을 받은 사람들은 세례를 받으매 이날에 신도의 수가 삼천이나 더하더라(행 2:1~4, 14, 41).

고도古都 예루살렘을 방문한 적이 있다면 이 도시가 얼마나 촘촘하게 밀집해 있는 도시인지 알 것이다. 건물은 빼곡하고 도로는 비좁고 구불구불하다. 예루살렘 성벽 안에서 어느 집 앞에 3천 명이 운집했다는 것은 가히 상상하기가 어렵다. 예수님 시대에 그랬다는 건 더욱 상상하기 어렵다. 그러나 만일 이 구절에서 말한 '집'이 우리가 상상한 것처럼 다락방이 아니라 성경에서 "하나님의 집"이라고 부르는 성전이었다면?[4]

샤부오트는 유월절, 초막절과 함께 성전 출석이 요구되는 3대 주요 절기 중 하나다. 오전 9시에 예수님의 제자들은 이 절기를 기리기 위해 세계 각국에서 온 유대인 순례자들과 함께 성전에 있었을 것이다. 따라서 사도행전에서 묘사한 급하고 강한 바람 소리와 불의 혀의 환상은 다락방 안에서 일어난 게 아니라 성전 구역 내 수천 명의 눈앞에서 일어났을 가능성이 크다. 여기서 베드로는 큰 무리에게 예수님에 관해 가르칠 기회를 잡았을 것이다.

그날의 사건이 얼마나 놀라웠던지 3천 명이 새 신자가 되어 세례를 받았다. 어떤 집도 이런 무리를 수용할 만한 큼직한 세례용 욕조를 갖추지 못했다. 그러나 성전 바로 바깥엔 수백여 개의 의례용 연못이 있었다. 성전에 입장하는 예배자들은 이 못에서 정결례를 행했고 새로 유대교로 개종한 자는 이곳에서 세례 의식을 거행했다. 사실 이 유대교 입교식은 기독교 세례식의 전신이 되었다. 바로 여기서 3천 명의 유대인 예수 신자들이 세례를 받았을 것이다.

놀랍게도 성전 터엔 이 욕조들의 잔해가 아직 남아 있다. 30여 년 전 고고학자들이 이곳에서 수십 개의 못을 발굴했다. 생각해보라! 하나님이 2천 년 전 예수님의 제자들에게 성령을 부으신 그 장소에

발 딛고 설 수 있다니.

분명 주님은 샤부오트 전통을 통해 백성에게 전하실 어떤 메시지가 있었다. 그것이 정확히 무엇이었을까? 그리스도께서 나시기 적어도 2백 년 전에 랍비들은 이스라엘 백성이 출애굽 후 50일 만에 시내산에 도달했다고 말했다(출 19:1 참조). 만일 유월절이 출애굽을 기렸다면 샤부오트는 시내산 언약을 기린 것이 분명하다고 할 수 있다.[5] 샤부오트에서 전통적으로 낭독하는 본문은 하나님이 모세에게 십계명을 주시고 언약 수여를 인치시고자 직접 시내산에 강림하신 이야기가 담긴 출애굽기 19~20장이다. 이 신성한 만남이 일어나는 동안 산은 온통 불길에 휩싸인 듯했다.

불이 시내산의 신적 임재의 극적 표징이었던 것처럼 하나님은 오순절 때 자신의 임재를 극적으로 알리기 위해 불의 혀를 사용하셨다. 그러나 중요한 차이가 있었다. 시내산처럼 율법을 돌판에 새기는 대신 하나님은 성령의 권능으로 인간의 마음에 율법을 새기셨다. 예레미야 선지자가 예언한 내용을 들어보자.

> 여호와의 말씀이니라.
> 보라 날이 이르리니
> 내가 이스라엘 집과 유다 집에
> 새 언약을 맺으리라. …
> 곧 내가 나의 법을 그들의 속에 두며
> 그들의 마음에 기록하여
> 나는 그들의 하나님이 되고
> 그들은 내 백성이 될 것이라.

그들이 다시는 각기 이웃과 형제를 가리켜 이르기를
너는 여호와를 알라 하지 아니하리니
이는 작은 자로부터 큰 자까지 다 나를 알기 때문이라.
내가 그들의 악행을 사하고
다시는 그 죄를 기억하지 아니하리라(렘 31:31, 33~34).

시내산에서 하나님은 백성에게 '법' 또는 '가르침'을 뜻하는 '토라' 언약을 주셨다. 오순절에 하나님은 죄 사함의 새 언약을 맺기 위하여 성령을 주셨다. 토라처럼 성령은 하나님의 진실을 계시하고 우리를 가르치시며 죄를 책망하신다. 그러나 토라와 달리 성령은 율법이 할 수 없었던 내면의 변화를 일으켜 우리가 하나님과 교제하는 삶을 살도록 권능을 부여한다(롬 8:5~7). 이것이야말로 축하할 이유가 아니겠는가!

샤부오트

샤부오트*Shavuot*는 헬라어로 '오십째 날'을 뜻하는 펜테코스트(오순절)를 가리키는 히브리 말이다. 유월절 후 7주를 계수한 날이 샤부오트다. 시내산에서 모세가 하나님을 만나 율법과 언약을 받은 것을 기념하는 절기다. 예수님의 죽음 후 첫 번째 샤부오트에 성령이 부어졌다. 이는 하나님이 친히 율법을 신자의 마음판에 새기시겠다는 새 언약의 상징이 성취된 것이다(렘 31:31~34 참조).

그러나 이게 전부가 아니다. 샤부오트 아침에 제사장들은 에스겔서의 인상적인 구절을 큰 소리로 낭독했다. 에스겔서의 첫 두 장엔 번개와 불로 가득한 총천연색 폭풍 환상이 나온다. 두려움에 압도된 에스겔이 하나님 앞에 엎드리자 하나님은 그에게 일어서라고 명하셨고 성령이 에스겔 속으로 들어가셨다. 이 환상에서 하나님은 에스겔에게 선지자 사명을 주시며 하나님의 신성한 말씀을 백성에게 전하도록 권능을 부여하신다.

이 에스겔 환상과 오순절 경험 사이에는 놀라운 유사성이 존재한다. 오순절에는 성령이 바람, 불, 방언 은사로 임하여 제자들이 언어 장벽을 넘어 각국의 유대인에게 말씀을 전하도록 하셨다. 오순절에 그리스도의 제자들은 하나님의 구원 메시지를 백성에게 전하라는 사명을 받는다. 효과는 즉각적이었다. 베드로는 돌아서자마자 담대하게 설교했고 3천 명이 신자가 되었다.

다시금 우리는 샤부오트 전통이 사도행전 2장의 사건을 조명함을 본다. 이 일이 일어난 맥락을 이해하지 못하면 사건들이 그저 기이하게만 보일 뿐이다. 귀신 같은 바람, 떠다니는 불길, 신들린 듯한 방언이라니. 그러나 샤부오트 또는 오순절 절기의 고대 이미지는 교회의 탄생을 조명하고 있다.

어떻게 하나님이 고대 절기를 사용하여 백성과 소통하셨는지 생각해보라. 하나님은 애굽에서 백성을 속량하시면서 유월절을 세우셨다. 그리고 애굽에서 떠난 지 50일 후 하나님은 시내산에서 이스라엘을 한 나라로 세우시겠다는 언약을 발효하셨다. 유월절에 이루어진 그리스도의 죽음과 부활은 그를 믿는 사람 모두에게 구속을 가져다주었다. 그리고 50일 후 하나님은 죄 사함의 새 언약을 맺기 위하여 성령을 부어주셨다. 신자들은 만민을 제자 삼으라는 사명을 받았고 오래전 선지자들을 통해 말씀하셨던 바로 그 성령의 권능을 받았다. 유월절과 초실절이 예수님의 죽음과 부활의 의미를 밝혔듯이 샤부오트는 교회 탄생일에 하나님이 무엇을 성취하셨는지를 소통한다.

초대 유대 교회에 관해 알면 알수록 성령이 우리 삶에 어떤 선물로 다가오는지 이해하게 된다. 1세기에 성령충만하다는 것은 방언하고 전도하고 병 고침의 기적을 베푸는 것 이상이었다(물론 이것도 대단한 일이지만 말이다). 사도행전 2장 44~45절은 성령 충만한 상태에 관해 우리에게 이런 사실을 알려준다. "믿는 사람이 다 함께 있어 모든 물건을 서로 통용하고 또 재산과 소유를 팔아 각 사람의 필요를 따라 나눠 주며."

《성경난제주석》(IVP 역간)에서 피터 데이비스는 하나님의 영이 "맘몬의 영으로부터 사람들을 해방시켰고, 그 결과 모인 이들은 궁핍이 보이면 재산과 소유를 팔아서라도 공급했다"라고 썼다. "어떤 강압도 강제도 없었다. 단지 그들 내면에 임한 하나님의 베풂의 영에 자연스럽게 반응했을 뿐이었다."[6] 오늘날 교회는 더러는 영적 은사를 강조하고 더러는 전도를 강조하고 더러는 빈민 구제를 강조한다. 그러나 성령 충만한 초대교회는 세 가지 특징을 고루 갖추고 있었다.

가을의 성일들

기독교는 성경 절기와 깊이 연관되어 있다. 예수님은 유월절에 그 피로 우리를 속량하신 어린양이 되셨고, 초실절에 새 피조물의 첫 소생으로 죽음에서 일어나셨고, 오순절에 새 언약을 발효하기 위하여 성령을 부어주셨다.

그러나 시내산 명령에는 세 가지 성일이 더 있다. 그 절기들은 유월절로부터 정확히 6개월 후인 가을의 티슈리월(9월/10월 말)에 있다. 봄의 축제들처럼 이 절기들은 촘촘하게 붙어 있다. 이 절기들에서 우리는 과연 무엇을 배울 수 있을까?

티슈리월의 첫날이 나팔절이다. 로쉬 하샤나*Rosh Hashanah*('한 해의 머리')라고도 부르는 이 절기는 히브리력으로 한 해의 시작을 기린다.[7] 그날엔 하나님을 세상의 왕으로 맞이하기 위하여 숫염소의 뿔인 쇼파르*shofar*를 분다. 고대 왕들은 나팔수의 나팔 소리로 왕의 행차를 알렸다. 로쉬 하샤나에 유대인은 전 세계 회당에서 창세기 1장을 낭독하며 해마다 돌아오는 천지창조 기념일로 이날을 기린다.

그러나 로쉬 하샤나는 축제 분위기 일색은 아니다. 이 절기는 야민 노라임*yamin noraim*, 즉 '경외의 열흘'로 시작된다. 전승에 의하면 이 열흘간 하나님이 책을 펼쳐 각 사람의 행위를 검토하신 다음 이듬해의 심판을 내리신다고 한다. 그러므로 이 열흘의 초점은 회개와 자기성찰이다. 이 시기는 티슈리월 10일에 임하는 욤 키푸르, 즉 대속죄일을 앞두고 자신의 행위를 돌아보는 준비 시간이다.

욤 키푸르는 가장 거룩하고도 엄숙한 날이다. 평소 율법 준수에 별로 적극적이지 않은 유대인도 이날만큼은 지키는 이들이 많다. 사람들은 욤 키푸르 기간에 일을 멈추고 25시간 동안 물과 음식을 모두 금식한다(한 시간 금식이 추가된 것은 '율법 울타리 치기'로 하나님의 계명을 온전하게 준행하려는 취지다). 이날에 유대인은 '영혼을 괴롭게' 하는 방식으로 지난해의 죄에 대한 속죄를 구한다. 일부 독실한 유대인들은 시신에 입혔던 흰

로쉬 하샤나

로쉬 하샤나*Rosh Hashanah*는 유대의 새해다. '나팔 부는 날', 즉 욤 테루아*Yom Teruah*라고도 한다.

욤 키푸르

욤 키푸르*Yom Kippur*, 곧 '대속죄일'은 유대인에게 1년 중 가장 거룩한 날로서 기도와 금식과 회개의 날이다. 성경 시대에는 욤 키푸르에 민족의 죄를 희생양에게 전가하였고 대제사장이 온 민족의 죄를 속죄하기 위하여 지성소로 들어갔다.

수의인 키텔*kittel*을 착용하기도 한다. 이런 식으로 자신과 타인에게 인생이 유한하고 모든 이가 죽음의 시간에 주님 앞에 설 준비를 해야 함을 상기하는 것이다. 욤 키푸르 전통은 풍성하고도 역동적이다.

욤 키푸르는 대제사장이 지성소로 들어가는 유일한 날이었다. 이 가장 성스러운 공간에서 대제사장은 이스라엘 백성의 죄를 위한 속죄를 드렸다. 욤 키푸르에 대제사장은 염소(희생염소) 한 마리에 안수하고 상징적으로 민족의 죄책을 그 짐승에게 전가한 다음 광야로 염소를 쫓아낸다. 주후 70년경 성전이 파괴된 후 제사가 그쳤고 랍비들은 기도만으로도 죄 사함을 얻기에 충분하다고 선언했다. 그러나 여전히 제사가 필요하다고 느끼는 유대인들이 있었다. 초정통파 유대인 일부는 비난을 무릅쓰고 오늘날까지 닭 머리에 안수하여 자신의 죄책을 닭에게 전가한 후 닭을 죽이는 일종의 희생제사를 드린다. 그후 닭고기는 가난한 자에게 나눠 준다. 이 의식은 '덮개' 또는 '속죄'를 뜻하는 카파로트*kaparot*라고 부른다. 이 의식이 끈질기게 살아남은 것은 용서를 얻으려면 기도 이상이 필요하다고 느끼는 인간의 본능을 시사한다. 물론, 그리스도인은 그리스도의 희생적 죽음으로 속죄받음을 안다.

초막절

마지막으로 속죄일 5일 후에는 1년 중 가장 즐거운 절기인 숙곳*Sukkot*, 즉 초막절이 있다. 숙곳은 '움막' 또는 '초막'을 뜻하는 히브리 단어 수카*sukkah*의 복수형이다. 예수님 시대에는 초막절에 성전에서 7일 연속으로 대규모 축제가 벌어졌다. 숙곳을 '추수절'이라고도 하는데, 과실과 여타 곡물을 거두어들이는 한 해의 가장 큰 수확기이기 때문이다.

절기가 도입될 당시 하나님은 백성에게 초막을 짓고 7일간 그 속에서 거하면서, 하나님이 어떻게 그들을 애굽에서 끌어내시고 광야에서 돌보셨는가를 기억하라고 하셨다. 현재까지도 많은 유대인이 숙곳을 세우는 전통을 지킨다. 이 숙곳은 비영구적 자재로 짓고 지붕을 덮은 가지들 사이로 적어도 별 하나는 보이도록 만들어야 했다. 초막을 집으로 삼아 가능하면 집처럼 기거하고, 여의치 않다면 최소한 식사라도 초막에서 해야 했다.

이 삐거덕거리는 작은 초막 안에 앉아 나뭇가지 틈새로 하늘을 보며 벽을 통해 숭숭 들어오는 바람을 느낄 때 당신은 안전의 원천이 사방의 벽이 아니라 당신을 보호하는 여호와임을 깨닫는다. 당신은 또한 하나님의 축복이 얼마나 풍성했는지를 절감한다. 숙곳은 하나님을 따른다는 것에 관해 강렬한 경험을 제공하며 불안감과 동시에 믿기 힘든 축복을 받았다는 느낌도 안겨준다. 유대인에게 초막절은 하나님이 광야에서 그들과 함께 장막 중에 거하셨고, 하늘에서 만나를 내려 매일 그들을 먹이신 40년간의 친밀함을 기억하면서 큰 기쁨을 경험하는 시간이다.

로이스는 친구 브루스와 메리 오케마 부부와 성경 공부 모임 친구들과 함께 그녀의 집 뒷마당에 수카를 세웠던 일을 기억한다. 로이스의 말이다.

"그때 브루스와 나는 우리가 새로 시작한 '엔게디 연구소' 출범식으로 대규모 예배 축제를 준비하느라 바빴다. 이 행사에 관한 인터뷰를 하려고 지역 라디오 방송국으로 차를 타고 가던 9월의 청명한 그 아침을 난 결코 잊지 못할 것이다. 인터뷰 도중 돌연 진행자가 스튜디오로 머리를 들이밀더니 '뉴욕의 비행기 사고 속보로 잠시 중단해야 합니다'라고 말했다. 방금 세계무역센터가 습격당했던 것이다.

이제 막 시작한 우리의 사역은 9/11 사태에 묻혀 곧 침몰할 것만 같았다. 그날의 사건으로 온 나라가 마비되었다. 허다한 사람이 목숨을 잃었고 온 나라가 애도했다. 그리고 후속 테러 공격에 대한 두려움이 고조되었다. 그 후 몇 달간 브루스의 사업은 불경기로 큰 타격을 입었다. 나로 말하자면, 사람들이 이 사역을 지원해줄 것을 확신하고 사역을 위해 거의 종신직이 보장된 교수직을 떠난 상태였다. 그해 가을 내내 작고 아늑한 집의 튼튼한 벽돌담은 뒷마당의 수카 벽만큼 위태롭고 허술해 보였다. 엔게디 연구소를 시작하고 초창기 몇 해는 진짜 '광야를 통과하는 여정'이었다. 우리는 그 과정에서 삶의 안정을 하나님께 맡기는 것이 무엇을 의미하는가를 발견해가기 시작했다."

매년 여름에는 이스라엘의 광야 여정이 생생하게 재현된다. 이스라엘에는 5월부터 10월까지 6개월간 한 방울의 비도 내리지 않는다. 따라서 숙곳을 지내는 가을 중순 즈음엔 땅은 말라 쩍쩍 갈라져 있고 울창한 봄의 신록은 다 말라 비틀어져 온데간데없다.

그렇기에 숙곳 때 사람들이 이듬해 '생수' 또는 비를 달라고 하나님께 기도하는 것은 당연한 일이다. 4년에 한 번꼴로 비가 지연되거나 제대로 소출을 내기에는 강우량이 부족한 나라에서 비는 곧 생명이고 당연한 근심거리였다. 매년 그 시기에 사람들은 시내 광야에서 얼마나 하나님께 의존했을까를 쉽게 떠올릴 수 있었다.

초막절은 예수님의 생애와 어떻게 맞물릴까? 제사장들은 이 절기의 마지막 날에 제단에 물을 붓는 의식을 거행하며 비의 형태로 생명수를 구하는 기도를 열정적으로 올려드린다. 그때 예배자 수천 명이 기쁨으로 충만하여 내지르는 음성이 천둥처럼 울려 퍼진다.[8] 한 랍비는 "심하트 베이트 하쇼에바*Simchat Beit Hashoevah*[물 긷는 의식]를 보지 못한 사람은 평생 기쁨을 보지 못한 사람이다!"라고 했다.[9]

예수님은 숙곳의 가장 성대한 마지막 날에 소란스러운 무리 가운데서 일어나 이렇게 외치셨다. "명절 끝날 곧 큰 날에 예수께서 서서 외쳐 이르시되 누구든지 목마르거든 내게로 와서 마시라. 나를 믿는 자는 성경에 이름과 같이 그 배에서 생수의 강이 흘러나오리라"(요 7:37~38). 예수님은 머지않아 성도에게 부으실 성령의 생수에 관해 말씀하셨던 것이다. 이 물은 하나님을 향한 갈증을 해갈하고 절대로 그치지 않는 생명수의 원천이 되어 이제부터 영원까지 성도 안에서 샘솟을 것이다.

우리가 앞서 보았듯이 주후 30년경인 이 운명적인 해에 예수님의 삶과 죽음을 둘러싼 어마어마한 기적들이 성경의 첫 네 절기에 담긴 의미를 재규정했다. 그렇다면 마지막 세 절기는 어떨까? 많은 이들이 그 절기들은 예수님이 재림하실 때 성취되리라고 본다. 그리스도인에게 마지막 세 성일인 나팔절, 속죄일, 초막절은 미래에 관한 가르침을 준다.

나팔절 또는 로쉬 하샤나에는 새 피조물의 왕이신 그리스도의 재림을 고대하며 쇼파르를 분다. 바울은 말했다. "보라. 내가 너희에게 비밀을 말하노니 우리가 다 잠잘 것이 아니요 마지막 나팔에 순식간에 홀연히 다 변화되리니 나팔 소리가 나매 죽은 자들이 썩지 아니할 것으로 다시 살아나고 우리도 변화되리라"(고전 15:51~52). 나팔 소리는 장차 오실 하나님 나라와 왕 되신 그리스도의 대관식을 알릴 것이다.

이때는 모든 인간이 하나님 앞에 서서 자신의 삶을 결산하는 심판의 때이기도 하다. 따라서 반응은 엇갈릴 것이다. 그리스도를 따르는 자에게는 이날이 궁극적인 속죄일이다. 이날 예수님은 그 피의 권능으로 죄를 씻겨주시려고 참 지성소로 들어가신 대제사장으로서 만인에게 계시될 것이다. 그날에 우리는 마지막 숙곳인 성대한 수장절('수장'收藏은 추수를 뜻한다)을 함께 축하할 것이다. 이때 신자들은 하늘에 계신 우리 구주와 함께 '장막'에 살며 영원히 함께 거할 것이다.

쇼파르

쇼파르*Shofar*는 나팔로 불던 숫염소 뿔이다. 성경 시대에는 다양한 용도로 쇼파르를 불었지만 이제는 유대의 새해인 로쉬 하샤나와 대속죄일인 욤 키푸르에 분다.

시간 속 성전

갈릴리 바다 옆 언덕 위에 우뚝 선 팔각형의 '팔복교회'에 들어서면 즉각 거룩한 곳에 있다는 느낌을 받는다. 교회 벽 높이 난 여덟 개의 스테인드글라스 창은 각각 팔복을 밝힌다. 유려하게 천으로 감싼 제단 위 도금 십자가가 햇살에 반짝인다. 이곳은 인간 음성으로 방해받지 않는 공간이다(그리스도가 한때 설교하신 장소에 대한 경외심의 표현으로 모든 방문객에게 침묵을 요청하는 작은 안내문이 있다).

마찬가지로 샤바트(안식일)가 시작되는 금요일 오후에 예루살렘을 방문하더라도 같은 느낌을 받을 것이다. 주중에 공기를 가득 메운 자동차와 공사 소음도 샤바트가 되면 온데간데없다. 미풍에 잎사귀가 바스락거리는 소리와 가지에서 지저귀는 새소리만 들린다. 햇빛이 한풀 꺾이고, 북적거리던 거리에는 차들이 종적을 감춘 틈으로 경외감에 숨죽인 정적이 임한다.[10] 금요일 일몰부터 토요일 일몰까지 예루살렘은 이렇게 변신한다. 수천 년간 기념한 7대 절기에서도 샤바트와 똑같은 거룩함의 느낌이 재현된다.

랍비 아브라함 헤셸은 많은 종교가 팔복교회에서 느낄 수 있듯 자신의 성지를 큰 경외심으로 대하지만, 유대 예배는 '공간'이 아닌 '시간'을 거룩하게 여긴다고 지적한다. 하나님은 이스라엘에 절기를 허락하심으로써 성전 파괴 이후의 시간을 준비하셨다고도 말한다. 다른 신들과 달리 이스라엘의 하나님은 지리적 장소와 예루살렘 성전에 국한되지 않으셨다. 유대 민족은 특정 장소에 경외심을 표하는 대신 안식일과 다른 성일을 통해 시간 자체를 성스럽게 여겼다.

회고록 《그들 중의 이방인》*Stranger in the Midst* 에서 낸 핑크가 한 말이다.

> 샤바트는 다른 어떤 것과도 같지 않다. 우리가 아는 시간은 이 24시간 동안 존재하지 않는다. 곧 주중의 염려들이 떨어져 나가며 기쁨의 느낌이 모습을 드러낸다. 나뭇잎이나 숟가락 같은 소소한 것들이 부드러운 빛 속에서 반짝거리고 마음의 문이 열린다. 샤바트는 경이로운 아름다움을 묵상하는 것이다.[11]

로렌 위너는 저서 《머드하우스 안식》(복있는사람 역간)에서 랍비들이 긴 목록의 '하지 말라'를 만들어낸 것은 안식일을 보호하기 위해

서였다고 했다. 그러나 얼핏 부정적으로 보이는 데에는 긍정적 목적이 있었다. 금기 목록은 주중의 다른 날의 특징인 온갖 요란법석과 책임으로부터 그날을 보호하는 장치다.

로렌은 정통파 안식일에 부여된 금지 사항의 긍정적 효과를 설명하고자 리스 해리스의 이야기를 들려준다. 해리스는 뉴욕의 크라운하이츠에서 하시드파 가족과 샤바트를 보낸 세속 유대인이다. 긴 목록의 금지사항으로 짜증 나고 불편했던 해리스가 집주인에게 이의를 제기했다. "대체 하나님이 왜 금요일 밤에 여자가 냉동식품을 전자레인지에 해동해 먹는 것에 신경을 쓰겠어요?"

"우리가 일하기를 멈추고 자연을 통제하기를 멈추면 어떤 일이 일어날까요?" 집주인이 되물었다. "우리가 기계를 작동하지 않고 꽃을 꺾지 않고 바다에서 물고기를 취하지 않으면? … 우리가 세상에 간섭하기를 멈추면 세상이 하나님의 것임을 인정하게 됩니다."[12]

절기를 "시간의 궁전"palaces in time이라고 표현한 아브라함 헤셸의 글이다.

> 다른 민족들은 신을 장소나 사물과 연관 지었지만 이스라엘의 하나님은 사건의 하나님이었다. 그는 종살이로부터 속량하신 자, 토라를 계시하신 자로 통한다. 사물이나 장소가 아닌 역사적 사건 속에서 현현하시는 분이다. … 우리는 출애굽하던 날과 이스라엘이 시내산에 섰던 날을 기억한다. 그리고 우리의 메시아 소망은 세상 끝날인 어느 날에 대한 기대다.[13]

예루살렘은 산꼭대기에 지어졌기에 시편 기자들이 말하듯 '올라가야' 하는 곳이다. 성전에서 예배하기 위해 시온산을 등정하는 순례자들은 다리 근육에 힘이 들어가고 불이 붙는 듯한 느낌을 받았을 것이다. 그리고 여호와의 임재 속으로 들어가는 산을 오르며 그들 마음속에는 기대감이 점점 강해졌을 것이다.

이스라엘의 절기들은 한때 성전산이 수행했던 역할을 하는 듯하다. 즉, 신의 관점으로 사물을 보기 위하여 한동안 하나님의 임재 속으로 올라가는 것이다. 절기들이 제공하는 산 정상의 시야로 저 멀리 천지창조의 개벽의 시간을 돌아보고 저 멀리 그리스도가 재림하실 미래의 시간을 내다본다.

당신은 이제 곧 아들 이삭의 가슴에 칼을 꽂으려는 아브라함을 본다. 당신은 천사가 개입하여 이삭 대신 제단에 올릴 숫염소를 제공하는 모습에 안도한다. 당신은 죽음이 휩쓸고 간 애굽에 애통의 흑암이 임하는 것과 황급히 문설주에 피를 바르는 이스라엘 백성을 본다. 그리고 당신은 예수를 본다. 겟세마네에서 자기에게 속한 자에게 배반당하고, 고뇌 가운데 십자가에 달린 후 사망을 이기고 텅 빈 무덤 밖에 고요하게 서 계신 예수를 본다. 마침내 당신은 하나님이 자신의 독생자, 하나님의 어린양 되신 그리스도를 내어주심으로써 경이 중의 경이를 베푸셨음을 깨닫는다.

10
랍비와 한 상에 앉다

가장 자비로우신 분이 우리가 먹는 이 식탁을 축복하시어

최고의 진미를 허락하시길.

이 식탁이 우리 아버지 아브라함의 식탁 같아

배고픈 자는 누구나 여기에서 먹고

목마른 자는 누구나 여기에서 마시길.

세파르딕 유대인의 전통 전례 중[1]

수년 전 친구들이 《토스카나의 태양 아래서》(작가정신 역간)란 회고록을 읽고 하도 격찬을 하길래 흥미를 느껴 책을 펴 보았다. "별로 기억나는 내용은 없지만 책에서 받았던 느낌은 생각난다"라고 앤은 말한다. 이탈리아 시골 빌라에 살면서 오감으로 느끼는 즐거움을 기록한 이 회고록을 계속 읽다 보면 나도 모르게 위장의 쾌락에 몰두하는 중년이 될 것 같았다. 그래서 햇볕과 포도원과 온갖 종류의 이탈리아 음식에 관한 랩소디풍 묘사가 가득한 책을 덮었다. 난 아직 이걸 읽기엔 너무 젊다는 생각이었다.

그런데 모든 것이 변했다.

세월이 흐르며 음식에 관한 관심이 점점 커가는 내 모습을 발견한다. 내가 섭취하는 것뿐 아니라 다른 이들이 뭘 어떻게 먹는지도 궁금했다. 중국 음식을 예로 들면, 수년 전 (훗날 사스 전염병의 진원지로 확인된) 광저우의 칭핑 시장을 방문할 기회가 있었다. 2천 개가 넘는

가게가 즐비한 이곳은 가히 식료품 가게 버전의 대활극이라 할 만했다. 뱀, 전갈, 해마, 거북이, 원숭이 등 온갖 별미가 제공되었다. 한번은 이 거대한 노천 시장을 거닐던 중 작은 고양이 울음소리가 들려왔다. 이 가련한 짐승은 내 앞 쇼핑객 팔에 걸친 그물망 속에 매달려 있었다. 난 그 가족이 고양이를 애완동물로 데려간다고 간절히 믿고 싶었다.

이 시장을 방문하고서야 비로소 "이 지역에서 네 다리 달린 것 중에 식탁과 의자 빼곤 다 먹는다"라는 중국 속담과 "하늘을 등지고 걷고 헤엄치고 기고 나는 것은 다 먹을 수 있다"는 광저우 속담이 사실임을 확인했다. 그리고 여행하는 동안 왜 인구 6백만의 도시에서 단 한 번도 새가 날아다니는 모습을 보질 못했는지 이해가 되었다. 적어도 내 생각엔 이 지역 사람들은 굶어 죽을 일은 없을 것이다. 상상할 수 있는 건(그리고 상상하지 못할 것도) 모두 먹는 법을 알고 있는데 어찌 굶어 죽겠는가!

이들이 음식을 대하는 자세는 엄격한 음식 율법과 식사 의례를 갖춘 유대인과는 정반대다. 음식을 바라보는 관점이 이보다 더 상극일 수는 없을 것이다.

《반지의 제왕》의 저자 J. R. R. 톨킨은 "우리가 비축한 금보다 음식과 흥과 노래에 더 가치를 두었더라면 세상은 더 유쾌한 곳이 되었을 것이다"라고 했다.[2] 유대인은 일상생활에서 음식이 차지하는 위상과 관련해서 풍성하게 이해하고 있었다. 이미 예수님 시대에 특별한 식사를 매년 돌아오는 성경 절기의 일부분으로 구성해 넣은 지 오래였다. 신구약의 많은 성경 장면들은 이러한 식사를 둘러싸고 전개된다.

아울러 이 지역에서 손 대접은 성스러운 의무로 여겨졌다. 성경에 나온 초기의 손 대접 사례는 아브라함이 생전 처음 보는 세 나그네를 대접하려고 즉각 살찐 송아지를 잡고 푸짐한 식사를 차린 것이다(창 18:6~7). 예수님도 손 대접에 문외한이 아니셨다. 복음서는 종종 예수님을 만찬과 잔치에 초대받은 손님으로 묘사했다. 제자들이 예수님을 따르기 위해 모든 것을 버린 건 맞지만 그 여정에서 여러 번 양질의 식사 기회를 누렸음이 분명하다.

예수님은 저녁 초대를 거절하거나 잔치에 걸맞지 않은 옷차림을 하거나 식탁에서 엉뚱한 자리에 앉은 손님 등 잔칫상과 관련된 비유를 많이 들려주셨다. 교훈을 주시기 위해 식사 자체를 소재로 사용하셔서 식탁에서 비유를 들려주셨다.

생각해보면 예수님이 마지막으로 하신 말씀 역시 죽기 전날 밤 제자들과 함께한 식사자리에서였다. 문화적이고 역사적인 맥락 속에서 들려주신 이런 말씀을 어떻게 들어야 우리의 삶과 예배에 새로운 의미를 부여하게 될까?

고대의 손 대접

이스라엘에 가보면 이 고대 땅에서 손 대접은 종종 죽고 사는 문제였음을 단박에 이해할 수 있다. 여름 한낮에 혼자 밖을 거닌다고 상상해보자. 그늘에서도 섭씨 32도인데, 그늘도 없고 드문드문 앙상한 덤불만 있는 돌밭 풍경은 끝도 없이 이어진다. 작열하는 태양을 피하려고 에어컨이 있는 자동차로 기어 들어갈 수도 없다. 생수를 파는 식료품점도 없으므로 갈증을 해소하려고 손을 뻗어 얼음처럼 차

가운 냉수를 들이켜지도 못한다. 설상가상으로 당신이 걷는 길은 취약한 여행객 갈취가 생업인 강도들이 심심치 않게 출몰하는 곳이다. 그러나 하나님께 감사하라, 이 척박한 나라에서 당신이 기댈 곳이 하나 있으니, 바로 손 대접 문화다. 이 고대 땅에 사는 주민이라면 누구에게나 다가가 음식과 물과 잠잘 곳을 구할 수 있고, 그들은 기꺼이 그것을 제공할 것이다.

이런 유형의 '지극한 손 대접'은 수천 년간 중동과 아프리카 여러 지역의 풍습이었다. 수년 전 로이스가 친구들과 우간다로 여행을 갔을 때 가는 곳마다 그곳 사람들은 융숭한 대접으로 이방인을 반겼다. 소박한 콘크리트 주택이나 허름한 교회, 흙바닥의 학교 등 어딜 방문해도 사람들은 구할 수 있는 최고의 음식(그것이 비록 바나나, 삶은 달걀, 땅콩, 탄산수일지라도)을 대접했다. 아이들은 잽싸게 뛰어나가 조금 전까지 마당을 활보하던 귀한 닭을 가지고 돌아오곤 했다. 통닭구이, 플랜테인, 얌, 파인애플, 파파야가 차려진 만찬이 뒤따랐다. 그들이 가는 곳마다 잔칫상이 펼쳐졌고, 때로는 음식이 부족하여 손님만 먹는 일도 있었다.

주인의 융숭한 대접에 경외심(그리고 부담감)을 표현하자 손 대접은 자신에게 아주 소중한 문화이며 손 대접을 하지 않는 것은 상상할 수조차 없다는 설명이 돌아왔다. 나중에 들은 바로는 동아프리카에서는 가족 잔치나 명절 식사를 아낌없이 대접한 후 빈곤에 허덕이는 이들이 많다고 한다. 아프리카 친구들의 베풂 덕분에 로이스와 친구들은 성경 시대부터 오늘날까지 동양 문화권에서 실천해온 손 대접 문화를 직접 경험할 수 있었다.

이런 관습은 복음서에서 익숙한 장면을 조명한다. 제자들을 인근 마을로 전도하라고 내보내시며 예수님은 우리에게는 급진적으로 들리는 지시를 내리셨다. "여행을 위하여 지팡이 외에는 양식이나 배낭이나 전대의 돈이나 아무것도 가지지 말며 … 어느 곳에서든지 너희를 영접하지 아니하고 너희 말을 듣지도 아니하거든 거기서 나갈 때에 발 아래 먼지를 떨어버려 그들에게 증거를 삼으라"(막 6:8, 11). 이 구절을 문자적으로 받아들여 예수님 시대처럼 손 대접 의식이 높지 않은 지역으로 무전여행을 가는 그리스도인도 있었다. 물론 하나님이 공급하실 수 있지만, 예수님이 그들에게 요구하신 것은 날마다 기적만 바라야 하는 삶은 분명 아니었다. 존경받는 랍비의 탈미딤은 사람들에게 따뜻한 환대를 받는 것을 예수님은 아셨다. 그런 제자들을 존대하지 않는 공동체는 책망받아 마땅했다.

치안과 사회복지 제도와 보험회사가 사람들의 필요를 채울 수 없는 나라에서 이러한 상호부조는 생존에 필수적이었다. 공동체는 생존에 결정적이었고, 하루를 마치고 온 가족이 둘러앉아 식사하는 시간은 공동체를 기리는 시간이었다(간식에 가까운 간단한 식사는 오전에 했다). 정찬 준비는 장작을 모으고 물을 긷고 곡식을 빻고 반죽을 하고 야채를 다듬고 불을 피우고 냄비를 휘저어야 했기에 여럿이 무리지어 몇 시간에 걸쳐 해야 했다.

여기서 당시의 식사 풍경을 잠시 그려보자. 우리는 저녁을 준비하면서 식탁 주위에 의자를 놓고 개인 접시와 수저를 세팅한다. 이런 이미지를 염두에 둔다면 어떻게 예수님과 제자들이 식탁에 '기대앉았는지recline' 이해하기 어렵다. 어색하고 불편할 것만 같다.[3]

그러나 고대 이스라엘인은 우리가 다이닝룸에서 쓰는 그런 식탁에 둘러앉지 않았을 것이다. 무엇보다도 그들에게는 식사하는 공간이 따로 없었다. 네 다리가 달린 대형 식탁도 없었다(이런 식탁은 궁전에만 있었다).[4] 식사 시간에 사람들은 텐트나 거주지 바닥에 매트를 깔고 앉아 큰 대접이나 사발에 음식을 담아 한가운데에 내놓았다. 신약 시대에는 좀 더 격식 있는 식사 자리에서는 좌식 소파에 기대앉았고 음식은 상판이 분리 가능한 플래터(큰 접시) 겸용인 작은 삼발이 탁자에 차려놓았다.

그냥 단순하게 같이 먹는 빵 덩어리를 찢은 다음 모든 사람이 같이 쓰는 사발에 담긴 스튜에 찍어 먹었다. 요리는 실외에서 했다. 로이스가 우간다 친구들에게 성경 시대의 식사법을 알려주자 그들은 웃으며 말했다. "아프리카 사람들은 아직도 그렇게 먹어요."

사람들은 은銀 식기도 사용하지 않았다. 화려한 식탁이나 식기 세트는 없어도 더 좋은 것을 가지고 있었다. 그들에게 식탁은 단지 먹는 장소 이상이었다. 식탁은 상호 신뢰의 장소이자 연약함을 털어놓는 곳이었다. 누군가와 겸상한다는 것은 그들과 보호받는 관계를 공유함을 뜻했다. 당신이 누구와 먹는가는 당신이 누구이며 누구에게 속해 있는가를 알려주는 중요한 정보였다.

'집'이란 단어가 가문을 의미할 수 있고 '잠자리'가 때론 가장 친밀한 관계를 의미하는 것처럼 '식탁'이란 단어는 가족과 친지, 곧 당신이 신뢰하고 의지하는 모든 이들을 상징했다. 식탁 교제는 이런 사람들과 누렸다.[5] 그리고 식탁 교제에는 불가침 관계를 누린다는 함의가 있다. 어떤 가족의 식탁에 손님으로 왔다는 것은 그들의 보호 아래 있음을 뜻했다. 그 가족과 함께 있는 동안에 주인은 자기 목숨을 희생해서라도 손님을 보호했고, 이는 주인의 명예가 걸린 문제였다.[6]

지금도 이런 식으로 손 대접과 식탁 교제를 극진하게 여기는 지역이 있다. 수년 전 로이스가 속한 어느 모임에서는 이스라엘 남부의 네게브 사막에 사는 베두인족 가족을 방문했다. 그들이 다가가자 케피예(아랍 두건)을 쓴 어린 소년이 그들을 염소털 텐트까지 안전하게 모시려고 나귀를 타고 마중 나왔다.

텐트 안으로 들어가자 안에 있던 어른들이 일행을 따뜻하게 환대했고 바닥에 앉으라고 손짓했다. 그들은 달콤한 차와 무교병, 카르다몸(향신료의 일종—편집자)을 곁들여 로스팅하고 장작불에 끓인 커피를 대접받았다. 떠날 시간이 되자 소년은 다시 작은 나귀에 올라타 일행을 태운 버스가 사막 길을 올라갈 때 앞장서 갔다. 소년의 마중과 배웅은 손님이 자신의 영토 안에 있는 동안은 그들을 보호하겠다는 가족 서약의 상징이었다.

방금 손 대접과 식탁 교제에 관해 알게 된 것에 비추어 성경을 읽어보자.[7] 시편 23편 4~5절의 다윗의 고백이다.

> 내가 사망의 음침한 골짜기로 다닐지라도
> 해를 두려워하지 않을 것은
> 주께서 나와 함께하심이라
> 주의 지팡이와 막대기가
> 나를 안위하시나이다
> 주께서 내 원수의 목전에서
> 내게 상을 차려 주시고
> 기름을 내 머리에 부으셨으니
> 내 잔이 넘치나이다.

다윗이 말한 바는 대적이 잠복해 있는 가장 위험한 상황에서도 하나님의 임재 안에서 안전함을 알았다는 것이다. 광야를 외로이 통과하고 있을 때에도 다윗은 하나님이 함께하심을 확신했다. 이를 깨달으면 이 시편이 한층 깊이 와닿는다. 손님을 보호하는 주인처럼 하나님은 다윗을 자신의 식탁에서 함께 먹자고 초청하시고 묵을 곳과 안전을 제공하셨다.

질병과 고난과 상실과 불안이 우리에게 닥칠 때, 하나님은 그분의 식탁으로 불러 우리를 손 대접하시며 우리를 먹이시고 지탱하시며 보호와 안위를 제공하신다. 매 순간 다윗이 가졌던 확신을 할 수 있다면 우리 인생이 얼마나 더 달라질까?

하나님과 저녁 식사 하기

성경의 식탁 교제 전통에 관해 제대로 알아두면 신구약의 여러 장면을 다른 시각으로 볼 수 있다. 성경에는 아주 놀라운 저녁 식사 장면이 나오는데 아마도 당신은 이에 대해 여태껏 들어본 적이 없을 것이다. 그 식사는 수천 년 전 모세와 이스라엘 백성이 시내산에서 언약을 받은 직후 산 정상에서 일어났다.

이 장면을 묘사하기 전, 잠시 동양 사회에서는 언약이 얼마나 중요했는지 살펴보자. 언약은 단순히 사업상 합의를 훨씬 넘어서는 일이었다. 언약은 모든 당사자 사이에 깊은 관계가 존재하며 결혼한 부부와 동일한 수준의 친구 관계로 묶인다는 표시였다. 언약이 맺어지면 언약 덕분에 생겨난 평화와 상호 용납을 기념하는 식사 의식으로 언약을 축하했다.

이제 시내산의 고대 만찬에서 일어난 일을 보자. 하나님과 백성 사이에 언약이 이제 막 비준되었다. 출애굽기 24장 9~11절은 이 장면을 이렇게 묘사한다.

> 모세와 아론과 나답과 아비후와 이스라엘 장로 칠십 인이 올라가서 이스라엘의 하나님을 보니 … 하나님이 이스라엘 자손들의 존귀한 자들에게 손을 대지 아니하셨고 그들은 하나님을 뵙고 먹고 마셨더라.

왜 성경은 장로들이 "하나님을 뵙고" 하나님이 그들에게 "손을 대지 아니하셨다"는 것을 구체적으로 언급했을까? 다른 곳에서 성경은 아무도 하나님을 보고 살 수 없다고 했다.[8] 그런데 이 장면은 이스라엘의 지도자들이 하나님의 존전에서 행복하게 먹고 마셨다고 한다. 손님을 위험으로부터 보호하는 중동의 주인처럼 하나님은 그들과 하나님 사이에 맺은 언약을 축하하는 식사 의식에 그들을 초청하셨다. 그들이 언약을 깨뜨리는 어떤 행위를 하기 전까지 그들은 하나님과 완전한 교제를 나누었다. 모세와 장로들은 천상의 식탁에 앉아 가까운 '가족'으로서 식사를 하며 하나님 존전에서 먹고 마셨다. 여기엔 어떤 부정적인 후과後果도 없었다.

이와 동일한 발상이 애굽에서의 유월절 식사에 반영된 것으로 보인다. 이스라엘은 하나님께 예배 드릴 수 있도록 애굽 밖으로 가게 해달라고 바로에게 청했다. 그러나 바로가 이를 금하자 그들은 적진 한복판에서 예배를 드렸다. 이스라엘 백성은 유월절 식사로 어린양을 잡았고 죽음의 사자가 애굽의 장자들을 도살했을 때 그들은 안전하게 보호받았다. '식탁'에 계신 하나님의 존재가 백성에게는 보호를, 대적에게는 심판을 가져다주었다.

하나님과 식탁에서 교제한다는 발상은 성전 제사 제도의 핵심이었다. 죄와 죄책을 위한 속죄제 같은 제물은 남김없이 하나님께 바쳤다. 그러나 화목제(쉐렘 *shelem*)의 제물은 달랐다. 이런 유의 희생제물은 그 일부분을 예배자와 가족이 제사장과 더불어 나눠 먹었다. 그들이 제단에서 먹는 것은 마치 하나님이 '자신의' 음식을 그들과 나눠 드시는 듯한 모양새였다. 이것은 하나님의 식탁에서 식사하는 것과 진배없었다.

쉐렘 제물을 통하여 그들은 하나님과 서로 간의 샬롬을 축하했다. 이스라엘 백성은 이것이 진정한 언약 교제임을 알았다. 즉, 그들은 하나님과 함께 앉아 식사할 수 있음을 알았다. 유월절 식사는 이처럼 공동체적이었음을 주목하라. 어린양 한 마리는 15명이 족히 먹을 만한 분량이었으며 고기는 다른 날에 먹으려고 저장해선 안 되었다. 이런 식사는 당신과 하나님 사이에, 그리고 당신과 함께한 모든 사람 사이에 존재하는 평화 상태를 상징했다. 바로 이런 이유로 예수님은 제자들에게 헌물을 제단에 바치기 전에 먼저 형제자매와 화해하라고 하신 것 아닐까? 이 점을 염두에 둔 신약시대의 교회는 서로 다툰 교인들이 화해하기 전까지는 성찬식 참여를 금했다. 달리 행하는 것은 "제물을 더럽히는" 처사였다.[9]

오늘날 세계 곳곳의 교회는 다양한 방식으로 성찬 예배를 드린다. 우리가 다니는 교회가 이 예배 행위를 어떻게 이해하는 것과는 무관하게, 각자가 성찬의 성경적 뿌리를 심도 있게 이해한다면 신앙은 더욱 부요해질 것이다. 다음에 성찬을 할 때는 시간을 들여 식탁 교제에 관해 배운 바를 묵상하고 하나님과 다른 신자와 누리는 평강을 기리길 바란다. 만일 당신이 관계 속에서 풀지 못한 숙제가 있다면, 특히 다른 신자들과 문제가 있다면 다시 성찬에 참여하기 전에 그 문제부터 해결하려고 노력하라.

우리 대다수는 성찬 관습과 관련해서 여러 엇갈리는 견해를 들어서 알고 있다. 가령 어떤 사람은 개인 잔을 쓰지 말고 공동 잔을 써야 한다는 주장을 줄기차게 제기한다. 어떤 장로는 사람들이 앞으로 나오지 않고 착석한 상태로 성찬을 받는 것을 언짢아한다. 하나님과 다른 신자와 우리의 유대를 강력하게 축하하는 자리인 성찬이 평화가 아닌 분열의 자리가 되다니 이 얼마나 아이러니한 일인가!

하나님은 식탁 교제를 단지 성전에 국한하지 않으셨다. 가정에서도 비슷한 의미로 식탁 교제가 이루어졌다. 전통적 유대 가정에서는 지금도 저녁 식탁은 가족 제단으로 여겨 가정 자체를 하나님이 거하실 작은 성소라는 뜻으로 '미크다쉬 메야트'*mikdash meyat*라고 부른다. 가족이 식사 때마다 하나님을 초청하기에 모든 음식은 의례적 기준에 부합해야 한다. 가정 안에서 부모는 자녀에게 하나님의 임재를 증거하는 제사장 역할을 한다.

샤바트 저녁 식사

오늘날 우리는 식사 시간을 단순히 육신의 필요를 재충전하는 기회로만 여기는 경향이 있다. 아침 식사는 운전대에서 먹는 맥도날드 에그 머핀, 점심은 사무실 책상 앞에서 먹는 자판기 에너지바, 저녁은 텔레비전 저녁 뉴스를 시청하며 먹는 해동 음식… 이런 식이다. 우리의 '빨리빨리' 사회에서 많은 이들은 혼자 식사하거나 무언가 다른 일을 하면서 식사한다. 물론 가족과 친지와 성대한 식사 자리도 있지만 느긋한 가족 식사 시간은 거의 멸종 직전이다. 우리는 음식과 공동체 사이에 몇백 년간 존재해온 긴밀한 끈을 상실했다. 이제는 함께 앉아 하나님과 타인과 우리의 관계를 축하하는 일상의 이 소중한 일부분을 회복해야 하지 않을까.

그러려면 유대인의 샤바트 저녁 식사 전통을 자세히 살펴볼 필요가 있다.[10] 율법을 지키는 유대인 가정에선 금요일 오전은 집 안 청소와 요리로 바삐 돌아간다. (새날의 시작인) 금요일 일몰 때 가족이 저녁 식탁에 착석하는 것과 동시에 모든 일이 끝난다. 금요일에 할 수 있는 마지막 '일'은 저녁 식사를 시작하기 위해 두 양초에 불을 붙이는 것이다. 포도주 한 잔과 함께 아름답게 땋은 할라*challah*(안식일 빵) 두 덩어리가 상에 올라온다.[11] 양초에 불을 붙이며 어머니는 마치 샤바트를 환영하듯이 양초 위로 손을 흔든다. 그다음 눈을 감고 이 기도를 낭송한다.

> 그의 계명으로 우리를 깨끗하게 하시고
> 안식일 불빛에 불을 붙이라고 명하신
> 우주의 왕, 우리 하나님 여호와를 송축하나이다.

그 후 다른 기도를 더 드린 후 아버지는 빵 두 덩어리를 덮고 있는 냅킨을 걷고 빵을 들어 올리며 다음과 같이 송축한다.

> 땅에서 빵을 내신
> 우주의 왕, 우리 하나님 여호와를 송축하나이다.

그다음, 아버지는 빵을 여러 조각으로 나누어 식탁으로 돌린다. 저녁의 어느 시점에 아버지는 아내의 현숙함을 칭찬하기 위해 잠언 31장을 낭독한 다음 아내를 위해 기도하고 자녀를 축복한다. 그다음 아버지나 어머니가 각 아이의 이마에 입맞춤을 한다. 아들에게는 "하나님이 너를 에브라임과 므낫세와 같게 하시길 원하노라", 딸에게는 "하나님이 너를 사라, 레베카, 라헬, 레아와 같게 하시길 원하노라"라고 축복한다. 그리고 아들과 딸 모두에게 이른다. "여호와는 네게 복을 주시고 너를 지키시기를 원하며 여호와는 네게 은혜 베푸시기를 원하며 평강 주시기를 원하노라."[12] 종종 부모들은 각 자녀를 위해 개인적인 기도와 격려 메시지를 더한다. 이 얼마나 부모와 자녀 모두에게 보배로운 순간일까.

모든 유대 식사는 성경을 강론하는 시간이 되어야 하지만 특히 안식일에는 더욱 이 점이 강조된다. 랍비들은 "세 명이 한 식탁에서 먹으며 토라의 말씀을 거론하는 것은 마치 하나님의 식탁에서 먹는 것과 같다. 그를 송축할지어다!"[13]라고 말했다. 어쩌면 바로 이런 이유로 예수님이 저녁 식사에 자주 초대받으셨는지 모른다. 그분을 모시면 기막힌 토론을 기대할 수 있으니까.

대부분은 자신이 마련할 수 있는 최고의 음식을 차리며 샤바트를 기렸다. 예수님 시대에는 생선을 자주 대접했다. 고기를 낼 수 있는 사람은 샤바트에 고기를 내놓았다. 포도주는 보통 샤바트와 일부 절기에만 내놓았다. 오늘날엔 안식일이 금식일과 겹치면 금식일을 미룬다.[14] 안식일은 기쁨의 날이므로 문상조차 금지되었다.[15]

샤바트의 양초는 종종 스스로 꺼질 때까지 타도록 놔두었다. 저녁은 훌륭한 식사와 느긋한 대화를 즐길 수 있는 멋진 시간이 된다.

우리도 주일을 교제와 쉼이 어우러진 특별한 시간으로 삼으려면 이 전통을 도입하는 것도 고려해볼 만하다.[16]

화해의 식탁

식탁은 예배 장소뿐 아니라 성경 시대와 오늘날 여러 동양 문화권에서 평화의 장소로도 기능했다. 언약의 당사자들은 식사 의례로 언약을 기렸다. 언약 당사자 누구도 다시 분쟁거리를 제기해선 안 되었다.

야곱과 교활한 장인 라반의 스토리를 기억하는가? 라반은 혼인날 마지막 순간에 야곱이 연모했던 둘째 딸 라헬이 아닌, 더 나이 많고 덜 예쁜 언니 레아를 신방에 들여보냈다. 불쌍한 야곱은 다음 날 아침이 되어서야 신부가 바뀌었음을 알아챘다. 그때 라반은 라헬을 둘째 아내로 내주며 이미 7년을 일했던 야곱에게 7년 더 일하겠다는 약속을 받아냈다.

라반의 술수에 넌더리가 난 야곱은 거래 조건을 완수한 뒤 두 아내와 가축과 자녀들을 데리고 도망친다. 열흘 후 라반이 야곱을 따라잡았을 때 두 사람은 서로 해하지 않기로 합의하며 평화의 언약을 맺었다. 그다음 그들은 함께 식사했다. 창세기는 이 장면을 이렇게 묘사한다.

> 야곱이 또 산에서 제사를 드리고 형제들을 불러 떡을 먹이니 그들이 떡을 먹고 산에서 밤을 지내고 라반이 아침에 일찍이 일어나 손자들과 딸들에게 입 맞추며 그들에게 축복하고 떠나 고향으로 돌아갔더라(창 31:54~55).

야곱과 라반은 함께 식사함으로써 관계 회복을 선포했다. 식사가 하나님께 드리는 제사의 일부분이었으므로 여호와 자신이 식탁에 참석하시며 그 서약의 증인이라는 이해가 깔려 있었다. 함께한 식사는 야곱과 라반이 하나님과 화평하며 상호 간에도 화평하다는 징표였다.

이런 식사는 지금도 계속된다. 수년 전 일란 자미르라는 유대인 그리스도인messianic Jew이 이스라엘의 아랍인 마을을 운전하던 중 돌연 사람이 길가에서 튀어나왔다. 일란은 급히 브레이크를 밟았지만, 이미 때는 늦었다. 그는 열세 살 팔레스타인 소년을 치었고 소년은 즉사했다. 일란은 왜 그 십 대가 큰 경적소리와 브레이크 마찰음을 무시했는지 도무지 이해할 수 없었다. 나중에 알고 보니 소년은 귀머거리였다.

이 비극으로 정신적 고통에 시달리던 일란은 유가족에게 용서를 구함으로 죗값을 치르려 했다. 그 말을 들은 주변의 유대인들은 그가 정신이 나갔다고 생각했다. 이스라엘 경찰조차 그에게 경고했다. "이봐요, 당신이 하려는 일은 위험합니다. 큰 곤경에 휘말릴 수도 있어요. 당신은 이스라엘의 유대인이고, 당신이 만나려는 사람들은 서안 지구의 아랍인이란 말이요."[17]

일란도 경찰의 말뜻을 잘 알았다. 아랍 전통상 가족은 아들의 죽음에 대한 보복으로 일란을 죽일 수도 있었다. 그러나

술하

술하*sulha*는 아랍 문화권에서 화해하기 위해 갖는 언약적 식사다. 술하는 '식탁'을 뜻하는 히브리어 슐한*shulhan*에 해당하는 아랍 말이다. 이 관습은 누군가와 한 상에서 먹는 것이 평화롭고 조화로운 관계의 본질이라는 고대 믿음에서 비롯되었다.

일란은 고집을 굽히지 않았고, 화해의 식사인 술하*sulha* 자리를 마련하겠다고 제안해온 아랍 목사에게 도움을 청했다.

식사 의식을 위해 소년의 가족과 마주 앉았을 때의 일을 일란은 이렇게 묘사했다.

> 식탁 위에 놓인 커피잔은 여전히 손도 대지 않은 채 그대로였다. 전통상 아버지가 화해의 몸짓을 받아들이며 용서하기로 동의할 때 먼저 차를 입에 댈 수 있었다. 아버지 얼굴에 어린 긴장감은 그때까지의 식사 흐름에 그림자를 드리웠다. 하지만 문득 그 얼굴에 미소가 비치더니 슬픔의 주름이 부드러워졌다. 그는 잠시 나를 물끄러미 바라보더니 포옹의 몸짓으로 팔을 펴고 내게 다가왔다. 그의 얼굴에 미소가 번졌다. 우리가 만나고 포옹하는 과정에서 그는 세 번 내 볼에 의례적 입맞춤을 했다. 아버지가 커피를 홀짝이는 동안 모든 사람이 서로 악수하기 시작했다. 분위기는 확 달라졌고 긴장이 종식되었다.

그다음 더 놀라운 일이 일어났다. 가족의 대변인이 일란에게 놀라운 초청을 했다.

> 오 나의 형제여, 당신은 죽은 아들 대신임을 아세요. 당신에게 다른 어딘가에 가족과 가정이 있겠지만 여기에 당신의 두 번째 가정이 있음을 알아주세요.

이 얼마나 놀라운 화해의 그림인가! 팔레스타인 가족이 이스라엘 유대인을 친가족으로 받아들이겠다고 초청하다니! 생각해보면 이는 하나님이 아들의 죽음을 통해 우리를 가족으로 맞아들이시며 그 식탁에 앉아 언약의 식사에 참여하라고 초청하신 것과 놀랄 만치 흡사한 그림이다.

용서와 평화의 징표로 함께 식사하는 관습은 구약부터 신약에 걸쳐 면면히 이어져왔다. 탕자를 집으로 환대한 아버지가 아들의 귀가를 축하하고자 당장 큰 잔치를 베푼 것을 기억하는가? 이는 아버지와 아들 사이의 화해를 기리는 축하 식사 풍경이었다. 아버지는 아들이 다시 가족의 일원이 되었기에 뛸 듯이 기뻤던 것이다.

이 스토리는 현대인의 귀에도 대단하게 들리지만, 실상은 우리가 상상하는 것보다 훨씬 놀라운 일이다. 학자 케네스 베일리는 아버지가 아직 살아 있을 때 아들이 재산 상속을 요구하는 것이 어떤 의미냐고 중동 전역을 다니며 사람들에게 물었다. 돌아온 답변은 한결같았다. 이런 행동은 노골적으로 아버지가 일찍 죽었으면 좋겠다는 소원을 표현한 것이기에 충격적일 만큼 말도 안 되는 짓이라고 했다.[18] 예수님의 스토리를 들은 사람 중에는 불쾌해하며 충격을 받았을 이도 여럿이었을 것이다. 응당 어떤 중동의 아버지도 이런 짓을 하는 아들을 용서하지 않으리라 생각하기 때문이다.

이런 관점에서 이 스토리를 이해하면 하나님이 우리를 용납하신 것이 진정 얼마나 충격적인 일인가를 알 수 있다. 우리는 죄가 그저 법규를 위반한 정도라고 생각하는 경향이 있다. 그러나 예수님의 스토리는 우리의 죄가 일련의 법규 위반이 아니라 사랑이 풍성하신 아버지, 하나님에 대한 참담한 거역임을 분명히 알려준다. 우리는 아버지를 저버리고 조상의 땅을 판 후 상속재산을 탕진해버린 탕자와 다르지 않다.[19] 우리도 주어진 좋은 선물(시간, 돈, 재능 등)을 취하여 제멋대로 인생을 살고자 하나님을 떠난다. 이것은 하나님이 죽기를 바라는 것과 다를 바 없다.

서구 그리스도인은 종종 구원을 거래로 설명한다. 즉, 우리가 하나님의 규범을 위반함으로써 죄를 범했다는 것이다. 그리고 우리가 그리스도를 믿는다면 그리스도가 벌금을 대납하심으로써 우리가 죽을 때 받을 처벌을 면할 수 있다. 일리 있는 설명이지만 그게 이야기의 전말은 아니다. 만일 우리가 구원을 하나님과 맺는 일종의 거래로 본다면, 곧 전능자와 맺는 양형 협상으로 축소한다면, 하나님은 주목적이 죄를 응징하는 것인 분노한 재판관이나 짜증 난 경찰관으로 전락할 위험이 있다.

예수님의 비유는 우리를 위한 하나님의 사랑이 얼마나 파격적으로 큰지를 드러낸다. 하나님은 어떤 점잖은 중동 아버지도 하지 않았을 행동을 하시며 우리를 가족 식탁으로 즐거이 반겨주신다.

아울러 탕자와 용서하는 아버지 이야기는 구원에는 단지 천국에서의 삶만이 아닌 지상에서 하나님과 우리가 나누는 차원이 있음을 부각한다. 하나님은 우리의 소외감을 고치시면서 날마다 지속적인 친밀감을 누리게 하신다. 매번 성찬을 할 때마다 우리는 예수님이 우리를 위해 하신 일을 기념하며, 그로써 이전엔 가능하지 않았던, 현세에서 하나님과 '마주 앉아 식사'할 수 있음을 기뻐한다.

예수님 시대의 식사

어떤 이들은 예수님이 들려주신 이야기뿐 아니라 예수님이 수락하신 저녁 초대 소식을 듣는 것만으로도 불쾌감을 느꼈다. 그들은 심지어 예수님이 "음식과 술을 탐하는 자"라고 비난했다. 그들은 예수님의 식탁 교제의 '문란함'을 용서할 수 없었다. 어떻게 점잖은 랍비가 이렇게 질 낮은 자들과 어울리는지 당최 이해할 수 없었다! 요아힘 제레미아스가 지적했듯, 그들은 예수님이 탕자를 집으로 환영하는 용서하는 아버지 역할을 하심으로써 자신의 비유를 몸소 실천하셨음을 깨닫지 못했다. 주님이 방탕한 자를 환영하고 세리와 죄인과 함께 식사하신 이유는 여기에 있었다.

제레마이어스는 오늘날도 동양 문화에서 누군가를 식사에 초대하는 일은 곧 그에게 존경을 표하며 화평과 신뢰와 용서를 건네는 행위라고 말한다. 예수님이 죄인과 함께하신 식사 자리는 단지 사회적 이벤트나 비천한 자를 체휼하신다는 정도의 표시가 아니었다. 이는 예수님의 사명과 메시지의 참모습을 드러내는 자리였다. 제레마이어스의 지적이다. "식탁 교제로 구원의 공동체에 죄인을 포함한 것은 하나님의 대속적 사랑의 메시지를 가장 의미심장하게 표현한 것이다."[20] 예수님이 매번 죄인들과 식사하실 때마다 하나님 나라의 본질이 드러났다.

우리는 예수님 사역의 결정적인 순간마다 자주 식사 모임이 등장하는 것을 본다. 부활 후 예수님이 제자들의 아침 식사로 생선구이를 준비하신 것을 기억하는가(요 21:9~19)? 보통 누군가의 손님으로 그려졌던 예수님이 이제는 갈릴리 해변에서 제자들에게 조반을 직접 대접하는 주인 역할을 하신다.

의미심장하게도 이 식사의 대화 주제는 예수님과 베드로의 관계였다. 베드로는 예수님이 붙잡히신 후 세 번 예수님을 부인했다. 이제 예수님은 베드로에게 세 번 자신을 사랑하느냐고 물으신다. 베드로가 세 번 긍정형으로 답하자 예수님은 그를 복권하신다. 바닷가 식사는 예수님과 베드로 간에 진행된 화해의 자리였다. 예수님을 저버리고, 스승의 고뇌 어린 죽음을 목격한 베드로에게 사랑하는 스승과 다시 식사하는 자리는 깊은 치유의 자리였을 것이다.

화해의 식사는 계시록 3장 20절에도 등장한다. 이 익숙한 약속을 들어보자. "볼지어다. 내가 문밖에 서서 두드리노니 누구든지 내 음성을 듣고 문을 열면 내가 그에게로 들어가 그와 더불어 먹고 그는 나와 더불어 먹으리라." 왜 주님이 우리와 더불어 먹는다는 이야기를 하시는지 이상하다고 생각한 적이 있는가? 예수님은 더불어 식사하는 친밀한 관계로 우리를 초청하신다.

메시아 잔치

이제 당신은 죽음 전의 마지막 저녁 식사에서 왜 예수님이 제자들에게 함께 식사를 즐김으로 자신을 기억하라고 하셨는지 알 것이다. 빵과 포도주는 예수님의 희생으로 그들이 하나님과 제자들 사이에 깨어지지 않는 교제를 나눌 수 있음을 기억나게 한다.

예수님 당대의 많은 유대교 종파는 식탁 교제에 관해 엄격한 규칙이 있었다. 바리새파는 하베림(그들의 엄격한 규칙을 준수하는 '친구들')과만 식사했다. 에세네파는 에세네파끼리만 식사했고, 그들의 정결 율법은 바리새파도 허술해 보일 정도로 엄격했다. 그러나 초대교회는 예수님의 본을 따라 정반대의 자세를 취했다. 사실 초대교회의 식탁 교제는 금세 외연이 확장되어 이방인까지 아우르게 되었다. 많은 이들에게 하나님이 유대인과 이방인 신자를 그리스도 안에서 함께 식사하도록 부르셨다는 사실은 충격이었다. 이는 이해 불가한 은혜와 사랑의 징표였다.

초기 그리스도인은 이사야서에서 말한 고대의 약속을 성취하는 삶을 살기 시작했다.

> 만군의 여호와께서 이 산에서
> 만민을 위하여 기름진 것과
> 오래 저장하였던 포도주로
> 연회를 베푸시리니
> 곧 골수가 가득한 기름진 것과
> 오래 저장하였던 맑은 포도주로 하실 것이며
> 또 이 산에서 모든 민족의 얼굴을 가린 가리개와
> 열방 위에 덮인 덮개를 제하시며
> 사망을 영원히 멸하실 것이라.
> 주 여호와께서 모든 얼굴에서 눈물을 씻기시며
> 자기 백성의 수치를 온 천하에서 제하시리라.
> 여호와께서 이같이 말씀하셨느니라(사 25:6~8).

다시금 시내산에 오른 장로들의 성스러운 모임처럼 성경은 산 정상의 식사를 묘사한다. 그러나 이번엔 모든 식사를 끝낼, 마지막 날에 거행될 만찬 중의 만찬을 의미한다. 이 만찬에선 인간이 안전하게 하나님의 존전에서 식사할 것이며, 식사에 초대받은 사람 누구도 다시 산 정상에서 내려가지 않아도 된다. 그때에 우리는 영원히 하나님과 함께 거할 것이다. 더욱이 이스라엘의 장로뿐만 아니라 하나님께 속한 모든 사람이 이 만찬을 축하하기 위해 참석할 것이다!

그러므로 신약이 천국을 하나님의 어린양과 백성의 연합을 축하하는 혼인 잔치로 그리는 것은 당연하다. 그 어간에 우리는 성찬을 기념할 때마다 하나님과 다른 이들과 깨어지지 않는 교제를 누리며 장차 올 만찬을 살짝 맛볼 수 있을 것이다.

성경의 고대 식탁 교제의 전통은 이렇듯 부요하고도 아름다우며 자신과 하나님의 관계에 대한 심오한 통찰을 제공한다. 그러나 희한하고 율법주의적으로 보이는 옷술 다는 관습들도 있다. 왜 예수님 시대의 유대인들은 옷술을 달았을까? 만일 예수님이 옷술을 다셨다면 왜 우리는 그리하지 않는 걸까? 이 특이한 관습을 살펴보면서 이것이 우리의 신앙에 어떤 빛을 던져주는지 보자.

3부

복음의 깊이를 더하는 랍비식 가르침

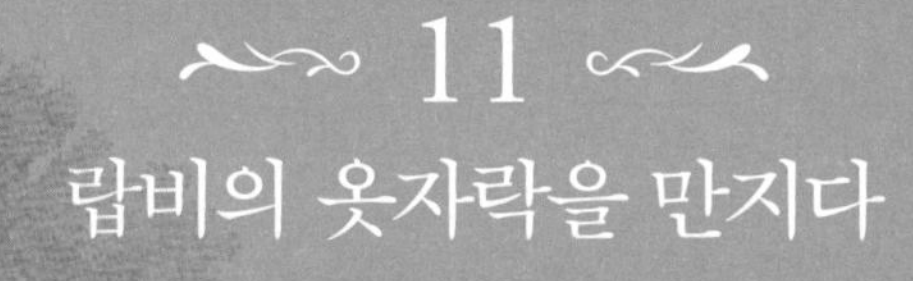

11
랍비의 옷자락을 만지다

그 계명으로 우리를 정결케 하시며,

우리를 치치트로 에워싸도록 명하신

우주의 왕, 우리 하나님 여호와를 송축하나이다.

탈리트를 입을 때 낭송하는 전통 기도

"그건 어쩌면 내가 아이오와주 인디펜던스에서 태어났기 때문인지 몰라요." 아니면 은혜냐 율법주의냐가 전공과목인 교회에서 자란 탓인지도. 원인이 무엇이든 나(로이스)는 늘 규칙과 규율을 힘겨워했다. 마치 분자 생물학자가 신경 써야 할 산더미 같은 실험실 규정 같았다. 드라마 〈과학수사대〉CSI에서 머리카락 한 올로 신원을 확인하는 장면처럼 나는 대학원 시절 내내 극도로 민감성을 유지해야 하는 실험을 했다. 우리의 실험기기는 극소량의 성분도 감지해냈지만, 반면 아주 작은 조각이라도 오염되면 엉뚱한 결과가 나왔다. 많은 절차가 수술실처럼 절대 무균 상태에서 진행되어야 했다.

규정은 끝도 없었다. 작업대 상판은 항상 알코올로 닦아라, 장갑을 자주 교체해라, 수시로 멸균한 피펫 팁으로 교체해라, 개봉한 병의 마개 부분을 불꽃으로 소독해라 등등. 어떤 규정들은 거의 미신에 가까웠다. 가령 장갑을 손에 낀 채 복도에 다니지 말라, 개인 물품을 실험실로 반입하지 말라 등등. 그러나 얼마 지나지 않아 가장 작은 규정 위반으로도 한 주간 수고한 결과가 물거품이 될 수 있음을 알게 되었다.

간혹 나의 루터교 배경이 고개를 들고 내 연구를 훼방할 때가 있었다. 어떤 규정은 너무 자의적으로 느껴졌다. 누군가가 내게 왜 어떤 일을 특정 방식으로 수행해야 하는지 설명해야 한다고 느꼈다. 그러나 이내 기재된 대로 정확히 규정을 준수하지 않으면 수개월 후 실험 결과가 날 응징한다는 것을 경험으로 터득했다. 실험실 작업은 인성 연마에 대단히 효과적이다.

이 규칙과 규정에 관한 알레르기 반응은 구약의 여러 율법을 대하는 나의 자세에도 고스란히 녹아들어갔다. 만일 내가 애굽에서 오래 체류한 뒤 광야를 방황하는 이스라엘 사람이었다면 난 누구보다도 먼저 만나를 비축했을 것이다. 그리고 다음 날 어김없이 만나에 구더기가 생긴 것을 확인했을 것이다. 모세가 자정 넘겨 만나를 저장하지 말라고 지시한 데에는 나름의 이유가 있었을 것이다. 하지만 난 어떤 규칙도 근거가 이해되지 않으면 무시하곤 했다.

수년 후 율법에 대한 나의 태도가 하나님과의 관계에도 영향을 미치고 있음을 깨달았다. 만일 누군가가 나에게 구약의 하나님이 '사랑의 하나님'이냐고 물었다면 '물론 그렇죠'라고 대답했다. 그러나 내가 성경을 읽는 방식은 나에게 그만한 확신이 없음을 드러냈다. 하나님은 온갖 방법을 동원하여 한 민족을 택하신 다음, 여러 무의미한 규정들로 무거운 짐을 지우신 후에 규정을 못 지킨 죄로 혹독하게 징벌하시는 분 아니었던가? 친구들은 평생 하나님의 뜻을 따르겠다는 말을 했지만, 난 주저했다. 내가 하나님의 뜻을 따른다면 하나님은 내가 싫어하는 일을 떠맡기시거나, 나를 사랑하는 사람들과 떨어뜨려 멀리 낙후되고 외로운 곳으로 보내진 않으실까? 하나님은 구약에서 이스라엘 백성에게 늘 그런 식으로 행하지 않으셨던가?

그건 내 성격 안에 있는 '갈라짐', 곧 기이한 정신분열이었고, 그 근원에는 하나님은 다중인격자라는 무언의 믿음이 있었다. 성부는 가혹하고 무정하지만 성자는 사랑이 풍성하고 선하다고 믿는 식이었다. 두 인격이 천양지차인 것 같은데 어떻게 예수님은 아버지와 나는 하나라고 확언하셨을까 하는 의구심이 들었다.

토라의 재발견

"다행히 내 관점의 균열을 치유하는 어떤 일이 일어났다." 로이스는 말한다. 아이러니하게도 그 변화는 율법을 대하는 유대인의 태도를 면밀하게 살피기 시작하면서 일어났다. 내가 발견한 내용에 스스로 놀랐고 도전을 받았고, 급기야 내 관점을 재고하기에 이르렀다. 나는 평소에도 유대교가 암담하리만치 율법적이며 율법을 지키는 자들은 수백 개의 말도 안 되는 법 규정에 비참하게 속박되어 있다고 생각했다. 그러나 과거와 현재의 유대교를 공부하는 과정에서 많은 유대인은 전혀 억압받는다고 느끼지 않음을 알았다. 유대인 중에도 더러는(일부 그리스도인이 그러하듯) 율법주의로 빠져드는 이들이 있겠지만 유대교 자체는 예수님 시대부터 오늘날까지 율법에 대해 지극히 긍정적인 자세를 취한다.

"매년 율법을 지키는 유대인들은 회당에서 '모세의 율법'이라는 모세 오경을 일독한다. 매년 가을의 숙곳절 후엔 신명기부터 창세기까지 묵직한 양피 두루마리들을 펼쳐놓고 심하트 토라, 즉 '토라 즐거워하기'라는 성대한 축하 행사를 거행한다. 사람들은 기쁨의 표현으로 두루마리를 허리춤에 낀 채 춤을 추며 회당 주위를 돈다. 나의 기독교적인 머리로는 이러한 '율법 즐거워하기'는 상상도 할 수 없었다."

왜 유대인은 율법에 관해 우리와는 판이한 방식으로 사고할까? 우리 다수는 '법' 하면 골치 아픈 법정 공방, 검찰, 과속 딱지, 벌금, 옥살이를 먼저 떠올린다. 그러나 '법'에 해당하는 히브리어 '토라'의 주된 의미는 '가르침' 또는 '지침'이다. 토라는 '활을 겨누다, 겨냥하다, 쏘다'를 뜻하는 동사 야라*yarah*와 관련이 있으므로 '인도'라는 의미도 된다.

잠언 13장 14절은 "지혜 있는 자의 교훈[토라]은 생명의 샘이니 사망의 그물에서 벗어나게 하느니라"고 한다. 그리고 잠언 31장의 현숙한 아내는 "입을 열어 지혜를 베풀며 그의 혀로 인애의 법[토라]을 말[한다]"(31:26)고 했다. 여기서 토라는 전혀 부정적인 이미지가 아니다.

유대 성경에서 토라는 대부분, 기독교 성경 역본의 '율법'이 아닌 '교훈' 또는 '가르침'으로 번역된다. 읽어보면 그 차이를 느낄 수 있다. 가령 시편 1편 2절을 보자. "오직 여호와의 율법을 즐거워하여 그의 율법을 주야로 묵상하는도다." 그러

심하트 토라

심하트 토라*Simchat Torah*는 '토라 안에서 즐거워하기'를 뜻한다. 이는 연간 성경 읽기 사이클을 완수한 것을 축하하는 행사다. 두루마리를 든 채 춤추고 노래하며 회당 주위를 일곱 번 돈다. 신명기의 결론부를 낭독한 후에 연이어 창세기의 도입부를 낭독하여 평생 하나님의 말씀을 공부하는 삶을 기린다.

나 한 유대 역본은 이렇게 되어 있다. "오직 여호와의 가르침이 그의 즐거움이 되며, 그 가르침을 주야로 공부하는도다."[1] 어느 것이 더 즐겁게 들리는가? 하나님의 가르침인가 율법인가?

물론 하나님의 권위 때문에 우리는 그의 가르침을 청종하고 그 말을 준행한다. 그래서 토라는 '율법'을 뜻하지만, 율법이 주된 뜻은 아니다. 단순하게 말하면 토라는 우리가 어떻게 살아야 하는가에 관한 하나님의 지침이다. 유대 경구에서 '토라'는 종종 '하나님의 말씀'을 뜻하거나 때로는 성경 전체를 칭하기도 하며 그 안에는 경외심이 담겨 있다.[2]

우리 귀에 '계명'commandment이란 단어 역시 무겁고 짐스럽게 들린다. 그러나 히브리어로 '계명'은 미츠바*mitzvah*(복수형은 미츠봇*mitzvot*)로서 유대 용례에선 긍정적인 의미로 통한다. 미츠바를 실행한다는 것은 하나님이 우리에게 행하길 원하시는 어떤 선을 실천할 기회를 붙잡는다는 의미로 통한다. 이스라엘 사람들은 "오늘 어떤 할머니가 도움을 청해 미츠바를 할 기회가 있었어"라는 식으로 말한다. 이 단어는 늘 긍정적으로 사용되며 하나님이 부탁하신 일을 행하는 것은 부담이 아닌 기쁨이자 영적 기회임을 시사한다.[3]

믿기 어렵겠지만 바울도 비슷한 자세를 취했다. "너희는 그 은혜에 의하여 믿음으로 말미암아 구원을 받았으니 이것은 너희에게서 난 것이 아니요 하나님의 선물이라. 행위에서 난 것이 아니니 이는 누구든지 자랑하지 못하게 함이라. 우리는 그가 만드신 바라. 그리스도 예수 안에서 '선한 일'을 위하여 지으심을 받은 자니 이 일은 하나님이 전에 예비하사 우리로 그 가운데서 행하게 하려 하심이니라"(엡 2:8~10). 아이러니하게도 율법을 준행하여 구원받는 게 아니라는 고전적 문구 직후에 바울은 우리가 지음받은 목적은 다름 아닌 "선한 일"을 행하기 위함이라고 덧붙였다. 구원은 우리의 의로운 행위가 아니라 그리스도의 십자가상의 대속 죽음을 믿는 믿음으로 이루어진다. 하지만 바울은 동시에 우리가 지음받기 전부터 하나님이 우리를 위해 계획하신 선한 일을 하는 것이 우리의 기쁨이 되어야 한다고 말한다.

옷술의 의미

"하나님의 가르침에 대한 나의 태도가 달라지기 시작했다." 로이스는 말한다. 그래도 얼핏 무의미해 보이는 율법을 왜 백성들에게 주셨을까 여전히 궁금했다. 가령 왜 유대 남자에게 치치욧(옷술)을 달라고 명하셨을까? 옷술은 실로 별 의미 없어 보이고 패션 효과도 아주 부정적인 희한한 옷차림이다. 대체 이 옷술은 어떤 목적을 위해 지상에 왔을까? 그러나 성경에는 분명 옷술을 달라고 명하고 있다. "이스라엘 자손에게 명령하여 대대로 그들의 옷단 귀에 술을 만들고 청색 끈을 그 귀의 술에 더하라. 이 술은 너희가 보고 여호와의 모든 계명을 기억하여 준행하고 너희를 방종하게 하는 자신의 마음과 눈의 욕심을 따라 음행하지 않게 하기 위함이라"(민 15:38~39).

내 질문으로는 부분적인 답밖에 얻을 수 없었다. 유대 남자가 치치욧을 다는 것은 하나님의 모든 율법에 복종하기 위해 노력한다는 징표였다. 하지만 내 생각은 이랬다. '하나님이 자의적으로 주신 율법에, 유대인은 또 그걸 상징화하는 율법이라니! 예수님도 옷술을 착용하셨고!'

치치욧과 여타 율법을 대하는 자세가 마침내 바뀌기 시작한 계기는 유대 학자들이 훨씬 더 현명하게 질문했음을 깨달았을 때였다. 그들은 이렇게 물었다. "사랑이 풍성하신 하나님은 어떤 선한 목적으로 이 계명을 우리에게 주셨을까?" 질문의 토대를 계속 변하는 의심의 모래 위에 세우지 않고 하나님의 사랑이라는 견고한 반석 위에 세운다면 더 심오한 답을 발견하지 않을까 하는 생각이 들었다.

랍비들은 그 질문에 대한 답으로, 명백한 목적이 부족해 보이는 율법도 있음을 수긍하면서 그런 율법을 후킴*hukim*('규례')이라고 불렀다. 이 후킴에 대한 준행은 하나님에 대한 사람의 사랑을 잘 보여준다고 랍비들은 믿었다. 하나님의 의도를 이해하지 못한 것과는 무관하게 하나님을 신뢰함을 보여주기 때문이다.

이런 규례 중 하나가 유월절 어린양의 뼈를 부러뜨리지 말라는 계명이었다. 사람들은 뼛속 연골을 구워 먹는 것을 별미로 여겼다. 뼈를 부러뜨리지 않는 것은 이 낙을 포기해야 한다는 의미였다. 수 세기 후 하나님의 어린양이신 예수님이 십자가에 못 박혔을 때 이 계명의 근거가 명확하게 드러났다. 요한복음을 보자.

> 이날은 준비일이라. 유대인들은 그 안식일이 큰 날이므로 그 안식일에 시체들을 십자가에 두지 아니하려 하여 빌라도에게 그들의 다리를 꺾어 시체를 치워달라 하니 군인들이 가서 예수와 함께 못 박힌 첫째 사람과 또 그 다른 사람의 다리를 꺾고 예수께 이르러서는 이미 죽으신 것을 보고 다리를 꺾지 아니하고 … 이 일이 일어난 것은 그 뼈가 하나도 꺾이지 아니하리라 한 성경을 응하게 하려 함이라(요 19:31~33, 36).

어떤 율법은 그 속에 감추어진 지혜가 후일에야 드러나는 경우도 있다. 비록 현대인에게는 치치트를 달라는 계명이 말도 안 되는 것처럼 보이지만 맨 처음 이 계명을 들은 자들은 이것이 완벽하게 이치에 맞는다고 생각했다. 고대인이 입는 의복은 사회적 신분의 상징이었다. 특히 옷단이 중요했는데, 그 이유는 옷단이 주인의 정체성과 권위의 상징이었기 때문이었다. 진흙 판에 쓰인 법적 계약서에 옷단 모서리를 도장처럼 진흙에 찍어 '서명'을 대신하기도 했다.[4]

구약에서 다윗이 사울과 동굴에서 마주친 장면을 기억하는가? 이 우스꽝스러운 장면에서 사울은 다윗의 은신처인 줄도 모르고 볼일을 보러 동굴로 들어갔다. 다윗은 이 기회를 틈타 사울을 죽이는 대신 살그머니 다가가 옷단 한 조각만 잘라낸다(삼상 24:4~5). 후에 다윗은 자신이 행한 일에 대한 자책으로 마음이 눌린다. 그런데 왜 자책했을까? 권력에 미쳐 자기를 죽이기에 혈안이 된 왕의 목숨을 다윗은 살려주지 않았는가? 그러나 사울의 옷 귀를 잘라낸 것은 다윗으로선 왕의 통치권에 대한 상징적 공격이었다. 다윗의 행동은 사울이 머리에 쓴 왕관을 쳐서 떨어뜨리는 것과 다를 바 없었다. 다윗은 이런 일은 오직 전능자만 할 수 있다고 믿었다.

옷술은 또한 존귀함의 표시였다. 고대 사회에서 왕과 왕자들은 옷단에 술을 달아 단장했다. 대제사장의 청색 관복의 단장을 기억하는가? 그 관복 가장자리엔 방울과 석류 자수 장식이 있었다(출 28:33). 유대의 일반인들이 달았던 치치트 역시 대제사장의 관복 염색에 쓰이는 테크헤레트*tekhelet*라는 값비싼 청색 염료로 염색했다.[5] 유대인 학자 제이콥 밀그롬은 이 청색 염료가 이스라엘 온 민족이 제사장 나라가 되어야 함을 나타내는 유대교 내 민주주의적 흐름의 상징이라고 설명한다. 밀그롬의 글이다.

> 고대사회에 치치트(그리고 옷단)는 권위와 고귀한 성장배경 그리고 귀한 신분의 표시였다. 토라는 치치트에 청색 끈을 더함으로써 귀한 신분과 제사장직을 결합하였다. 즉, 이스라엘은 사람을 다스리는 것이 아니라 하나님을 섬겨야 한다는 것이다. 더욱이 치치트는 이스라엘의 지도층인 왕, 랍비, 학자의 전유물이 아니었다. 이는 온 이스라엘의 단체복이었다.[6]

치치트는 하나님이 한 민족을 당신의 대표자로, 전 세계에서 제사장 나라로 택하셨음을 나타냈다. 치치트 착용은 모든 유대인에게 하나님의 계명을 준행하여 하나님을 섬겨야 하는 의무가 있음을 상기하게 했다. 요즘엔 착용자에게 하나님의 계명 준행을 떠오르게 하려고 특정한 패턴으로 옷술을 감아 만든 매듭을 단다. 이 매듭짓기 방식은 예수님 시대 이후에 개발되었다. 그러나 지금이나 그때나 옷술은 유대인에게 하나님이 친히 이스라엘을 "열방의 빛"으로 내세우시기에 끊임없이 하나님의 율법을 준행해야 함을 상기하는 역할을 했다. 이 점을 깨우친 랍비들은 옷술을 주머니 속에 쑤셔 넣거나 셔츠 아래에 감추어선 안 된다고 정했다. 민수기 15장 39절은 "이 술을 너희가 '보고'…"라고 했으므로 옷술은 누구나 볼 수 있도록 대롱대롱 달려 있어야 했다.

치치트라는 장치를 통해 하나님은 그의 백성이 계명에 대하여 겉으로 드러낼 것을 독려하셨다. 우상에 자신을 팔아넘기고 귀신에게 자녀를 희생제물로 바치는 열국에서 유대인은 독보적 존재였다. 치치트는 유대인이 특별한 방식으로 하나님께 속했으므로 주변의 다른 민족과 뒤섞일 수 없다는 가시적 기억장치였다. 유대인이 어떤 선행이나 악행을 하든 그것이 그들이 섬기는 하나님에 대한 증거가 되었다. 만일 유대인이 순종을 통해 부르심을 성취하면 세상은 그들을 거룩한 나라로 인정할 것이다.

치치트가 이런 고상한 목적을 갖고 있었다면 왜 예수님은 "그들의 모든 행위를 사람에게 보이고자 … 경문 띠를 넓게 하며 옷술을 길게"(마 23:5) 하는 이들을 비판하셨을까? 신앙을 눈에 띄게 드러내선 안 된다는 뜻이었을까? 하지만 이는 예수님도 옷술과 경문 띠를 착용하셨음에 비추어 볼 때 앞뒤가 안 맞는 이야기다. 아울러 예수님은 제자들에게 너희는 숨겨지지 못할 "산 위에 있는 동네"라고 하시며 등불은 말 아래 두려고 켜는 게 아니라고 하셨다. 그리고 제자들에게 "너희 빛이 사람 앞에 비치게 하여 그들로 너희 착한 행실을 보고 하늘에 계신 너희 아버지께 영광을 돌리게 하라"고 독려하셨다(마 5:14~16). 그렇다. 예수님은 자신의 사회적 지위를 높이려는 방편으로 경건을 과장하는 이들을 비판하셨던 것이다.

치치트, 치치욧

치치트*tzitzit*, 치치욧*tzitziyot*(복수형)은 민수기 15장 37절의 옷술을 달라는 계명을 준행하고자 옷단의 네 귀에 다는 옷술이다. 1세기 초에는 치치트를 양모 겉옷에 달았지만 오늘날엔 기도 시간에 의례용 숄에 단다. 하시드파 유대인과 일부 정통파 유대인은 셔츠 밑에 작은 탈리트(옷술이 달린 머리 부분에 구멍이 난 네모난 천)를 입어 치치트를 상시 착용한다.

우리에게 그리스도를 믿는 믿음을 드러내려는 보편적 방식이 있다면 무엇일까? "차에 그리스도인이란 범퍼 스티커를 붙이는 것에 늘 거리낌이 있었다"라고 앤도 인정한다. "그건 내 믿음을 가볍게 취급하는 것 같았다. 그러나 더 깊은 이유는 천사와는 거리가 먼 내 운전 습관에 있었다. 나의 나쁜 행실을 변명하기 위해 운전할 땐 공의가 아닌 긍휼을 구한다고 친구들에게는 농담처럼 말하곤 했다. 하지만 내 신앙을 분명히 밝히는 스티커를 대담하게 차에 붙이고 다니면 어떨까? 어쩌면 내 험한 발놀림이 갑자기 순해지지 않을까. 아니면 내 앞의 느림보 운전자에게 조급해지지 않도록 집에서 몇 분 일찍 출발할 수도 있을 것이다. 어쩌면 시간이 흐르며 더 배려하고 점잖은 운전자가 될지도 모른다."

치치트는 하나님이 그의 백성에게 주신 눈에 띄는 청색 범퍼 스티커와도 같았다. 이건 마치 하나님이 "운전 잘해라. 사람들이 다 보잖니!"라고 말하시는 격이다.

수년 전 앤은 한 친구의 민망한 일화를 들었다. 자주 비행기를 타던 친구는 항공기 지연으로 자주 곤란을 겪었다. 어느 날 다른 항공편으로 갈아타는 과정에서 친구는 항공사 직원을 계속 몰아붙였고 결국 격한 언쟁이 벌어졌다. 직원은 신원 정보를 물었고 그는 카운터에 명함을 내놓았다. 그런데 갑자기 그의 얼굴이 확 달아올랐다. 그가 주머니에서 꺼낸 명함은 일반인 아무개의 명함이 아니라 얼마 전 새로 뽑은 기독교 선교회 대표의 명함이었다. 선교회 이름은 자그마치 '격려가되는말씀 선교회'Encouraging Words였다!

이 도로 전사戰士의 명함처럼 치치트는 착용자에게 공공장소에서 신앙대로 살 기회를 제공하는 가시적 표식이었다. 어쩌면 그리스도인으로서 우리도 비슷한 일을 해야 하지 않을까? 그래서 랍비 예수께서 착용하였던 치치트 같은 작은 장치를 허락함으로써 공공장소에서 자만이나 자기 의가 아닌 겸손으로 신앙을 드러내는 위험을 감수해야 하지 않을까. "나의 실천법은 작은 십자가 목걸이를 착용하는 것"이라고 앤은 말한다. "막내 아이가 왜 늘 똑같은 목걸이를 차느냐고 물었다. 난 아이에게 말했다. '오늘 믿는 자처럼 행동해야 함을 기억하려고 한단다.'"

예수님의 옷술을 만진 여인

복음서에서 만성 혈루증을 앓았던 여인 이야기를 기억하는가? 의례상 부정하다고 여겨졌던 그녀와 접촉하는 사람 역시 누구나 더럽혀진다고 알았다. 앤은《성경의 여인들》*Women of the Bible*이라는 저서에서 예수님을 만지려는 그녀의 은밀한 시도를 다음과 같이 상상했다.

> 여인은 무리의 가장자리에서 서성댔다. 아무도 그녀가 빼곡한 사람들 속으로 슬며시 녹아들어 가는 것을 보지 못했다. 그저 벌집으로 들어가는 평범한 벌 한 마리와 같았다. 그녀의 수치심이 엷어지며 돌연 안도감이 몰려왔다. 아무도 그녀가 인파 속으로 끼어드는 것을 막지 않았다. 아무도 그녀의 손길에 몸을 사리지 않았다.

그녀는 더 가까이 밀어붙였으나 시끄러운 남자들 무리가 여전히 시야를 가로막고 있었다. 그때 회당장 야이로가 무리 중에서 소리를 높이며 너무 늦기 전에 오셔서 딸을 고쳐달라고 예수님께 간청하는 소리가 들렸다.

돌연 그녀 앞의 무리가 약속의 자녀들 앞에서 갈라진 요단강처럼 갈라졌다. 마지막 장벽이 사라진 것이다. 그녀는 열린 틈으로 팔을 쑥 집어넣어 손가락으로 그분의 옷단을 만졌다. 순식간에 온기가 온몸으로 퍼져나가며 고통이 쓸려나가고 부패한 것이 깨끗해지는 느낌이었다. 살갗에 소름이 돋았고 오한이 들었다. 마치 어린 소녀가 몸속으로 들어온 것처럼 강건해지고 힘이 솟는 것을 느꼈다. 사실이 조용한 기적에 너무도 기쁘고 신이 나 큰소리로 웃고 싶었다. 그러나 웃다가 사람들 이목을 끌까 봐 황급히 도망쳐야겠다는 생각이 들었다. 하지만 예수님이 그녀의 탈출을 가로막았고 기이한 질문으로 무리를 조용히 시켰다. "누가 나를 만졌는가?"[7]

이제 옷단의 의미에 관해 배운 것을 반추하며 이 장면을 생각해 보자. 옷단은 예수님의 정체성과 권위의 상징이었다. 더욱이 옷술이 달린 곳은 옷에서도 가장 거룩한 부분으로 여겨졌을 것이다. 그래서 여인은 정확히 어디로 손을 뻗어야 할지 알았다.[8] 예수님의 정결은 너무도 큰 나머지 그녀의 손길로 더럽혀지지 않았고 오히려 그녀의 부정을 치유하였다. 치유하고 복 주시는 그리스도의 거룩함의 권능을 아름답게 보여주는 그림이다.

시내산의 가르침

로이스의 말이다. "하나님이 백성에게 치치트를 입으라고 명하신 게 얼마나 자의적인가 하는 초창기의 생각은 이내 사라졌다. 이 계명이 주어진 문화적 맥락 속에서 그 깊은 의미를 헤아리게 되자 경외감이 생겼다. 그러다 보니 내가 자의적이라고 치부했던 여러 다른 구약 율법들도 혹시 그 안에 더 깊은 지혜를 담고 있진 않을까 궁금해졌다." 이 율법들이 주어진 맥락을 좀 더 면밀하게 들여다보자.

가장 좋은 출발점은 하나님이 모세에게 나타나 율법을 주신 시내산이다. 그 피로한 이스라엘 노예들과 함께하는 삶이 어땠을지 상상해보라. 이제껏 당신은 애굽 사회에서 밑바닥 인생을 살았다. 사람들은 당신에게 침을 뱉고 채찍질하고 업신여기고 기계 취급했다. 그런데 돌연 하나님이 지도자 모세를 통해 당신에게 말씀하기 시작하신다. 왕복을 입되 그것도 매일 입으라는 명이다. 등골이 빠지는 노동의 시간 후 당신은 매주 하루 모든 노동을 멈추고 자유를 누리라는 하나님 말씀을 듣는다. 그날엔 다른 사람에게 일하라고 강요해서도 안 되었다. 이런 가르침은 노예의 등에 얹은 새로운 짐이 아니라 자유로운 남녀의 삶에 기품을 더할 희소식으로 반겨야 했다. 어쩌면 당시에 이건 현실이라기엔 너무 좋은 소식처럼 들렸을지도 모른다!

고대 사회에서 빈농과 노예의 삶은 암담하고도 절망적이었다. 여기엔 부자와 권력자의 이익을 옹호하는 법체계도 한몫했다. 절도나 기물 파손 등 사소한 범죄에도 가혹하기 그지없는 처벌이 가해졌다. 고대 법조문인 함무라비 법전을 보면 귀족에게 맥주 한 잔 값을 바가지 씌운 술집 여자에게 익사형을 내릴 수 있다는 조항이 있다. 그러나 가난한 사람을 살해한 죄는 벌금형으로 처벌했고 벌금 액수는 피해자의 사회적 지위에 따라 달라졌다.

고대법은 우리가 아는 정의가 아니었다. 이 안엔 부자와 빈자가 동등하게 대우받아야 한다는 발상이 들어 있지 않았다. 사회적 약자를 보호할 법은 존재하지 않았다. 《미래는 내가 선택한다》(솔출판사 역간)에서 토마스 카힐은 다른 고대사회의 법과 비교할 때 이스라엘의 법은 충격적이리만치 진보적이라고 한다. 그의 글이다.

> 토라에는 다른 고대 법 조문의 경박한 잔인함(코, 귀, 혀, 아랫입술[남의 아내와 입을 맞춘 경우], 유방, 고환 절단)에 상응하는 내용을 찾아보기 어렵다. 오히려 유대법에서 우리는 노예를 비롯한 모든 사람이 인간이며 모든 인간의 생명은 성스럽다는 전제를 발견한다. 유대법은 권력자와 그들의 소유가 아니라 약자와 그들의 빈곤에 유리한 방향으로 늘 작동했다.[9]

이 부분이야말로 시내산 율법이 급진적으로 차별화되며 시대의 통념에 도전을 제기하는 대목이다. 율법을 통하여 하나님은 가난한 자와 이방인과 고아와 과부를 향한 압도적인 관심을 드러내셨다. 하나님의 백성이 받은 계명은 십일조와 이삭줍기를 통해 가난한 자를 돌보라는 것이었다. 하나님의 백성에게 주어진 말씀은 이방인(외국인이나 난민)을 학대하지 말고 "네 자신과 같이 사랑하라"는 것이었다. 다른 열국과 달리 이스라엘의 법 조항에는 사회의 가장 취약한 계층을 보호하는 장치가 많았다.

토라에 포함된 일부 법(예를 들어, 부모를 욕하는 자는 누구나 사형에 처한다거나 동물 희생제사 등)은 언뜻 가혹하게 보이기도 하다. 그러나 그 법이 주어진 맥락을 더 면밀하게 살펴보면 큰 공평과 긍휼과 인간 생명의 존엄성에 대한 지대한 관심이 엿보인다. 우리의 문명은 지금은 너무도 당연시하는 이 기본 도덕률에 따라 획기적으로 변화된 결과물이다. 우리는 이 도덕률 없는 사회를 상상하기 어려워한다. 우리가 하나님의 방법과 여타 고대 사회의 방식 차이를 인지한다면 복음서에 뚜렷하게 드러난 그리스도의 사랑이 시내산에서 자신을 계시한 하나님 안에 뚜렷하게 드러났음을 알 것이다.

하나님이 율법을 주신 이유

하나님은 백성을 일순간에 변화시키는 대신 익숙한 것에서 출발하신다. 그들에게 익숙한 것을 토대로 하되, 급진적으로 다른 방향으로 그들을 옮기셨다. 일례로 희생 제사는 고대 사회에서 여러 문화의 흔한 관습이었다. 마치 하나님이 인간 영혼에 어떤 영적 본능을 심으시고 인류 안에 지존자를 경배하려는 보편적 열망을 두신 것 같다는 생각이 들 정도다. 어떤 식으로든 인간은 자신의 존립 기반이 신적 권능에 달려 있으며 그 권능을 인정해야 함을 알았다. 가령 고기를 먹기 전에 먼저 짐승의 생명을 취하도록 허락하신 신에게 경의를 표하는 풍습이 여러 문화에 있었다.[10] 그러나 희생제는 종종 일종의 뇌물이 되어 자기 소원을 들어주시도록 신을 조종하는 방편이 되기도 했다. 올바른 주문을 외우거나 의례에 맞게 성행위를 실천하면 신이 비옥한 토지와 가축의 증식을 허락하신다는 식이다.

반면 이스라엘의 하나님은 백성에게 희생제사를 명하셨지만 그 방식은 급진적으로 달랐다. 먼저 하나님은 우상에게 희생제물 바치는 것을 강경하게 금하셨다. 다른 열국의 '신들'과 달리 이스라엘의 하나님은 인간의 지각을 완전히 초월하신 분이었다. 하나님은 나무나 쇳조각 안에 담기거나 무생물로 표현할 수 있는 분은 아니었다. 아울러 희생제에 어떤 주문이나 신을 조종하는 행위를 곁들이는 것도 금했다(이스라엘은 하나님을 '섬겨야지' 마술을 써서 하나님을 휘둘러선 안 되었다).

그리고 속임수와 교활함을 칭찬하고, 부도덕했던 여느 신들과 달리 이스라엘의 하나님은 자기 백성에게 높은 도덕적 잣대를 부여하시고 존귀한 삶을 살라고 요구하셨다. 먼 미래의 어느 날 하나님은 이 희생제사 제도를 사용하셔서 큰 사랑과 용서를 백성에게 가르치실 터였다. 하나님은 십자가에서 그리스도를 희생하심으로써 그 일을 하셨다.

하나님은 이스라엘이 희생제사와 더불어 예배하는 방식을 통해 세상과 이스라엘을 구별하셨다. 아울러 하나님은 음식법을 제정하셔서 이스라엘과 이교도 이웃을 분리하셨다. 어떤 음식법은(가령 병에 걸린 짐승을 먹지 않는다든지) 상당한 건강상 유익을 가져오지만, 그것이 주목적은 아니었다. 오히려 이방인 이웃들과 어울리지 않도록 상기하는 데 목적이 있었었다.[11] 이스라엘의 엄격한 음식법은 이웃의 우상숭배 제사에 동참하거나 그들과 친밀한 식탁 교제를 나누는 것을 막았다.

하나님은 주변 문화로부터 백성을 분리하신 후 그들을 다시 훈련하셨다. 특정 음식을 정결하거나 부정하다고 선포하는 것은 하잘것없어 보이는 데까지 매사에 정결을 추구해야 한다는 메시지였다. 우리에게는 너무나 이상해 보이는 음식법과 의례법은 하나님의 택함을 받은 백성을 열국 중에서 독특한 존재로 구별하기 위함이었다.

눈에는 눈?

심각한 상해에 대한 징벌로 "눈에는 눈, 이에는 이"(출 21:24, 레 24:20, 신 19:21)를 요구한 구약의 계명에 대해 들어보았을 것이다. 이런 벌은 믿기 어려울 만큼 잔인해 보인다. 범죄에 대한 처벌로 수족을 잃고 절뚝거리거나 눈이 뽑힌 채 돌아다녀야 한다는 생각에 경악한다. 그러나 이 표현은 문자적으로 받아들여선 안 되는 관용구였다. "눈에는 눈"은 당한 상해보다 더 중한 상해로 벌하지 못하도록 처벌을 제한한 고대법의 고대적 표현이다. 그 법의 취지는 범죄에 걸맞은 동등 처벌이다. 그러니까 '눈에는 눈'은 눈 상해를 훈계나 사형으로 벌해선 안 된다는 것이다. 이 법이 없으면 피해자 가족은 전면전으로 번질 수 있는 분쟁이 발생할 때까지 계속 더 큰 보복을 요구할 수 있다. 아울러 이 계명이 이스라엘에서 문자적으로 이행되지 않았다고 보는 학자가 많다. 오히려 상해는 벌금형으로 처벌했다.[12]

네 살짜리와 열네 살짜리에게 각각 다른 규칙을 주는 부모처럼 하나님은 백성이 복종할 수 있는 역량의 한계 내에서 일하셨다. 가령 창세기에서 하나님은 야곱이 자매지간인 레아와 라헬과 혼인하는 것을 허락하신다. 그러나 레위기에선 일부다처제는 금하지 않으셨지만 자매지간인 여자들과 결혼해선 안 된다고 하셨다. 훗날 예수님은 하나님의 궁극적 의도는 한 남자가 일생에 한 여자와 결혼해 사는 것이라고 보다 명쾌하게 설명하셨다. 하나님은 백성을 하루아침에 바꾸려 하지 않으시고 오랜 시간에 걸쳐 단계적으로 가르치셨다.

무엇보다 이 '느리게 가기' 접근법은 하나님의 오래 참음과 은혜를 드러낸다. 폭력과 거짓말을 일삼는 사람이 신자가 된다면 하나님은 아마도 폭력을 멈추는 데서 시작하실 것이다. 몇 주나 몇 개월 후 하나님은 이렇게 말씀하실지 모른다. "좋아, 이젠 거짓말을 손볼 때다." 우리도 다른 사람에게 이런 인내를 보여주고 있는가?

토라를 이해하는 최상의 방법은 토라를 비탄력적 법체계 이상으로 보는 것이다. 활로 과녁을 겨누는 궁수처럼 토라는 하나님이 원하시는 삶의 방식에 관한 지침서다. 하나님은 백성을 물리적으로 애굽에서 이끌어내시는 데서 출발하셨다. 그다음에 윤리적 출애굽으로 인도하셨다. 성경은 '의의 길'이나 '생명의 길'에 관해 말하며 하나님의 '도'를 따를 것을 촉구한다. 초대 그리스도인 역시 자신의 신앙을 '도'로 칭했음은 우연이 아니다.

학자 윌리엄 웹은 이스라엘을 에워싼 이방 문화의 잔인함으로부터 이스라엘을 떼어내 공의와 긍휼을 향해 나아가도록 한 율법의 '구속적 운동성'redemptive movement에 관해 말한다.[13] 오늘날 그 혜안을 발견하는 최상의 방법은 개별법을 맥락과 무관하고 고립된 것으로 접근하지 말고 원래 의도한 '궤적'을 추적하여 구약과 신약을 관통하는 운동성에 주목하는 것이라고 그는 주장한다. 그다음으로 우리는 율법이 오늘날 우리 문화에 어떤 방향성을 제시하는지 물어볼 수 있을 것이다.

예를 들어보자. 신명기엔 노예제를 허용하는 법이 있다. 이것이 노예제가 괜찮다는 의미일까? 그러니까 가령 월마트가 인간을 창고에 비축했다가 판매하는 권리를 가져도 무방하다는 걸까? 우리는 이런 말도 안 되는 발상에 코웃음 치지만 성경의 이 구절을 문자적으로 읽으면 이런 결론에 다다를 수 있다. 비록 토라가 고대 사회에서 두루 실행되고 용납되었던 노예제를 금하진 않았지만, 노예제에 인권을 보호하는 제한을 두었다. 가령 토라에 의하면 모든 노예는 주1일 근로가 면제되었고 이스라엘 출신 노예는 6년 후 자유를 얻었다. 심지어 토라는 이렇게 말한다. "종이 그의 주인을 피하여 네게로 도망하거든 너는 그의 주인에게 돌려주지 말고 그가 네 성읍 중에서 원하는 곳을 택하는 대로 너와 함께 네 가운데에 거주하게 하고 그를 압제하지 말지니라"(신 23:15~16). 그 시대 다른 모든 문화에서는 노예를 돌려보내지 않는 행위가 사형감에 해당하는 범죄였다. 이 사실을 알면 이 법이 얼마나 진보적인지 실감할 것이다.

토라의 '구속적 운동성'은 늘 억압받는 자를 풀어주는 방향으로 작동했다. 훗날 구약의 선지자들과 예수님이 이 메시지를 명료하게 천명하셨다. 하나님이 오늘날 우리에게 어떤 방향을 제시하는지 해석하는 최고의 방법은 율법이 처음 출현한 맥락을 이해한 다음 성경 전체를 관통하는 운동성을 추적하는 것이다.

토라가 우리에게 가르치는 것

A. J. 제이콥스는 '올리브 동산'이 공식적으로 이탈리아 식당인 것처럼 자신도 공식적으로는 유대인이라고 비꼬며 말하길 즐기는 언론인이다('올리브 동산'은 '올리브산'이라고도 불리던 감람산 안에 있는 동산이기도 하다—편집자). 그러니까 자신은 유대교인이 아닌 유대인이라는 말이다. 차기 책 출간 프로젝트에 관해 고민하던 제이콥스는 1년 내내 성경 계명을 문자적으로 실천해보자는 아이디어를 냈다. 그 결과물인《미친 척하고 성경 말씀대로 살아본 1년》(세종서적 역간)은 배꼽 잡을 정도로 우스운 여러 시도로 독자들을 즐겁게 하여 베스트셀러가 되었다.

제이콥스는 성경을 일독하며 모든 규정이나 지침을 찾는 데서 출발했다. 그 결과는 노트 75쪽에 적힌 700여 개의 규례였다. 그 후 1년간, 마법사를 죽인다든가 수소를 도살하여 희생제사를 드리는 등 명백하게 불법적인 요소를 제외한 모든 계명을 지키기 위해 최선을 다했다.

가령 이스라엘인이 애굽에서 오이를 먹었다는 대목을 읽고는 자신의 뉴욕 아파트 화단에 오이씨 한 봉지를 심고 성장 조명 아래 키우면서 오이 '밭 모퉁이 남겨두기'를 실천할 날을 고대했다. 그런 식으로 그는 레위기 19장 9~10절의 "너희가 너희의 땅에서 곡식을 거둘 때에 너는 밭 모퉁이까지 다 거두지 말고 네 떨어진 이삭도 줍지 말며 … 가난한 사람과 거류민을 위하여 버려두라"는 말씀을 달성할 수 있었다. 소출은 풍성했다. 약 100여 개의 오이를 거두었지만 다 막대 사탕만 한 크기로 먹을 수 없을 정도로 작았다.

어느 날 제이콥스는 5달러 지폐를 실수로 떨어뜨린 뒤 누군가 '이삭줍기'를 하도록 놔두기로 했다. 그러나 뒤에 오던 사람이 돈을 주워 "이거 떨어뜨렸어요!"라며 따라왔다. 그는 얼떨결에 "그거 제 돈 아니에요"라고 답했다. 제이콥스는 이제 막 거짓말하지 말라는 계명을 어겼음을 깨닫고 낙심천만했다![14] 엄격한 율법주의는 실현 불가능한 듯했다.

물론 우리는 이런 광대 짓을 비웃는다. 그렇다면 이보다는 덜 문자적인 접근법을 취한다면 어떻게 될까? 고대의 이삭줍기 법에서 우린 무엇을 배울 수 있을까? 당신이 마지막으로 외식했던 때를 생각해보라. 당신이 남긴 봉사료는 얼마나 후했는가? 로이스는 웨이트리스로 식당에서 처음 일했을 때 받았던 박봉을 여태 기억한다. 시간당 최저임금이 3.35달러였을 때 로이스가 번 돈은 시간당 1.75달러였다. 그녀에게 봉사료는 꼭 필요한 돈이었지만 돈 이상이기도 했다. 봉사료는 그녀와 같은 '이삭 줍는 자'에 대한 배려로 사람들이 뒤에 남겨두는 '추수'이자 사람들의 배려심에 대한 경험이었다.

만화 〈심슨네 가족들〉에서 호머 심슨의 직장인 원자력 발전소가 붕괴하는 에피소드를 혹시 보았는가. 겁에 질린 아내 마지가 이렇게 기도한다. "사랑하는 주님, 이 마을이 움푹 팬 연기 구멍이 되지 않도록 해주세요. 그러면 더 나은 그리스도인이 되도록 노력하겠습니다. 근데 뭘 해야 할지 모르겠네요. 음 … 아, 다음번 통조림 기부 행사 땐 오래된 리마 콩과 호박 믹스 대신 사람들이 좋아할 만한 것을 기부할게요."[15] 어쩌면 우리도 가끔 찬장을 훑을 때 마지가 말한 대로 할 수 있을 것이다. 우리가 제일 안 좋아하는 것을 뽑아내 기부하기보다는 우리가 제일 좋아하는 음식을 지역의 무료 급식소에 보내는 것 말이다.

동네와 교회와 지역사회를 둘러보라. 틀림없이 하나님이 넘치도록 부어주신 풍성한 소출에서 '이삭줍기'로 구분된 몫을 나누어야 하는 누군가가 있을 것이다. 이런 미츠봇을 실천하면 당신이 랍비 예수를 닮은 너그러운 사람으로 살아가는 데 도움이 될 것이다.

토라의 목표

바울은 로마서 10장 4절에서 율법의 텔로스*telos*는 그리스도라고 말했다. 전통적으로는 "그리스도는 … 율법의 '마침'end이 되시니라"(NIV 참조)고 번역한다. 토라가 하나님 백성이 어떻게 살아야 하는지에 관한 가르침이라면 어떤 의미에서 율법의 마침표가 될까? 바울의 말을 좀 더 깊이 들여다보자.

그리스도인인 우리는 하나님의 모든 계명을 지키지 못했기에 받아 마땅한 벌을 예수님이 대신 짊어지셨다고 믿는다. 죄로 말미암아 율법은 하나님에게서 우리를 소외시켰으나 예수님이 그 소원한 관계에 마침표를 찍으신 것이다.

예수님은 또 다른 방식으로 율법의 '마침'이 되셨다. 수천 년간 하나님은 이스라엘을 이교도 이웃의 영향에서 분리해오셨다. 하나님이 이렇게 하신 이유는 어린아이를 가르치는 부모처럼 효과적으로 백성을 훈련하기 위해서였다. 그러나 그리스도는 정반대 방향을 가리키는 새 계명을 주셨다. 이제 불신자와 거리를 유지하는 대신 제자들은 세상으로 들어가 모든 민족을 제자로 삼아야 했다(마 28:19). 율법은 더 이상 이방인을 하나님으로부터 떼어놓는 수단이 아니다.

베드로가 이방인의 집에 처음 방문한 순간 이전의 분리 정책이 무너지고 새 전도 정책이 진행되었다. 유대법에 의하면 이방인은 '부정'하므로 베드로는 고넬료의 초청을 받아들일 수 없었다.[16] 그러나 하나님은 부정한 동물을 '깨끗하다'고 선포하신 환상을 통해 베드로를 고대 정결법의 굴레에서 풀어주셨다. 훗날 성령의 인도로, 이방인 신자들은 시내산에서 유대인이 받은 토라 언약을 받아들이지 않아도 된다고 교회는 결정했다(행 15장). 의례법으로 이방인을 멀리하려고 세워진 "원수 된 것 곧 중간에 막힌 담"(엡 2:14)이 홀연히 허물어진 것이다.

그러나 '텔로스'에는 마침, 폐기라는 뜻 외에 목표, 완성, 종착점이란 뜻도 있다. 여기서 바울은 의도적으로 모호한 표현을 사용하여 일석이조를 노린 듯하다.[17] 한편으로 바울은 그리스도가 모세 율법의 목표, 곧 토라가 목표로 하는 거룩함과 긍휼의 살아 있는 완성이라고 선포했다. 예수님은 "육신이 된 말씀"이시다. 예수님은 토라를 삶으로 살아낸 유일한 분이었다.

이방인인 우리는 시내산에서 주어진 의례법을 지킬 의무가 없지만 그럼에도 여전히 토라 안에서 위대한 지혜를 발견할 수 있다. 토라의 궁극적인 목표가 그리스도이기 때문이다. 주님이자 랍비이신 예수님의 사랑과 선하심으로 충만해지는 것은 우리의 목표이기도 하다.

우리는 지금까지 유대인의 율법 이해에 관해 이야기했다. 그런데 예수님 자신은 율법을 어떻게 이해하셨을까? 동시대의 랍비들과 급진적으로 다르게 접근하셨을까? 예수님과 율법의 관계를 이해하는 일은 우리의 태도와 행동에 어떤 변화를 일으킬까? 다음 장에서는 이 부분을 더 알아보자.

12
예수와 토라

당신의 토라 안에 있는 모든 교훈의 말씀을 우리 마음속에 두시어

우리가 이해하고 분별하고 주목하고 배우고 가르치고 청종하고

행하고 사랑 안에서 완성하게 하소서.

쉐마 낭송 전 낭송하는 전통 기도문 중

갈릴리 바다에 동이 트자 밝아오는 하늘을 배경으로 사방을 에워싼 청회색 산맥의 능선이 또렷해진다. 들리는 소리라곤 해변에 정박한 나룻배에 부드럽게 찰싹거리는 파도 소리, 자갈밭 가장자리의 서걱거리는 갈대 소리, 갈대 속에서 퍼덕이는 새 울음소리밖에 없는 완벽한 정적이다. 섬세한 리넨 그물 조직에서 전날 밤에 잡은 물고기를 조심스레 떼어내며 그물을 해변에 널어놓는다. 연안 바로 위 독특한 어촌 가버나움이 또 다른 날을 반기기 위하여 깨어나고 있다.

이곳은 갈릴리 바다 서편에 있는 둥근 해구海丘, '씨 뿌리는 자의 만'이다. 마태복음에 의하면 예수님은 이곳에서 네 가지 다른 밭에 씨를 뿌린 농부의 비유를 드셨다. 이곳은 또한 지상에서 가장 유명한 설교인 산상수훈을 전하신 현장이었을 가능성도 크다. 만 위에 있는 언덕을 꼭대기까지 걸어 올라가면 산상수훈 설교 장소를 표시한 팔복교회를 볼 수 있다. 갈릴리 바다를 마주하고 그곳에 서면 예수님이 2천 년 전 설교하실 때 산등성이가 어떤 광경이었을지 그려진다. 빼곡히 앉아 열렬히 귀 기울이는 총천연색의 인간 퀼트 같지 않았을까. 그 무리에 속해 비범한 랍비의 말을 듣는다는 것은 과연 어떤 느낌이었을까 궁금해진다.

심령이 가난한 자는 복이 있나니…
온유한 자는 복이 있나니…
긍휼히 여기는 자는 복이 있나니….

마치 예수님이 당신에게 직접 말씀하시는 것처럼 설교는 자연스러웠고 말씀은 명쾌하기 그지없었다. 그런데 대관절 어떻게 음성 확성기도 없이 수천 명이 예수님의 말씀을 들었을까?

수년 전 성경학자 코비 크라이슬러는 그 해답을 이곳의 독특한 지형에서 발견했다. 그에 따르면 이 둥그런 해안 옆 언덕은 천연 원형극장을 형성했다.[1] 주변 지형의 음향적 특성으로 언덕 맨 아래에 서거나 해변에서 조금 떨어진 바다에 띄운 배에 앉았더라도 언덕 저 높은 곳에서 말하는 소리를 들을 수 있었다. 음향 환경이 너무 뛰어나 연사가 정상적인 음성으로 말해도 들릴 정도였다. 크라이슬러는 예수님의 소리가 들리는 반경 안에 약 8천 내지 만 명이 앉을 수 있었을 거로 추정한다.

그 지형의 천연 음향 시스템을 알면 예수님의 설교에 관한 의문 하나가 풀린다. 그러나 여전히 다른 의문이 남아 있다. 특히 가장 도전적인 말씀을 담고 있는 설교 자체에 관한 의문이 있다. 당신이 1세기의 가버나움 주민이라고 상상해보자. 당신은 예수님이 말씀하시는 것을 들었고 병 고치시는 모습도 보았지만 예수님에 관한 숱한 비판도 들었다. 어떤 이들은 예수가 율법에 대해 느슨하며 토라를 훼손함으로써 사람들을 그릇된 길로 인도한다고 비판했다. 그래서 이제 당신은 수천 명의 사람과 함께 언덕에 앉아 예수님이 무리에게 하시는 말씀을 신중한 자세로 듣기로 한다.

> 내가 율법이나 선지자를 폐하러 온 줄로 생각하지 말라. 폐하러 온 것이 아니요 완전하게 하려 함이라. 진실로 너희에게 이르노니 천지가 없어지기 전에는 율법의 일점일획도 결코 없어지지 아니하고 다 이루리라(마 5:17~18).

> 너희 의가 서기관과 바리새인보다 더 낫지 못하면 결코 천국에 들어가지 못하리라(마 5:20).

> 또 간음하지 말라 하였다는 것을 너희가 들었으나 나는 너희에게 이르노니 음욕을 품고 여자를 보는 자마다 마음에 이미 간음하였느니라. 만일 네 오른 눈이 너로 실족하게 하거든 빼어 내버리라. 네 백체 중 하나가 없어지고 온몸이 지옥에 던져지지 않는 것이 유익하며(마 5:27–29).

예수님은 율법을 느슨하게 만들기는커녕 오히려 나사를 더 꽉 조이시는 듯하다. 가령 예수님은 간음 금지법을 똑같이 되풀이하시지 않고 음란한 눈길만으로도 간음죄를 지은 것이라고 하신다. 그다음엔 분노를 살인죄와 연결하신다. 이크!

현대 그리스도인은 우리가 견딜 수도 지킬 수도 없는 율법의 짐에서 우리를 해방하시기 위해 예수님이 오셨다는 견해를 경청한다. 하지만 여기서 예수님은 정반대로 말씀하시는 듯하다. 그러니까 복음good news이 진짜 우리가 생각하는 것처럼 '좋기만 한' 소식일까? 예수님이 말씀하신 진의를 이해한다면, 그분이 기준치를 낮추신 게 아니라 오히려 높이셨음을 깨달을 것이고, 이것이야말로 좋은 소식임을 알 것이다.

이번엔 1세기 유대인의 귀로 이 유명한 설교를 다시 들어보면 그 메시지의 진정한 비범함을 알게 될 것이다. 어쩌면 산상수훈이 수록된 마태복음 5~7장의 '매듭'을 푸는 데도 도움이 될 것이다.

예수님의 진의 파악하기

첫 번째 눈에 들어오는 것은 예수님이 한시도 지체하지 않고 곧장 우리의 경각심을 일깨우셨다는 것이다. 예수님은 수 세기 동안 유대 민족을 빚고 인도한 토라를 약화시키실 의도가 없음을 분명히 하셨다. 주님의 말씀을 보자.

> 진실로 너희에게 이르노니 천지가 없어지기 전에는 율법의 일점일획도 결코 없어지지 아니하고 다 이루리라. 그러므로 누구든지 이 계명 중의 지극히 작은 것 하나라도 버리고 또 그같이 사람을 가르치는 자는 천국에서 지극히 작다 일컬음을 받을 것이요 누구든지 이를 행하며 가르치는 자는 천국에서 크다 일컬음을 받으리라(마 5:18~19).

당신이 1세기 유대인이었다면 즉각 이 랍비 특유의 언어를 간파했을 것이다. 예수님이 "율법의 일점일획"에 관해 말씀하셨을 때 당신은 "가장 세미한 사항"을 뜻하는 관용구임을 알아차린다.

마치 아포스트로피(')처럼 생긴 요드*yod*(י)는 히브리어에서 가장 작은 글자다. 서예가들은 요드를 코츠*kots*라는 작은 갈고리 또는 '가시'로 단장한다. 놀랍게도 이 히브리어 관용구는 오늘날까지 사용되고 있다. 이스라엘 전前 국방장관 샤울 무파즈는 팔레스타인 지도층에게 '알 콧초 쉘 요드'*al kotso shel yod*, 즉 '요드의 가시까지' 테러를 격퇴할 책임이 있다고 선언했다.[2]

예수님은 이 관용구로 하나님의 토라에서 한 단어나 한 글자도 뺄 수 없다고 단언하신 것이다. 글자 장식조차 영원히 남을 것이다. 스스로 알파와 오메가 또는 'A부터 Z까지'라는 이름으로 알려지게 되신 분이 이런 발언을 하시다니 얼마나 놀라운가!

아울러 당신은 예수님의 말씀에서 율법 '폐하기'와 '온전하게 하기'에 관련된 또 다른 유대 관용구가 사용되는 것을 안다. 율법을 '온전히 한다'fulfill는 것은 단순히 말 그대로의 의미일 수 있다. 그러나 예수께서 율법을 '온전히 하기'를 '폐하기'와 대비하실 때 당신은 그가 랍비 관용구를 사용하고 계심을 안다. 이 경우 "율법을 온전하게 한다"는 "토라를 제대로 해석한다"properly interpret the Torah는 뜻이다. 반면 "율법을 폐한다abolish"는 표현은 정반대, 곧 토라를 그릇 해석함으로써 "토라를 취하하거나 무력화"cancel or nullify the Torah하는 것을 뜻한다. 두 관용구 '폐하기'와 '온전하게 하기' 모두 랍비의 필생의 업業인 토라를 해석하여 일상생활에 적용하는 방법과 관련된 것이다. 랍비들은 의견이 엇갈리면 서로 상대가 토라를 "폐했다"고 비

난하곤 했다.[3]

잠시 마을에 새 목사가 부임하여 충격적인 설교를 한다고 상상해 보자. 그는 어느 주엔 수입을 축소 신고하여 절세한 돈으로 교회에 많이 헌금하는 게 좋다고 설교한다. 그다음 주엔 불륜을 저지르지 않는 한 음란물은 봐도 괜찮다고 한다. 목사의 거짓말과 함께, 불륜을 금하는 율법에 대한 잘못된 해석은 하나님의 말씀 실천에 방해가 된다. 이런 때에 목사가 하나님의 율법을 그릇 해석함으로써 하나님의 율법을 '폐한 것'으로 본다.

예수님도 바리새인을 이 문제로 고발하신 적이 있다. 예수님은 이미 고르반(하나님께 바친 것)으로 바쳤기에 연로한 부모님께 드릴 돈이 없다는 주장이 부모를 공경하라는 율법을 폐한 것이라고 책망하셨다(막 7:11).

그러나 종교 지도자들은 정작 예수님의 가르침이 토라를 훼손한다면서 예수님을 똑같이 고발했다. 이에 대한 답변으로 예수님은 산상수훈에서 자신이 하나님의 율법을 그릇 해석한 게 아니라 가장 잘 해석하였다고 하셨다. 더욱이 예수님은 만일 제자 중 하나가 가장 작은 계명이라도 왜곡하거나 그릇 해석한다면 하나님 나라에서 "가장 작은 자"로 여김받을 것이라고 하셨다. 예수님이 랍비로서 행하신 모든 사역은 말과 삶을 통해 하나님의 토라의 본질에 다가가는 것이었다.

분명 예수님은 율법을 완벽하게 준행하심으로써 율법을 온전케 하셨다. 그러나 다른 의미에서 본다면, 랍비 예수님은 하나님이 사람들에게 바라시는 참된 삶의 방식과 그 의미를 설명하시고 밝히심으로써 율법을 '온전케' 하셨다고도 할 수 있다.

율법에 울타리 치기

예수님의 율법에 관한 가르침과 다른 랍비들의 가르침을 비교하면? 앞서 말했듯 성문 토라를 일상생활에 적용하는 법을 다룬 랍비의 판결을 '구전 토라'라고 한다. 성문 토라에 관한 랍비의 해석은 수 세기 동안 입으로 전해지다가 주후 200년경 문서로 기록되었다. 구전 토라는 제각각 다른 상황과 문화적 맥락에 율법을 다르게 적용해야 할 필요에 부응하여 계발되었다. 가령 성문 토라는 안식일에 일하는 것을 금한다. 그러나 정확히 무엇이 '일'일까? 그리고 "안식일을 거룩하게 하라"는 말은 어떤 의미일까? 토라 준행법에 관한 랍비들의 법적 판단을 할라카*halakhah*라고 했는데, 이는 '사람들이 걷는 길'이라고 번역할 수 있다. 랍비들은 그 판결로 하나님 계명의 도를 따라 걷는 법을 보이고자 했다.

랍비의 해석을 주관하는 한 가지 중요한 원리는 '토라 주변에 울타리 치기'였다.[4] 랍비들은 율법 위반 근처에도 못 가도록 미리 예방하는 판결을 하면 사람들이 율법의 테두리 안에서 살기가 더 쉬울 거로 판단했다. 가령 안식일에 연장 다루는 것을 금하여 일하고 싶은 강한 유혹을 미리 차단하는 식이다.

랍비들은 번잡한 차도 가장자리에 세운 울타리에서 3백 야드(약 270미터) 떨어진 곳에

할라카와 하가다

할라카*Halakhah*는 히브리어 '걷기'에서 유래했으며 어떻게 토라가 삶의 '걸음'에 적용되는가를 말한다. 할라카는 토라에 대한 랍비의 법적 해석이다. 반면, 토라는 '지침'이나 '가르침'으로 이해한다. 예수님을 비롯한 랍비들은 할라카(윤리와 법)과 하가다*haggadah*(성경을 설명하기 위한 이야기)를 둘 다 가르쳤다.

또 하나의 울타리를 세워 아이가 도로로 뛰어드는 것을 막는 근심 많은 부모와 같았다. 비록 랍비들이 선한 의도로 이렇게 하긴 했지만, 이 '울타리 치기' 관행은 경직성과 율법주의로 가는 문을 열었고, 예수님은 이런 극도로 자잘한 판단에 대해 가차 없이 비판하셨다.

> 너희가 말하되 누구든지 성전으로 맹세하면 아무 일 없거니와 성전의 금으로 맹세하면 지킬지라 하는도다. 어리석은 맹인들이여 어느 것이 크냐 그 금이냐 그 금을 거룩하게 하는 성전이냐(마 23:16~17).

예수님은 하나님의 율법 자체가 아니라 율법 왜곡에 반대하셨던 것이고, 여러 바리새인도 예수님의 이런 반대에 동조했을 것이다.[5] 일반적 통념과 달리 랍비들은 율법 준행이란 노력으로 구원을 획득한다는 '행위에 근거한 의'를 가르치지 않았다. 그들은 유대인이라면 무슨 일을 해서가 아니라 하나님이 택하신 민족이기에 택정으로 구원받는다고 생각했기 때문이다. 미쉬나에는 "모든 이스라엘은 내세에 참여한다"라는 글귀가 있다.[6] 그래서 일부 유대인은 이방인 그리스도인이 구원을 받으려면 유대교로 개종해 율법을 지켜야 한다고 고집했던 것이다. 그들 생각엔 '오직' 이스라엘만 구원받을 수 있었다. 바울 서신서의 중심에 이 논란이 있다.

예수님은 마태복음 23장에서 바리새인의 오류에 관해 일곱 가지 '화'를 열거하신다. 놀랍게 들리겠지만 랍비들도 거의 똑같은 목록을 작성했다! 그들 목록에는 율법주의, 교만, 외식 등 각각의 오류에 빠진 것으로 풍자된 일곱 가지 유형의 바리새인이 등장한다. 오직 사랑으로 말미암아 하나님을 섬기는 마지막 바리새인만 비판을 면한다. 분명한 것은 바리새인 스스로 그들 운동의 허물을 인정하는 일을 두려워하지 않았다는 것이다. 데이비드 스턴이 지적하듯 예수님은 그의 유대 형제들이 고고한 부르심에 걸맞은 삶을 살게 하려는 목표로 '가족 내' 비판을 하셨던 것이고 부분적이나마 그 목표를 달성하셨다.[7]

성공회, 장로교, 침례교 교인들이 다 똑같이 생각하지 않는 것처럼 바리새인도 천편일률적이지 않았다. 예수님 시대에는 지배적 바리새파로 두 파가 있었다. 엄격함으로 정평이 난 샴마이파와 더 너그럽다고 알려진 힐렐파였다. 예수님의 비판은 종종 샴마이의 보다 강경한 정책을 겨냥했다.[8] 그런데 적어도 이혼에 관한 질문에서는 샴마이파 편을 드셨다(마 19:1~9).

예수님은 자신을 둘러싼 랍비들의 논쟁을 거부하시기는커녕 적극 가담하셨다. 사실 사람들이 당시 핵심 사안에 관한 예수님의 의견을 물어왔기에 논쟁을 외면하는 일은 거의 불가능했다. 비록 바리새파와 가까이 어울리진 않으셨지만 그들의 판결에 대한 권위는 인정하는 말씀을 하셨다. "서기관들과 바리새인들이 모세의 자리에 앉았으니 그러므로 무엇이든지 그들이 말하는 바는 행하고 지키되 그들이 하는 행위는 본받지 말라. 그들은 말만 하고 행하지 아니하며"(마 23:2~3).[9] 이 경우 예수님은 그들의 판결에 반대하신 게 아니라 그 판결대로 살지 못하는 모습을 반대하신 것이다. 이상주의적 집단이나 운동이 으레 그러듯 바리새파도 구성원의 개인적 실패에서 자유롭지 못했다. 예수님은 바리새파 역시 자신의 오류를 바로잡기를 원한다고 생각하셨음이 틀림없다. 그렇지 않다면 왜 그들의 저녁 초대에 응하시고 논쟁에 참여하셨겠는가?

이제 산상수훈으로 돌아가보자. 잠시 당신이 갈릴리 바다의 반짝이는 수면 위 산등성이의 무리 사이에 앉아 있다고 해보자. 설교를 오래 들을수록 점점 더 불편한 감정이 올라온다. 다들 숨죽인 정적 가운데 무리는 예수님이 음란한 생각과 간음을, 분노와 살인을 비교하시는 것을 듣는다. 예수님은 너무 정곡을 찔러댔다. 그때 문득 예수님은 랍비들의 토라 '울타리 치기' 방법을 사용하고 계신다는 데 생각이 미친다. 작은 죄를 피함으로써 큰 죄에 가까이 가지 않도록 울타리를 세우는 것이다.

작은 죄를 큰 죄와 연결하는 발상은 랍비들이 흔히 사용하던 발상이었다. 레위기 율법에 관해 어떤 랍비가 평한 것을 들어보라. "'네 자신과 같이 네 이웃을 사랑하라'를 어기는 사람은 언젠가는 '네 마음속에서 형제를 미워하지 말라'와 '복수하거나 원한을 품지 말라'를 어기고 종국엔 피를 흘리는 데 이를 것이다."[10] 랍비는 현명하게도 죄에는 비탈을 내리닫는 속성이 있음을 밝힌 것이다.

이웃을 사랑하지 않음 ↘

마음속에 그를 미워함 ↘

그에게 복수함 ↘

이웃의 생명을 해함!

예수님과 랍비들 모두 죄를 피할 적기는 비탈길에서 더 미끄러져 내리기 전, 곧 죄가 작을 때라고 가르쳤다. 가인처럼 죄는 우리 마음의 문지방 앞에 쪼그리고 앉아 있다. 한순간의 클릭으로 방문한 포르노 사이트에 몇 번 더 방문하다가 중독될 수 있다. 매력적인 직장

동료와 유혹하는 눈빛을 주고받은 것이 외도에 문을 열 수 있다. 랍비들은 말했다. "처음에는 악한 의도가 거미줄 같지만, 종국에는 수레를 끄는 동아줄이 된다."[11]

훗날 랍비들 역시 작은 죄를 더 큰 죄와 비교하는 설교를 했다. 험담에 관해 그들이 말한 바를 들어보라.

"강도질과 살인 중 어느 것이 더 험담과 비슷할까?"

"살인이다."

"어떤 면에서 그러한가?"

"강도는 훔친 것을 돌려줄 수 있지만, 험담은 결코 피해를 원상 복구할 수 없기 때문이다."

그들은 누군가를 공공연하게 모욕하는 것에는 살인과 같은 측면이 있다고 보았다. "모욕의 고통은 죽음보다 쓰라리기 때문이다." 랍비들은 이런 죄를 '얼굴 하얗게 하기'라고 부르는데, 수치심으로 얼굴이 창백해지는 것이 마치 죽어서 핏기가 가신 모양 같기 때문이다. 랍비들은 "그러므로 누군가를 공개적으로 모욕하려면 차라리 용광로 속으로 투신하는 게 낫다"라고 말했다.[12]

이런 평들은 죄짓게 한 손을 잘라버리거나 눈을 뽑아버리라는 예수님의 충격적인 권면을 연상하게 한다(마 5:29~30). 랍비들은 아주 작은 죄라도 큰 폐해를 입힐 수 있음을 알았다.

바리새인

바리새인은 신약시대에 가장 영향력 있는 집단 중 하나였다. 대부분은 평범한 노동자로서 여가를 쪼개 공부와 가르침에 바쳤다. 그들은 율법대로 사는 삶의 방식을 발견하기 위해 성경의 첫 다섯 책인 토라를 꼼꼼히 공부했다. 주후 70년의 성전 붕괴 이후 랍비 유대교의 성격을 결정지은 것은 사두개인, 열심당, 에세네파가 아닌 바리새인이었다.

조금의 험담으로도 평판이 무너질 수 있다. 한 번의 예리한 빈정거림으로 전쟁이 발발할 수 있다. 랍비들이 과장법을 쓴 것은 듣는 사람에게 죄의 처참한 결과를 각인하기 위함이었다. 예수님도 어떤 값을 치르더라도 죄를 피하라고 촉구하셨다. 예수님의 강한 경고는 맨 처음 유혹에 맞서 싸우지 않았을 때 뒤이을 파멸의 고통을 표현하신 것이다.

다른 랍비와의 본질적인 차이

우리가 지적했듯 예수님이 가르치신 스타일은 여느 랍비와 비슷했다. 예수님은 랍비들과 동일한 관용구와 논리 전개법을 사용하셨다. 그러나 결정적인 차이가 있었다.

다시금 당신이 갈릴리 바다 위 산등성이에 앉아 있다고 상상해 보라. 예수님이 설교를 마치실 즈음 당신은 흥분한 무리의 웅성거림을 듣는다. 다들 똑같은 질문으로 소란스럽다. 대체 이 비상한 랍비는 누구인가? 마태는 무리의 반응을 이렇게 묘사한다. "예수께서 이 말씀을 마치시매 무리들이 그의 가르치심에 놀라니 이는 그 가르치시는 것이 권위 있는 자와 같고 그들의 서기관들과 같지 아니함일러라"(마 7:28~29). 다른 랍비들과 달리 이 랍비는 마치 자신이 하나님의 생각을 알고 있는 듯 큰 권위를 가지고 말했다. 이것이야말로 본질적인 차이였다.

다른 랍비는 율법이 최소한으로 요구하는 사항을 규정하는 데 초점을 맞추는 경향이 있었다. 랍비들은 율법 안에 머무르려면 정확히 무엇을 해야 하고 하지 말아야 하는지를 제시하려고 애썼다. 이 접근법에도 일리가 있었다. 법은 당신이 경계선 안에 머무르며 할 수 있는 최소한의 선행을 규정할 수 있을 뿐이다(살인하지 말라, 도둑질하지 말라, 안식일에 일하지 말라 등등). 랍비에게는 "안식일을 거룩하게 지키라고 하셨을 때 하나님이 정말 뜻하신 바는 이것이다"라고 할 만한 권위가 없었다. 하나님 자신이 아니고서야 누가 그걸 알겠는가? 그래서 랍비들의 전략은 최소치를 계속 옥죄어 들어감으로써 사람들이 점점 거룩함에 근접하도록 하는 것이었다.

다른 랍비들이 경계선을 정하는 작업을 했다면 예수님은 반대로 접근하셨다. 예수님의 목표도 제자들에게 하나님의 뜻을 준행하는 법을 가르치는 것이었다. 그러나 예수님은 이 일을 위해 먼저 토라를 최대치의 표현으로 끌어 올리셨다.[13] 예수님은 최소치 대신 최대치에 초점을 맞추시며 율법의 궁극의 '과녁'에 관해 말씀하셨다. 토라의 저자인 예수님만이 토라의 참 의도를 설명하실 수 있었다.

대표적 사례가 여기 있다. 힐렐이 토라를 요약한 것과 예수님이 40년 후 요약한 것을 비교해보라. 어느 날 조급한 이방인이 힐렐을 찾아와 토라 전체를 한 발을 딛고 서 있을 동안 설명해달라고 주문했다. 힐렐의 답변은 기발했다. "당신이 싫어하는 것을 옆 사람에게 하지 말라. 이것이 전체 토라이고 나머지는 그 주석이다. 가서 이를 배우라."[14]

힐렐은 명료하게 율법을 요약했다. 실로 그 공식은 한 발을 딛고 서는 동안 되뇔 수 있었다! 이 가르침을 따른 사람은 최소한의 기준을 달성했고 토라의 경계선 안에 안전하게 거할 수 있었다.

그러나 예수님의 답변은 달랐다. "네 자신과 같이 네 이웃을 사랑하라." 예수님은 힐렐의 공식을 뒤집어 하나님의 뜻을 따르는 것에 담긴 지향점을 지목하시며 최대치에 초점을 맞추라고 도전하신다.[15] 힐렐과 예수님이 이 주제에 접근하는 차이는 미묘하지만 혁명적이다. 우리 대다수는 폐를 끼치지 않는 것은 할 만하다고 본다. 그러나 나 자신처럼 이웃을 사랑하는 것은 얼마나 어려운가!

이 말씀을 삶에서 실현하는 법을 살펴보자.

힐렐과 샴마이

힐렐과 샴마이는 예수님 시대 직전에 살았던 유명한 유대 학자들이다. 샴마이는 주전 1세기에 활발하게 활동했고 토라 율법 해석에 대한 엄격한 접근으로 유명했다. 힐렐은 조금 후대의 인물로 주전 30년부터 주후 10년 사이에 활발하게 활동했다. 힐렐은 율법 해석의 온건함과 중용으로 유명했다. 그의 문하생들은 종종 유대 율법을 더 엄격하게 해석한 샴마이의 제자들과 논쟁했다. 이 논쟁은 예수님 말씀의 맥락을 조명한다.

폭설이 내리면 …

힐렐: 미끄러져서 다치는 사람이 없도록 집 앞의 눈을 치우라.

예수: 집 앞의 눈을 치운 다음 옆집 앞도 치우라.

여동생이 당신의 옷을 빌려 갔다면 …

힐렐: 동생의 옷장을 뒤집어놓지 말라.

예수: 네 옷장을 열어 동생이 좋아할 만한 다른 옷은 없는가 살펴보라.

금전적으로 쪼들릴 때 …

힐렐: 훔치지 말라.

예수: 너보다 어려운 형편에 있는 사람이 있나 주위를 둘러보고 도울 방법을 찾아보라.

누군가 당신을 짜증 나게 할 때 …

힐렐: 그 사람의 험담을 하지 말라.

예수: 따뜻한 말을 건네라.

누군가 억지로 1킬로미터를 가게 할 때 …

힐렐: 함께 가라.

예수: 2킬로미터를 함께 하라.

그 이상을 하라는 도전

궁극적으로 예수님은 더 힘겨운 규정을 제시하거나 우리 인생을 더 피곤하게 하시려고 기준선을 끌어올리시는 게 아니다. 산상수훈의 의도는 우리가 더 열심히 뛰고 더 높이 점프하게 하는 것이 아니다. 산상수훈은 우리의 목표와 방향을 재설정하도록 돕는 데 그 의도가 있다. 예수님은 "최소치를 기준으로 살지 말라!"고 말씀하시는 것이다. '난 외도하지 않았으니 속으로 음욕을 품는 건 괜찮아' 하고 말하지 말라는 것이다. '난 살인하지 않았으니 혈기 부리는 건 괜찮아'라고 말하지 말라는 것이다. 하나님의 지상 왕국의 일원이 되고 싶다면 당신이 해야 할 최소치를 묻지 말고, 하늘에 계신 아버지를 기쁘게 하기 위해 무엇을 할지를 물어야 한다. 우리의 목표를 바꾸면 문제를 피할 요량으로 고안된 온갖 세부규정에 신경을 쓰는 부담에서 놓여나고, 그 에너지를 더 열정적으로 하나님을 사랑하는 데 쓸 수 있게 된다.

잠시 오랫동안 동경했던 그녀와 데이트를 하게 되었다고 상상해보자. 이 데이트가 정말 잘되길 바라는 마음에 당신은 그녀의 동생에게 정보를 얻어낸다. 여동생은 데이트를 망치지 않기 위한 몇 가지 주의사항을 귀띔해준다.

- 언니는 파스타를 싫어하니까 이탈리아 식당은 권하지 마세요.
- 언니는 권투가 야만적인 운동이라고 생각하니까 권투를 좋아한다는 사실은 말하지 말고요.
- 펑퍼짐한 바지나 특대형 티셔츠는 싫어해요.
- 영화는 언니 취향을 존중해주세요.

목록은 이어진다. 당신은 행여나 데이트 상대를 불쾌하게 할까 봐 함정을 피하는 데 온 신경을 집중한다. 그녀에게 그날 저녁이 지루했던 건 당연한 일 아닌가! '최소한'에 집중하다 보면 열정적인 관계에 불을 당기는 것과는 거리가 멀어진다. 예수님은 우리가 하나님과의 관계에서 열렬히 최대치를 추구하길 바라신다.

'최소치 넘어서기'는 실제로 산상수훈의 지배적인 주제다. 예수님은 그 논점을 반복적으로 제시하기 위하여 공식 하나를 사용하신다. "옛사람에게 말한 바 … 하지 말라는 것을 너희가 들었으나 나는 너희에게 이르노니 … 하라."

하나님의 이름으로 맹세할 수 있다는 것을 너희가 들었으나 나는 너희에게 이르노니 너희의 '예'와 '아니오'만으로 맹세의 효력이 있을 만큼 진실한 사람이 돼라. 상처받은 만큼 상처 줄 수 있다고 너희가 들었으나 나는 너희에게 이르노니 다른 쪽 빰을 대라. 네 이웃을 사랑하고 원수를 미워하라고 너희가 들었으나 나는 너희에게 이르노니 네 원수를 사랑하라. 사람들에게 돈을 꾸어주고 짐을 들어주고 요구한 것보다 더 멀리 가라. 너희가 하늘에 계신 아버지와 꼭 닮았다는 것을 보이기 위해 할 수 있는 모든 것을 하라.

순수하게 사랑의 발로로 하는 일을 법제화할 수는 없는 노릇이다. 따라서 예수님은 무슨 뜻으로 제자들에게 너희의 의가 "서기관과 바리새인보다"(마 5:20) 월등해야 한다고 하셨을까? 예수님이 말씀하신 것은 율법 준행에서 특정인보다 더 하라는 것이 아니다. 율법의 공식 해석자들이 하라고 말하는 것, '그 이상'을 하라는 것이다. 그렇다면 이 구절은 이렇게 해석할 수 있다. "율법의 최고 해석자들이 하라고 말하는 것보다 '더' 하라."

훗날 랍비들은 이 '최소치를 넘어서라'는 발상에 공식적인 이름을 부여했다. 그들은 이를 종종 '경건'이라고 번역되는 하시두트*hasidut*라고 불렀다. 하시두트는 하나님과 가까이 동행하며 하나님께 전적으로 복종하는 것이다. 하시드*hasid* 또는 경건한 사람은 "내가 당신을 기쁘게 하려면 무엇을 더 할 수 있을까요?"라고 진지하게 묻는다. 한 정통파 랍비는 하시드가 된다는 것은 "시킨 일만 하는 것이 아니라 하나님의 뜻을 온전히 이룰 방법을 모색하는 것"이라고 말했다. "그러려면 총명함과 계획이 있어야 한다. 하나님이 자신에게 원하시는 바가 무엇인지, 창조주를 섬기는 데 어떻게 자신의 재능과 능력을

하시두트

하시두트*hasidut*는 '경건'을 뜻하는 히브리어다. 그 어원은 '인애'를 뜻하는 헤세드*hesed*에서 왔다. 히브리어에서는 경건한 사람을 하시드(복수형은 하시딤*hasidim*)라고 한다. 하시딕*Hasidic*은 초정통파 유대인을 가리키는 형용사로서 종종 1700년대에 시작된 신비주의와 경건을 강조하는 유대 운동을 칭한다.

최대한 발휘할지를 궁리해야 한다." 이 랍비는 진짜 경건과 금식이나 기도를 과시하는 '겉치레' 경건을 구별한다. 진짜 경건은 "신중하게 계획된, 책임감 있는 섬김이다. 우리는 자기 파괴적인 헌신의 행위로 하나님께 자신을 희생해선 안 된다. 우리는 그분을 위해 '살아야' 한다."[16]

구원은 첫걸음일 뿐

산상수훈은 토라를 반대하는 혁명이 아니라 토라의 실천법에 대한 새로운 이해를 촉구하는 혁명이었다. 당신이 그 옛적의 언덕에 앉아 있었다면 과연 어떻게 반응했을까? 아마도 예수님이 위대한 힐렐보다 더 깊이 토라를 궁구하셨음을 깨닫고 도전과 희열을 느꼈을 것이다. '이 랍비는 하나님의 마음과 생각을 놀라우리만치 잘 파악하고 계신 것 같다!' 더욱이 그분은 가장 엄격한 수준 이상으로 엄격하라고 요구하신 게 아니라 하나님의 파격적인 선하심을 닮은 방식대로 살아감으로써 하나님 자신의 성품을 본받으라고 하셨음을 깨닫는다.

산상수훈은 우리 삶의 지향점을 선회하는 것 외에 또 다른 무언가를 하라고 말한다. 그러니까 천국 입장권을 주머니에 넣어두고 뒷자리에 앉아 열차 여행을 즐기는 사람처럼 살지 말라는 것이다. '그리스도 영접'은 단지 출발점이지 종착지가 아니다. 마찬가지로 전도는 아주 중요하지만 제자도 역시 매우 중요하다. 전도를 넘어 더 깊이 들어가지 않는 것은 옥토가 아닌 돌밭에 떨어져 싹은 틔우나 열매는 거의 없는 씨가 되는 길이다. 구원의 공짜 선물에만 초점을 맞추는 것은 최소치에 초점을 두는 것과 같다.

누군가가 그리스도에게 나아오는 것은 가슴 벅찬 광경이지만 그게 이야기의 전부는 아니다. 그리스도인으로서 삶의 열매를 보여주지 못하는 이들은 아이를 간절히 바라다가도 막상 아이를 낳으면 자유를 얻기 위해 아이가 얼른 자라기만을 바라는 부부와도 같다. 부모 노릇은 장거리 여행이다. 이는 하루 24시간의 소명으로 종종 아이의 유익을 위해 자기 소욕을 부인할 것을 요구한다. 당신은 결코 완벽할 수 없음을 알면서도 부모 노릇을 위해 가진 모든 것을 내어준다. 이것이 그리스도와 동행한다는 의미다.

그리스도에게 '예'라고 하는 것은 숱한 놀라움과 도전으로 가득한 대모험의 첫걸음이다. 그리스도의 은혜와 권능에 힘입어 우리는 사랑을 인생의 중심 목표와 성취로 삼을 수 있다. 궁극적으로 하나님의 사랑이야말로 우리를 경직성과 율법주의에 매이지 않게 할 것이다. 그리고 하나님의 영이 그리스도를 본받는 삶을 살도록 권능을 주실 것이다.

이런 열렬한 삶은 어떤 모습을 띨까? 수백만 가지 양상으로 나타나겠지만 통 푸옥 푸크Tong Phuoc Phuc라는 베트남 그리스도인 남성의 삶에 나타난 모습을 이야기해보겠다. 41세의 건축업자 푸크는 지상 최고의 낙태율을 자랑하는 나라에 살고 있다. 수년 전 푸크는 낙태의 비극을 민감하게 받아들였고 낙태 당한 태아의 작은 시신을 묻을 부지를 매입했다. 그 계획을 들은 사람들은 의사나 이웃이나 심지어 아내조차 다들 그가 미쳤다고 생각했다. 왜 애써 저축한 돈을 묘지를 사는 데 쓸까? 그러나 이 낙태아를 기리겠다는 푸크의 결단은 예기치 못한 결과를 낳았다. 그 노력에 대한 소문이 퍼지자 낙태를 했던 여자들이 기도하고 향을 태우기 위해 묘지를 방문하기 시작한 것이다. 7천 개의 무덤 중에 자기 아이의 무덤이 있진 않을까 생각했을 것이 분명하다.

푸크는 여인들에게 낙태를 고민하는 주변 사람에게 먼저 자기와 이야기를 하도록 말해달라고 부탁했다. 그 이후로 푸크와 그 가족은 원치 않는 임신을 한 여자 몇 명에게 쉼터를 제공했다. 그곳에서 지금까지 60명의 아기가 태어났고 그들 중 27명이 친모와 함께 집으로 돌아갔다. "내 숨이 다할 때까지 이 일을 계속할 겁니다"라고 푸크는 말한다. "자식들에게도 이 일을 맡아 불우한 사람들을 도우라고 독려할 거예요."[17]

그의 음성 속에 너무도 분명하게 드러나는 열정은 인위적으로 만들어낼 수 없는 것이다. 이렇게 큰 베풂의 필요에 반응하도록 사람을 강제할 수 있는 것은 그리스도의 사랑밖에 없다.

토라의 정수는 사랑이다

"토라의 가장 큰 원칙은 무엇인가?" 예수님 당시에도 랍비들은 이 질문에 열중했다.[18] 그들은 다른 모든 것이 녹아들어 있는 한 가지 원칙을 찾고 있었다. 힐렐의 "네가 싫어하는 일을 남에게 하지 말라"도 하나의 답이었다. 예수님 이후 약 100년이 지난 시절, 랍비 아키바는 "네 자신과 같이 네 이웃을 사랑하라. 이것이 토라의 위대한 원칙[크랄 가돌*clal gadol*]이다"라고 했다.

후에 탈무드는 핵심 성경 구절을 사용하여 613개의 율법 계명(그들이 계수했다)을 점점 적은 수의 교훈으로 요약하다가 랍비 담론을 마침내 단 하나로 응축했다.[19] 랍비들에 따르면, 미가는 "정의를 행하며 인자를 사랑하며 겸손하게 네 하나님과 함께 행하는 것"(미 6:8), 이렇게 세 가지로 율법을 압축했다. 이사야는 "정의를 지키며 의를 행하라"(사 56:1), 두 가지로, 아모스와 하박국은 "나를 찾으라. 그리하면 살리라"(암 5:6)와 "의인은 그의 믿음으로 말미암아 살리라"(합 2:4)로 압축했다.

이 담론을 보면 예수님이 "율법 중에서 어느 계명이 가장 크니이까"(마 22:36)라는 질문을 받으셨을 때 그 시대의 가장 뜨거운 화두와 마주하셨음을 알 수 있다. 토라를 주관하는 단 하나의 원리는 무엇일까? 예수님은 하나가 아닌 두 쉐마 구절을 인용하심으로 답하셨다. "너는 마음을 다하고 뜻을 다하고 힘을 다하여 네 하나님 여호와를 사랑하라"(신 6:5). 그다음 예수님은 레위기 19장 18절을 인용하셨다. "원수를 갚지 말며 동포를 원망하지 말며 네 이웃 사랑하기를 네 자신과 같이 사랑하라. 나는 여호와이니라."

그런데 왜 하나가 아니라 두 계명일까? 예수님은 두 진리를 상호 긴장 관계에 두는 전형적인 유대 방법을 사용하셨다. 〈지붕 위의 바이올린〉에서 테브예가 "한편으론 이렇고 다른 한편으론 이렇다"라고 말하던 것을 기억하는가? 《모세의 눈으로 본 복음》*The Gospel according to Moses*에서 기독교 소설가 아톨 딕슨은 어떻게 이 둘이 다 본질적인가를 밝힌다.

> 만일 내가 하나님을 온 마음과 힘과 정성을 다하여 사랑하느라 나머지 모든 것을 배제한다면 난 이웃 사랑을 배제하고 이웃을 방해물로, 하나님에 대한 나의 헌신에 끼어드는 것으로 간주하는 위험에 빠진다. 이는 경건한 은둔자들과 무료 급식소 봉사보다는 교회나 회당을

선호하는 우리가 범하는 실수다. 그러나 만약 나의 모든 주의를 내 자신과 같이 이웃을 사랑하는 데 집중하며 하나님을 사랑하는 것을 잊는다면 어느덧 이웃 사랑을 유지하는 것이 불가능함을 발견한다. 나 자신이 더 이상 사랑의 '원천'과 연결되어 있지 않기 때문이다. 이는 세속적 인본주의자들이 범하는 실수다. 참사랑은 하나님으로부터 나를 통해 모든 이에게로 흘러가야 한다. 그래서 "여호와를 사랑하라"가 가장 큰 계명인가, "이웃을 사랑하라"가 가장 큰 계명인가란 질문에 대한 답은 '둘 다'라고 해야 한다.[20]

수년 전 앤은 하나님 사랑과 이웃 사랑을 쪼갠 그리스도인 단체에 속해 있었다. 이런 분쟁이 대부분 그러하듯 지난하고 지저분한 상처투성이의 분열이었다. 7월의 모기떼처럼 비난이 난무했다. 때로는 누구를, 무엇을 믿어야 할지 알 수 없었고, 특히 그녀가 존경하던 사람들이 자리다툼하는 정치인처럼 행동하기 시작했을 때 더욱 그랬다. 모든 것이 우울하고 혼란스러웠다. 그녀는 혼돈의 구름 한복판에 있는 느낌을 받았다.

그 와중에 본질이 무엇인지 생각했다. 마치 하나님에게서 온 메시지처럼 생각 속에서 말씀이 홀연히 떠올랐다. "가장 큰 두 계명만 기억하라. 그거면 된다." 이 단순한 말로 모든 것이 평정되고 가득하던 안개가 걷혔다. 그 힘겨운 시간을 통과하며 더듬더듬 헤쳐갈 때 자신을 인도할 원칙을 찾은 것이다. 하나님을 사랑하고 이웃을 사랑하라. 생각해보면 예수님이 뽑아내신 이 두 계명만 있으면 어떤 분쟁에서도 길을 찾을 수 있다. 가정, 교회, 일터, 어디에 있든, 무슨 일을 당하든, 우린 가장 지혜로운 랍비의 조언에 기대면 된다.

예수님은 사랑이 토라 율법에 대한 최고의 해석이라고 말씀하신다. 하나님이 성경에서 가르치신 모든 것의 궁극적인 요약이라는 것이다. 랍비들의 말을 빌자면 "사랑은 율법의 '완성'"이라고까지 할 수 있다. 사실 바울이 그렇게 말했다. "온 율법은 네 이웃 사랑하기를 네 사신같이 하라 하신 한 말씀에서 이루어졌나니*fulfilled*"(갈 5:14, NASB). 사랑은 율법에 대한 최고의 해석이다. 아울러 바울에 의하면 이웃 사랑은 궁극의 율법 실천법이다.

> 피차 사랑의 빚 외에는 아무에게든지 아무 빚도 지지 말라. 남을 사랑하는 자는 율법을 다 이루었느니라. 간음하지 말라, 살인하지 말라, 도둑질하지 말라, 탐내지 말라 한 것과 그 외에 다른 계명이 있을지라도 네 이웃을 네 자신과 같이 사랑하라 하신 그 말씀 가운데 다 들었느니라. 사랑은 이웃에게 악을 행하지 아니하나니 그러므로 '사랑은 율법의 완성이니라'(롬 13:8~10).

바울은 예수님의 메시지를 세상에 전하며 우리가 이웃을 사랑할 때 각각의 모든 계명을 온전히 달성한 것이라고 말한다. 우리는 하나님이 주문하신 일을 한 것이다. 궁극적으로 유대인과 이방인 모두에게 하나님 사랑과 이웃 사랑은 토라의 완성이다. 그리고 요한은 너무도 유려한 언어로 우리에게 이 점을 역설했다.

> 사랑은 여기 있으니 우리가 하나님을 사랑한 것이 아니요 하나님이 우리를 사랑하사 우리 죄를 속하기 위하여 화목제물로 그 아들을 보내셨음이라. 사랑하는 자들아 하나님이 이같이 우리를 사랑하셨은즉

우리도 서로 사랑하는 것이 마땅하도다. 어느 때나 하나님을 본 사람이 없으되 만일 우리가 서로 사랑하면 하나님이 우리 안에 거하시고 그의 사랑이 우리 안에 온전히 이루어지느니라(요일 4:10~12).

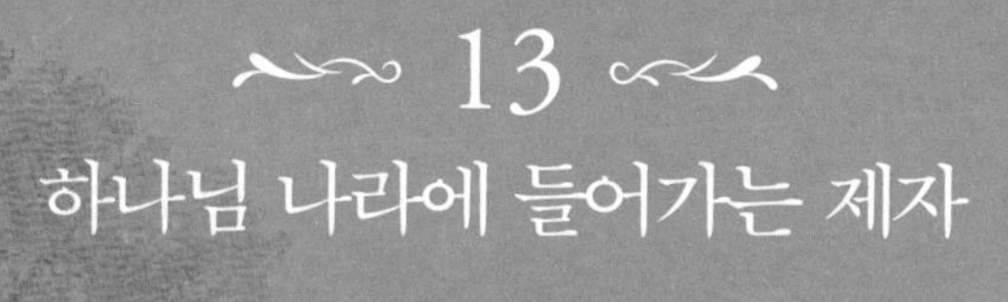

13

하나님 나라에 들어가는 제자

그분이 자신의 목적대로 창조하신 우주 곳곳에서 그분의 이름에 영광과 존귀를 돌리게 하라. 그분이 당신의 일생 중에, 당신의 나날 중에, 그리고 이스라엘 모든 집의 일생 중에 그 왕국의 통치를 속히 이루시길!

고대 유대 기도 '카디쉬' 중[1]

로이스는 위스콘신의 드넓은 숲길을 통과하여 통나무집 별장으로 가는 네 시간의 자동차 여행 때마다 스무고개 놀이를 하며 시간을 보내곤 했다. 동물인가요, 채소인가요, 광석인가요? 카드보다 큰가요, 코끼리보다 작은가요, 흙돼지보다 큰가요? 예, 아니오, 답이 돌아올 때마다 베일에 싸인 물체에 점점 근접해가는 느낌이 들어 자신감도 조금씩 상승했다. 그러나 간혹 비밀을 풀기 직전, 의외의 답이 날아왔고 그녀는 내내 엉뚱한 길을 따라왔음을 깨달았다.

때로는 예수님도 이 마을 저 마을 몇 시간씩 도보로 이동하실 때 하나님 나라에 관해 제자들과 이런 '스무고개'를 하신 듯하다.

이것은 겨자씨와 같습니다.

이것은 어부의 그물 같습니다.

이것은 가라지가 있는 밭의 농부 같습니다.

예수님은 제자들에게 일목요연한 정의를 내려주지 않고 단서를 여럿 던지는 방법을 사용하셨다. 말씀을 이해하는 데 도움이 될 만한 결정적이고 단순한 열쇠 같은 건 없는 건가, 의문을 가질 수 있다. 어쩌면 당신은 하나님 나라는 교회다, 그 나라는 천국이다, 그 나라는 예수님의 재림과 통치다, 그 나라는 이미 임했으나 아직 임하지 않았다 등등의 설교를 들어보았을 것이다. 그런데 스무고개처럼 가장 마지막 순간에, 기존 가설과 전혀 맞지 않는 예수님의 비유들이 등장한다.

솔직히 수 세기 동안 그리스도인은 예수님이 왕국에 관해 말씀하신 많은 내용을 들으며 고개를 갸웃거렸다. 대관절 하나님 나라를 "받는다"receive는 건 무슨 의미일까? 그 나라가 누군가에게 "임한다"는 건 또 무슨 의미일까? 그 나라는 지금 당장 있는 것일까, 장차 올 것인가, 아니면 둘 다인가? 그리고 그게 왜 중요한 걸까?

우선 왕국에 대한 일부 해석은 그리스도인 간에 상당한 불안감을 일으켰다. 《내가 알지 못했던 예수》(IVP 역간)에서 필립 얀시는 어릴 적 다니던 교회에서 매년 예언 대성회가 열릴 때 백발의 남자들이 일어나 말세에 관해 설교하던 기억을 나눈다. 얀시의 글이다.

> 나는 그들이 모스크바 남쪽에서 예루살렘까지 직선을 긋고 머지않아 수백만 대군이 이스라엘에 총집결하는 움직임을 묘사할 때 두려움 반 설렘 반 그 말을 들었다. 나는 최근 출범한 유럽경제공동체와 그에 속한 10개국이 다니엘의 열 뿔 달린 짐승 예언의 성취였음을 알게 되었다. 머지않아 우리 모두 이마에 짐승을 상징하는 수를 찍고 다닐 것이며 벨기에 어딘가에 있는 컴퓨터에 등재될 것이다. 핵전쟁

이 발발하여 지구가 자멸의 벼랑 끝에 처할 그 위태로운 마지막 순간에 예수님이 재림하셔서 의인의 군대를 인도하실 것이다.[2]

고등학교 때 얀시는 중국어를 전공했고 형은 러시아어를 전공했다. 어느 나라 군대가 침공하건 의사소통하기 위해서였다. 그 후 세월이 흐르며 얀시는 "하나님이 역사하시는 주된 통로는 열국이 아니라 열국을 초월하는 한 나라"임을 깨달았고 그 결과 왕국에 대한 관점이 크게 달라졌다.[3]

예수님의 왕국에 관한 말씀을 읽어봐도 모든 게 명쾌해지진 않는다. 이 유명한 구절도 그렇다. "낙타가 바늘귀로 나가는 것이 부자가 하나님의 나라에 들어가는 것보다 쉬우니라 하시니"(막 10:25). 만일 예수님이 천국 입장 자격을 규정하신 것이라면 대체 어떤 부자가 구원받을 수 있을지 모르겠다. 개도국 지역에 사는 사람들은 대부분 세계 나머지 지역과 비교하면 '부자'일 텐데, 그렇다면 우리 모두 불타는 영원을 향하여 달려가고 있는 걸까. 대체 예수님은 무슨 말씀을 하시고자 했던 걸까?

왕과 왕국에 관한 이야기는 무의미하고 고루하게 다가오며, 전제군주나 독재자 같은 어릴 적 읽었던 동화 속 그림들을 연상하게 한다. 왜 하나님을 그저 사랑이 풍성하신 아버지나 선한 친구로 생각하면 안 될까? 그 이유는 '왕국'이라는 표현이 우리에게는 시대에 뒤떨어진 것처럼 들리지만 예수님에게는 최고로 중요한 문제였기 때문이었다. 사실 '왕국'은 예수님 사명의 요체였으며 그가 이 땅에 오신 이유였다.

현대의 독자가 예수님 말씀이 헷갈린다고 생각하는 이유는 예수님이 왕국에 관해 이야기하신 방식이 너무도 철저히 '유대적'이기 때문이다. 사실 예수님만 왕국에 관해 이야기하신 게 아니었다. 더 큰 왕국 담론이 예수님 주변에서 전개되고 있었다. 그 시대의 담론에 접근하지 못하는 우리는 마치 전화 통화를 엿들으며 한쪽 이야기만 가지고 전체 대화를 추측하려고 애쓰는 사람들 같다. 2천 년 된 유대 담론에 주파수를 맞춘다면 우리의 이해는 더욱 명료해질 것이다. 어쩌면 예수님의 사역과 하나님의 본성과 성품에 관한 생각이 확연히 달라질지도 모른다.

1세기 유대인의 귀로 왕국에 관한 말을 다시 들어보자. 그러면 예수님이 어떤 유대 사상은 취하시고 어떤 사상은 배척하셨음을 알게 되고, 점과 점이 연결되기 시작할 것이다. 우리는 또한 왜 예수님이 그토록 왕국 메시지를 전하는 데 열심을 내셨는지 알게 될 것이다. 그 대화에 끼어든다면 그것이 오늘날 우리의 삶에도 목소리를 낸다는 사실을 알게 될 것이다.

말씀 다시 보기

우선 말씀 자체를 살펴보자. 복음서는 '천국kingdom of heaven'과 '하나님 나라kingdom of God' 이렇게 두 개의 다른 표현을 사용한다. '천국'은 마태복음에서 가장 빈번하게 쓰인 표현이고 '하나님 나라'는 마가복음, 누가복음, 요한복음에서 사용되었다. 왜 이런 차이가 날까? 예수님 시대의 유대인은(오늘날에도 그렇지만) 하나님에 대한 경외심의 표현으로 그 이름을 발음하지 않았다. 그 대신 경외심을 담아 '천국'과 같은 완곡어법을 썼다.[4]

예수님도 이렇게 하셨다. 일례로 예수님이 들려주신 탕자 비유에서 아들은 "아버지 내가 '하늘'과 아버지께 죄를 지었사오니"(눅 15:21)라고 말했다. 우리도 이와 똑같이 "Thank heavens!"(정말 다행이다) 또는 "Goodness know?"(누가 알겠어?)라는 표현을 쓴다. '천국'이란 표현을 사용함으로써 마태복음은 당시 문화에 적합한 표현법을 지켰다. 다른 복음서 기자들은 '천국'이 '하나님'을 뜻하는 걸 알지 못했을 헬라어권 청중을 대상으로 명료한 소통을 하기 위해 '하나님 나라'라고 했다.[5]

그러나 영어 번역 문제를 넘어 당대의 랍비 가르침에서 흔한 관용구인 히브리어 표현, 말쿠트 샤마임*malkhut shamayim*을 검토하면 더 배울 게 많다(아마 예수님도 사용하셨을 것이다).[6] 말쿠트는 '왕국'으로 번역되며 어떤 장소나 정부와 비슷한 어감이다. 그러나 실제로는 왕의 행동과 지배, 곧 왕의 통치권과 그 권세 아래 있는 모든 사람을 가리키는 고대적 느낌을 주는 단어다. 샤마임은 히브리어로 '하늘sky' 또는 '천상heavens'을 뜻한다. '천국kingdom of heaven'에서 '하늘heaven'은 항상 어떤 장소가 아니라 하나님을 가리킨다.

달리 말하면 '하나님 나라'나 '천국'을 번역하는 단순한 방법은 '하나님의 통치' 또는 '하나님이 통치하시는 방식' 또는 '하나님의 통치 아래 있는 자들'이 될 것이다. 말쿠트 샤마임이란 히브리어 표현은 랍비들이 사용했던 풍성하고도 다면적인 관용구였다. 우리에게는 이 방식이 뜻밖으로 다가올 수 있지만, 이 표현은 예수님 스스로 왕국에 관해 가르치셨던 바와 유사한 여러 발상을 담고 있다.

랍비들은 예수님이 그랬던 것처럼 말쿠트 샤마임이란 관용구를 여러 다른 방식으로 사용했는데, 이 부분을 파악하는 것은 큰 도움이 된다.[7] 예수님은 간혹 이미 회자되던 특정한 발상에 동의하시면서 그것을 토대로 삼거나, 혹은 지배적 발상에 반대하기도 하셨다. 예수님의 왕국 비유와 해설은 유대인 청중의 방향을 재설정하고 사고를 확장하는 데 목적이 있었으므로 응당 놀라움과 충격으로 다가왔을 것이다.

유대인들은 하나님이 세상을 자신의 통치 아래 두심으로써 세상을 속량하실 것을 믿었다. 그러나 대다수는 어떤 유형의 왕이 오실지 이해하지 못했다. 그것이 예수님 메시지의 핵심이었다. 그러니까 하나님은 그들이 보거나 상상한 어떤 왕과도 다르며 메시아 역시 다르다는 것을 설명하신 것이다.

나라가 임하시오며

주기도문에서 가장 익숙한 표현 중에 "당신의 왕국이 임하옵시며"(KJV)가 있다. 그러나 예수님은 무슨 의미로 이 표현을 쓰셨을까? 유대인들이 수천 년간 유사한 방식으로 기도해왔음을 알면 당신은 놀랄지도 모르겠다. 오늘날까지도 유대인의 입술에 오르내리는 고대 기도문, 알레누*Alenu*를 들어보자.

> 그러므로 오 우리 하나님 여호와여, 당신이 지상의 가증한 것들을 없애시고 우상을 폐하시며, 세상은 전능자의 나라로 새롭게 태어나고 온 인류는 당신의 이름을 부르며, 지상의 모든 악인은 당신에게 돌아올 때 당신의 영광을 목도하고자 당신을 기다리나이다. 그때에 세상의 모든 거민은 모든 무릎이 당신을 향하여 꿇고 모든 혀는 맹세해야

> 함을 깨닫고 고백할 것이나이다. … 그래서 그들은 당신 왕국의 멍에를 받아들이고 당신은 속히 그들을 영원히 다스리시는 왕이 되실 것입니다. 그 왕국은 토라에 기록되었듯 당신의 것이며 당신이 영광 속에서 영영 통치하실 왕국이기 때문입니다. "여호와께서 영원무궁하도록 다스리시도다"(출 15:18—편집자) 또 기록되었으니, "여호와께서 천하의 왕이 되시리니 그날에는 여호와께서 홀로 한 분이실 것이요 그의 이름이 홀로 하나이실 것이라"(슥 14:9—편집자).[8]

고대 유대인은 하나님이 이미 그들을 통치하신다고 믿었음에도 온 세상이 하나님을 알고 드높일 그 날이 오기를 기도했다. 고대 유대인은 지상의 모든 나라가 회개하고 하늘의 참 하나님을 경배하길 바랐다.

이는 주기도문을 이해하는 데에도 도움이 된다. 우리 중 다수는 "당신의 나라가 임하시오며"를 그리스도의 재림으로 생각한다. 그러나 알레누는 우리에게 그 실체를 보여준다. 그러니까 온 세상이 하나님을 경배하게 된다는 것이다. 그다음 주기도문의 첫 세 줄은 하나님이 사랑의 통치를 확장하시어 모든 사람이 하나님과 사귀고 하나님을 경외하고 그분의 뜻을 행하기를 바라는 소원이다. 이는 실제로 복음의 진전을 위한 기도다. 수동적으로 예수님의 재림을 기다리는 대신 온 족속을 제자 삼는 일에 하나님의 도움을 구하는 것이다.

그럼에도 예수님의 기도와 여러 다른 유대인의 기도는 이상적인 하나님의 통치와 현재 하나님이 실제 통치하시는 방식 사이에 어떤 틈이 있음을 시사한다. 이 기도들은 하나님이 아직은 온전히 세상의 왕이 되지 못하셨다는 뜻으로 말하는 듯하다. 물론 창조주 하나님은 궁극적인 주권을 갖고 계신다. 그러나 랍비적인 사고로 보면, 세상은 하나님을 참 왕으로 시인하길 거부하므로 여전히 악으로 관영한 곳이다.

그 나라가 여기 있다

그럼에도 예수님은 하나님의 통치가 자신의 공생애 중에 이 땅에 확정적으로 임했다고 주장하셨다. 예수님은 병을 고치고 귀신을 쫓아내신 후 하나님 나라가 "가까이 왔다"near(눅 10:9)고 선포하셨다. 하나님 나라에 관해 이런 식으로 말한 사람은 예수님 한 분뿐이었다. 이는 주님 메시지의 본질이었다.[9]

당신이 혼란을 느낄 만한 대목이 있다. 영어 단어 near에는 오해의 여지가 있다. 예수님이 친구들에게 그 나라가 "가깝지만, 미처 임하지 않았다"라고 말씀하신 것처럼 들리기 때문이다. 예수님은 여기에 그 뜻이 거의 '밀착'에 가까운 히브리어 동사 카라브*karav*를 사용하셨을 가능성이 크다. 가령 이사야 8장 3절에서 이사야 선지자가 아내에게 "가까이 다가가자"(카라브) 그녀가 아들을 잉태했다. 선지자가 이보다 더 가까이 갈 수 있겠는가?

이 논점을 다른 식으로 살펴보자. 덴마크에 사는 로이스의 친구들은 그녀에게 "와서 곁에 머무르라" 하며 따듯하게 초대하는 편지를 보내곤 했다. 친구들은 로이스가 덴마크까지 비행기를 타고 와서 그들 뒷마당에 텐트를 치길 바란 걸까. 물론 그런 뜻이 아니다. 친구들은 집으로 와서 머물라고 로이스를 초대한 것이다. 이와 유사하게 언어의 뉘앙스 때문에 마치 예수님이 하나님 통치가 '아직' 임하지 않았다고 말씀하시는 것처럼 들린다. 하지만 예수님은 당신의 사역을 통해 지상에서 이미 하나님의 통치가 그 실체를 드러냈음을 말씀하셨다.

그렇다면 '하나님 나라'가 예수님의 공생애 중에 도래했다는 말씀은 정확히 무슨 의미일까? 이는 하나님이 예수님을 통하여 자신의 주권을 계시하셨다는 뜻이다. 하나님은 역사 속으로 개입하셔서 주도권을 취하시며 아들의 삶과 죽음과 부활을 통해 세상 신들을 물리치셨다.

유대인은 매주 안식일 전례에서 "모세가 바다를 가를 때 당신의 백성은 당신의 왕국을 보았나이다"라는 말로 애굽에서의 기적적 속량을 회고한다. 이 말은 홍해가 갈라졌을 때 하나님의 권능이 기막힌 방식으로 창조세계로 터져 나왔다는 것이다. 이건 마치 돌연 하늘에서 거인의 손이 튀어나와 파도를 가른 후 하나님의 백성은 건너가게 하고 원수는 삼켜버린 것 같았다. 하나님은 이 위대한 건져냄의 기적을 베푸심으로써 백성에게(그리고 대적에게) 누가 진짜 우주의 주관자인지를 보여주신 것이다.[10]

이와 흡사하게 예수님이 이 땅을 다니시며 병을 고치고 백성을 건지셨을 때 출애굽 때와 똑같이 하나님 나라가 역사 속으로 가시적으로 침노해 들어왔다. 사람들이 구원하고 속량하시는 하나님의 사랑을 경험하는 지금, 하나님의 통치는 어느 때보다 위대한 방식으로 실체를 드러내는 것이다.

어느 극적인 구원 사건 후 반대자들은 예수님이 마귀를 힘입어 귀신을 쫓아낸다고 고발했다. 예수님의 반응을 들어보자. "그러나 내가 만일 '하나님의 손'을 힘입어 귀신을 쫓아낸다면 하나님의 나라가 이미 너희에게 임하였느니라"(눅 11:20). 예수님은 출애굽 당시 애굽 술사들이 역병으로 하나님의 권능을 목격한 후 "이는 하나님의 '손가락'이니이다"(출 8:19, KJV)라고 외친 장면을 은근하지 않은 방식으로 빗대셨다. 그때 바로의 수족들은 자신이 패했음을 깨달았다. 하나님의 권능은 그들이 불러올 수 있는 마귀의 힘을 훌쩍 능가했다. 동일한 방식으로 예수님은 지금 마귀의 힘을 능가하는 자신의 권능이 영권을 드러내고 있음을 깨달아야 한다고 말씀하신다.[11]

이미 그리스도는 사탄 왕국의 해변에 기습 상륙하여 사탄의 참패에 대한 서막을 여셨다. 예수님은 포로를 탈환하시며 한 번에 한 생명씩 자유롭게 하셨다. 예수님의 말씀이 고발자들에게는 너무도 충격적이었음은 두말할 나위 없다.

잠시 홍해 장면으로 돌아가보자. 위태로운 현실에 겁먹은 거대한 백성을 상상해보라. 그들은 뒤에서 추격해오는 바로의 군대와 앞에 놓인 흉흉한 바다 사이에 오도 가도 못하고 갇힌 신세였다. 백성은 이 사면초가의 상황에서 한 발짝만 더 가면 도살 당할 수 있음을 알았다. 그런데 순식간에 상황이 역전되었다. 승자가 패자가 되고 패자가 승자가 되었다. 극적인 순간에 커튼이 갈라지며 누가 진짜 왕좌에 앉아 계신지를 모두가 확인한다.

스케일은 훨씬 작아도 우리도 비슷한 일을 당할 수 있다. 한동안 우리는 모종의 흑암으로 위협감을 느끼며 인생에 불어닥친 어쩔 수 없는 회오리에 그냥 휩쓸려가는 느낌을 받는다. 그때 하나님이 우리와 함께하심을 보여주는 어떤 일이 일어난다. 앤은 평생을 알코올 중독으로 살아왔던 아버지가 마침내 술을 끊었을 때, 그런 감정을 느꼈다. "다른 식구들과 함께 오랜 세월 아버지를 도와달라고 하나님께 매달렸어요. 하나님이 오해의 여지 없이 분명하게 자신을 계시하기만 하신다면, 아버지에게 술을 끊을 마음을 주시기만 한다면…. 그러나 기도할수록 아버지는 더 나빠졌고 급기야 술독으로 거의 죽기 일보 직전이었어요. 너무 늦었다고 생각했던 그때 아버지가 술을 끊는 놀라운 일이 일어났습니다. 그 후 수년간 망가졌던 인생이 은혜로 다시 세워지는 과정을 지켜보며 난 누가 진짜 우주의 주인이신지를 알게 되었습니다."

메시아와 그 왕국이 임하는 방식

예수님은 하나님 나라가 이 땅에 도래하셨음을 선포하는 일에 왜 그렇게 집중하셨을까? 그리고 왜 예수님은 하나님 나라를 육신의 치유와 영적 해방의 사역과 결부하셨을까? 그 이유는 모든 사람이 메시아가 오시면 이 땅에 하나님 나라를 가져오실 거로 기대했기 때문이었다.

놀랍게도 어떤 신학자들은 완전히 엉뚱한 길로 접어들어 예수님이 스스로 메시아라고 주장한 적이 없다고 결론지었다. 그러나 예수님의 청중은 그가 하시는 말씀(자신이 하나님의 위대한 약속의 성취라는 충격적인 주장)을 즉각 알아챘을 것이다. 예수님은 자신이 그리스도이며 하나님이 약속하신 기름 부은 왕임을 말씀하실 때 유대적인 방식을 사용하셨다.[12]

하나님은 창세기에서부터 이스라엘 백성 가운데 한 왕을 기름 부어 온 세상을 다스리게 하겠다고 약속하셨다(창 49:10). 또 이사야 선지자가 말한 아름다운 메시아 구절을 들어보라.

이는 한 아기가 우리에게 났고
한 아들을 우리에게 주신 바 되었는데
그의 어깨에는 정사를 메었고
그의 이름은 기묘자라, 모사라, 전능하신 하나님이라,
영존하시는 아버지라, 평강의 왕이라 할 것임이라.
그 정사와 평강의 더함이 무궁하며
또 다윗의 왕좌와 그의 나라에 군림하여
그 나라를 굳게 세우고
지금 이후로 영원히 정의와 공의로 그것을 보존하실 것이라(사 9:6~7).

비록 예수님이 아직은 온전한 영광으로 다스리지 않으시지만, 예수님은 이사야가 예언한 모든 것에 들어맞았다. 비록 그는 전능하신 하나님이지만, 복음서는 우리에게 겸손한 평강의 왕으로 예수님을 소개한다. 어느 날 그는 왕의 왕이자 주의 주로 실체를 드러내실 것이다. 어떻게 예수님은 지상에 하나님의 통치를 가져오시면서도 이를 장차 일어날 일로 말씀하실 수 있었을까? 찰스 콜슨의 설명을 들어보자.

아마도 2차 세계대전 중 유럽에서 가장 의미심장한 사건은 연합군이 노르망디 해변에 기습 상륙한 1944년 6월 6일, 디데이D-Day였을 것이다. 그 공격으로 유럽 동맹군은 최종적으로 파멸당할 것임이 확실해졌다. 비록 전쟁은 그 후에도 불확실한 것처럼 계속되었으나 성패는 이미 판가름난 상태였다. 그러나 11개월 전 시작된 운동의 승리는 1945년 5월 8일(유럽 승전일VE-day)에야 비로소 실현되었다.

콜슨은 계속 말한다.

> 그리스도의 죽음과 부활은 궁극적인 승리를 확증하는 인간 역사의 디데이였다. 그러나 우리는 여전히 해변에 있다. 원수는 아직 다 소탕되지 않았고 전투는 여전히 추악하다. 그리스도의 침공은 궁극의 결과를 보증하지만 하나님과 백성의 마지막 승리는 미래의 어느 날에 있을 것이다. 그리스도가 재림하실 때 펼쳐질 두 번째 무대에서 온 우주에 대한 하나님의 통치가 완성될 것이다. 하나님의 나라는 어떤 흠결도 없이 가시적으로 드러날 것이다.[13]

유대인이 예수님을 바로 인정하지 못한 이유

예수님은 구약의 메시아 약속들을 차례로 성취해 나가셨다. 그렇다면 왜 모든 사람이 그를 단박에 메시아로 알아보지 못했을까? 이는 예수님이 중요한 부분에서 동시대인들과 의견을 달리하신 탓도 있다. 열심당원과 에세네파가 기대하는 메시아는 지상에 하나님 나라를 신속히 건설하는 군사적 정복자였다. 그들은 이스라엘의 대적을 물리칠 뿐 아니라 이스라엘 내 죄인들을 멸하실 힘 있는 왕을 기대했다. 제자들조차 예수님의 목표가 이스라엘의 대적을 물리치는 것임을 믿어 의심치 않았다. 부활 후 그들은 물었다. "주께서 이스라엘 나라를 회복하심이 이때니이까"(행 1:6).

대적에게 하나님의 심판이 내리길 고대하는 사람들의 마음도 이해하기 어려운 건 아니다. 신실한 유대인들은 성경에서 메시아가 대적을 심판하러 오시는 위대하고 무서운 "주의 날"에 관한 구절을 많이 알고 있었다.[14] 그들은 압제 받는 백성이 다 그렇듯이 그날을 앙망했다. 물론 예언의 씨줄엔 "고통받는 종"과 "평강의 왕" 같은 암시도 있었다. 그러나 그들의 상상을 사로잡고 소망에 불을 지핀 건 악인을 심판하고 이스라엘의 대적을 물리치는 힘 있는 왕 이미지였다.

헤롯 치하에서 공개 십자가형과 고문은 드물지 않은 일이었고 세금은 폭압적인 수준이었다. 살 만한 유대인은 로마와 결탁한 세리와 부패한 제사장뿐이었다. 《콘스탄틴의 검》*Constantine's Sword*의 저자 제임스 캐럴은 로마 제국이 "세계 최초의 전체주의 정권"이라며 "예수와 예수 운동은 히틀러가 '최종 해결'을 시도하기 이전에 유대 민족에게 가해진 가장 중차대한 폭력이라고 부를 만한 로마의 그늘에서 잉태되었다."[15]

숱한 유대인은 그 고통과 부패에서 나라를 깨끗하게 하며 지배자 로마로부터 백성을 해방할 공의의 왕국 건설자인 하나님을 열망했다. 따라서 예수님의 메시지를 들은 많은 이가 반감을 느꼈을 것이다. 복수를 포기해야만 하나님의 참 나라에 들어갈 수 있다니, 그 말을 듣는 게 얼마나 힘겨웠겠는가. 허다한 사람이 예수님을 따르지 못했던 것은 이상한 일이 아니다.

그러나 우리는 모든 유대인이 그렇게 생각했다고 착각해선 안 된다. 하나님의 심판에 대한 소원은 전쟁을 바라마지 않던 열심당과 에세네파의 특징이었다. 바리새파와 후대의 랍비들이 하나님 나라에 관해 가르치는 주목적은 열심당과 에세네파의 사상을 반박하기 위함이었다.[16] 이들은 예수님과 비슷하게, 하나님의 통치는 장차 올 미래의 일이지만 여기, 지금 임하기도 한다고 보았다. 그러나 그들은 이스라엘이 하나님의 법을 준행해야만 메시아가 오신다고 했다.

에세네파

에세네파는 그리스도 시대에 존재했던 금욕적 집단이다. 일부 에세네파는 유대 광야로 들어가 고도의 의례적 순수성을 지키는 삶을 살았다. 에세네파의 1세기 저술 중 다수가 사해 두루마리본에서 발견되었다. 세례 요한이 에세네파 공동체와 관련이 있다고 보는 이들도 있다.

예수님은 바리새파의 발상을 근거로 사용하시면서도 새로운 말씀을 하셨다. 하나님의 통치가 병 고침의 사역과 십자가 속죄를 통해 '이미 왔다'는 것이다.[17]

세례 요한이 오해한 것인가?

세례 요한조차 메시아가 하나님의 심판을 가져온다고 이해하고 있었다. "이미 도끼가 나무뿌리에 놓였으니 좋은 열매 맺지 아니하는 나무마다 찍혀 불에 던져지리라"(눅 3:9). 도끼가 헛간에 처박혀 있지 않고 이미 활동하기 시작했으니 하나님을 위해 살지 않은 자에게는 화가 임할 것이라고 한 것이다. 요한이 그리는 그리스도는 악한 자를 멸하기 위해 '불'과 함께 임하실 자다.

예수님은 요한과 다른 이들이 예견한 방식으로 오지 않으셨고, 이 점이 요한을 놀라게 한 것으로 보인다. 사실 예수님의 어떤 비유들은 요한의 기대를 조정하기 위한 것으로 보인다. 예수님은 요한의 예언에 대한 반응으로 생각되는 비유를 하나 말씀하셨다. 요한은 도끼가 모든 열매 맺지 않는 나무를 찍어낼 준비가 되었다고 했는데, 예수님도 이런 말씀을 하셨다. 요한처럼 예수님도 심판을 마주한 나무 이야기를 하신다.

한 사람이 포도원에 무화과나무를 심은 것이 있더니 와서 그 열매를 구하였으나 얻지 못한지라. 포도원지기에게 이르되 내가 삼 년을 와서 이 무화과나무에서 열매를 구하되 얻지 못하니 찍어버리라. 어찌 땅만 버리게 하겠느냐 대답하여 이르되 주인이여 금년에도 그대로 두소서. 내가 두루 파고 거름을 주리니 이후에 만일 열매가 열면 좋거니와 그렇지 않으면 찍어버리소서 하였다 하시니라(눅 13:6~9).

그러나 요한의 나무와 달리 예수님의 나무는 즉각 찍힘을 당하지 않고 또 다른 기회를 얻는다. 심판은 현재가 아니라 후일에 임할 것이다. 그 나라에 관한 예수님의 다른 비유도 유사한 주제를 전한다. 그 나라는 성장할 것이고 흥왕할 것이다. 하지만 심판은 맨 마지막에 임한다.[18]

요한과 예수님이 하나님의 시간표를 다르게 이해하고 있음을 알면 왜 요한이 제자들을 보내 "오실 그이가 당신이오니이까 우리가 다른 이를 기다리오리이까"(마 11:3)라고 여쭈었는지 이해가 된다. 예수님은 답변으로 여러 성경 구절을 인용하시며 자신이 메시아지만 요한이 그리던 것과는 다른 방식으로 하나님의 사명을 완수할 것임을 확증하셨다.

그렇다면 세례 요한이 예수님에 관해 잘못 알고 있었던 걸까? 전혀 아니다. 그저 그가 기대한 시간표가 예수님의 제자들처럼 빨랐을 뿐이다. 요한은 예수님이 그리스도이며 그가 심판하러 오심을 알았으나 심판의 때를 몰랐던 것뿐이다. 예수님은 두 번째 오실 때 양과 염소를 구별하며 세상에 영원한 심판이 임할 것이라고 말씀하심으로써 심판자로서의 자기 역할을 확증하셨다(마 25:31-46).

하나님에 대한 새로운 이해

그 나라에 관한 예수님의 가르침은 메시아에 대한 기대를 바꾸어 놓았을 뿐 아니라, 하나님에 대한 이해도 근본적으로 변화시켰다. 반대편을 진멸하는 데 혈안이 된 진노의 하나님 대신 자비를 베풀기에 열심인 긍휼의 하나님이 모습을 드러냈다. 심판에 대한 호소는 인간 기준으로 보면 악의 문제에 대한 논리적이고 올바른 대응인 듯했다. 물론 하나님의 심판을 바라는 이들은 그 심판에서 자신은 살아남을 의인이라고 생각했다.

예수님은 이 관점에 철저히 반대하셨다. 예수님은 하나님의 통치를 폭력적 로마 전복과 이스라엘 내 죄인 심판과 결부시키는 대신 병 고침과 죄 사함의 사역과 연결하셨다. 그 나라는 부정한 자를 멸하는 방식이 아니라 그들의 죄를 사하고 대속하는 방향으로 건설될 것이다. 그런 식으로 예수님은 마음이 순전한 제자들의 나라를 이루어가신다.

일단 예수님이 묘사하는 나라를 이해하면 그분이 하신 여러 말씀이 한 줄로 꿰어지기 시작한다. 그의 나라는 자신의 죄를 시인하고 용서를 구하는 "심령이 가난한 자"로 이루어진다. "긍휼히 여기는 자는 복이 있나니"라고 하신 이유는 그들이 다른 이에게 하나님의 심판이 임하는 것을 보길 원하지 않아 긍휼히 여김을 받기 때문이다. 그리스도의 나라는 처음엔 감추어진 것 같지만 작은 겨자씨처럼 거목으로 자라나 그 환영하는 가지에 온갖 종류의 사람이 깃든다.

아이러니하게도 예수님을 포용하는 데 가장 큰 어려움을 겪는 이들은 가장 신실한 유대인들이었다. 그들이 원한 것은 원수로부터 안위를 제공할 메시아였지, 죄 사함의 필요성을 드러내고 압제자를 용서할 것을 요구하는 메시아가 아니었다. 기실 세리와 창기 같은 '죄인들'이 그 자비의 메시지에 이끌려 예수께 대거 몰려왔음은 이상한 일이 아니다.

여전히 세상을 짓뭉개는 세상의 악을 보면서 예수님은 단순히 몽상가에 불과했다고 결론짓기 쉽다. 그러나 그건 예수님의 전략과 사명을 모두 오해했음을 드러낸다. 심판이라는 투박한 도구를 사용하는 대신 예수님은 긍휼의 나라를 건설하셨다. 긍휼엔 나름의 부작용이 따르는데, 그중 하나가 악과 선이 나란히 자라도록 놓아둔다는 것이다. 그러나 긍휼은 외적 힘의 사용이 아니라 내적 은혜의 권능으로 우리의 내면을 변화시켜 원수들을 물리치는 데 가장 위대한 승리를 가능하게 한다. 결국 최후 심판의 시간표를 결정하는 것은 하나님의 긍휼이다.

랍비들이 하나님의 긍휼과 공의의 관계에 관해 한 말을 들어보자. "죽은 자가 부활하는 날보다 비 내리는 날이 더 위대한 이유는 전자는 의인만 이롭게 하지만 후자는 의인과 불의한 자 모두를 이롭게 하기 때문이다."[19] 하나님이 날마다 자신을 미워하는 사람을 먹이시기 위해 비를 내리시는 것은 인류에 대한 하나님의 큰 사랑을 보여준다. 그분의 긍휼은 공의보다 크다!

예수님은 비라는 선물에 빗대어 제자들에게 하나님의 죄인 사랑에 동참할 것을 촉구하신다. "너희 원수를 사랑하며 너희를 박해하는 자를 위하여 기도하라. 이같이 한즉 하늘에 계신 너희 아버지의 아들이 되리니 이는 하나님이 그 해를 악인과 선인에게 비추시며 비를 의로운 자와 불의한 자에게 내려주심이라"(마 5:44~45).

그 나라에 들어가는 법

그러나 그 나라는 모든 자의 필연적 종착지가 아니다. 그가 자비로운 왕이시기에 예수님은 명령이 아닌 초청을 하신다. 예수님은 누군가를 억지로 떠밀지 않으신다. 우리가 회개하고 그를 따를 때까지 오래 참으며 기다리신다. 예수님이 하나님 나라를 받는 것이나(눅 18:17) 천국에 들어가는 것(마 7:21)에 관해 하신 말씀은 많은 이들이 생각하듯 사후에 천국에 가는 방법에 관한 것이 아니었다. 예수님은 어떻게 위대한 삶을 살 수 있는지를 말씀하셨다. 바로 그분의 은혜의 권능으로 그 통치 아래 사는 것이다. 예수님은 그 메시지를 소통하고자 유대 관용구를 사용하셨다.

천국에 관한 가장 오래되고 유명한 격언은 (모든 신실한 유대인이 조석으로 하는 기도문인) 쉐마에 대한 평이다. 우리가 살펴보았듯이 쉐마의 시작은 신명기 6장 4~5절이다. “들으라[쉐마] 이스라엘아. 우리 하나님 여호와는 오직 유일한 여호와이시니 너는 마음을 다하고 뜻을 다하고 힘을 다하여 네 하나님 여호와를 사랑하라.”

왜 랍비들은 ‘천국’과 이 특정한 기도 사이에 연관성이 있다고 보았을까? 랍비들은 날마다 이 헌신을 하는 사람은 정신적으로 하나님 앞에 엎드리며 하나님을 자신의 왕으로 삼는 ‘즉위식’을 거행한다고 이해했다.[20] 하나님을 향한 믿음을 선포하며 그분의 다스림 아래에 살 것을 서약하는 게 쉐마라는 것이다. 이 헌신은 정치 운동에 참여하는 것과는 아무 상관이 없고 전적으로 개인적이고 영적인 결단을 하는 것이다. 이 이해는 “하나님의 나라는 너희 안에 있느니라”(눅 17:21)는 예수님의 말씀과 완벽하게 맞아떨어진다.

따라서 예수님과 랍비에게 천국을 '받는다'거나 '들어간다'는 것은 온 마음을 다하여 하나님을 사랑하기로 개인적 헌신을 하는 것을 의미했다. 랍비들은 천국 입성을 하나님 아버지를 자신의 왕으로 경배하는 것으로 이해했다. 하지만 예수님은 그걸 확장하여 그리스도가 받은 그 나라의 통치권에 입각하여 하나님을 경배하는 것으로 이해하셨다. 그래서 예수님이 그 나라를 일컬어 '내 나라'라고 하신 것이다.

예수님이 공생애의 상당 부분을 왕국 선포에 쓰신 것은 어찌 보면 당연한 일이다. 예수님이 세상에 오신 것은 바로 만인의 죄를 대속함으로써 모든 이가 하나님께 돌아올 길을 열기 위함이었다. 그 관계 속으로 들어오는 것은 "하나님의 통치 속으로 들어오는" 것으로 설명할 수 있다. 우리가 쓰는 "그리스도를 주님으로 영접한다"는 표현도 그리스도를 우리의 왕으로 맞는다는 발상을 압축한 것이다.

이것을 이해할 때 그 나라에 관한 예수님의 가르침이 한결 선명해진다. 예수님의 말씀을 들어보라. "심령이 가난한 자는 복이 있나니 천국이 그들의 것임이요"(마 5:3). "심령이 가난한 자"는 자신이 불가항력적 상황으로 무너졌다고 느끼는 사람들이다. 스스로 엉망으로 관리한 삶에 염증과 곤고함을 느끼는 자들이다. 그들은 그리스도 없는 인생은 가능하지 않음을 깨닫고 하나님의 대장 되심에 갈급하여 겸허하게 하나님의 인도를 받아들인다.

아울러 예수님은 "누구든지 하나님의 나라를 어린아이와 같이 받아들이지 않는 자는 결단코 거기 들어가지 못하리라"(눅 18:17)고 하셨다. 예수님은 한계선을 시험하며 계속 경계를 넘나드는 십 대라도 된 것처럼 그 나라를 받아들이라고 하지 않으셨다. 아울러 얼마든지 스스로 해낼 수 있다고 생각하는 자립한 어른처럼 그 나라를 받으라고 하시지도 않았다. 우리는 믿고 의지하며 즐거워하고 기쁘게 하려는 마음으로 가득한 어린아이와 같은 태도를 지녀야 한다.

제자 될 기회를 거절한 부자 청년에 관해 예수님이 하신 말씀을 기억하라. "재물이 있는 자는 하나님의 나라에 들어가기가 얼마나 어려운지!"(눅 18:24). 예수님은 '사후'에 천국에 들어가려면 무엇을 해야 하는지 말씀하신 게 아니었다. 예수님은 이 교만한 청년 관원이 그 시점에 그의 인생에 대한 하나님의 왕 되심을 받아들이지 않았다고 하신 것이다. 자기 뜻이 아닌 하나님의 뜻을 선택하기가 이토록 어렵다.

물론 그 나라에 속한다는 것은 왕께 복종할 것을 맹세한다는 뜻이다. 율법주의자와는 거리가 먼 예수님은 이런 말씀도 하셨다. "나더러 주여 주여 하는 자마다 다 천국에 들어갈 것이 아니요 다만 하늘에 계신 내 아버지의 뜻대로 행하는 자라야 들어가리라"(마 7:21).[21] 다시금 예수님은 사후에 천국에서의 삶에 관해 말씀하신 게 아니었다. 예수님은 지금 여기서 하나님이 요구하시는 바를 행함으로써 그분을 왕좌에 올려드리는 것을 말씀하셨다.

우리 중 다수는 더 깊은 방식으로 하나님을 체험하길 원한다. 그러나 우리는 순종이 영적 생명력의 열쇠임을 망각한다. 앤의 친구는 순종의 상극에 있는 어린 두 남자아이를 키우는 엄마다. 큰아들은 시시때때로 엄마를 도우려고 하지만, 막내는 아주 간단한 일에도 비명을 지르고 안 끌려가려고 발버둥친다. 앤의 친구는 아들 둘을 다 사랑하지만, 막내 때문에 날마다 골치가 아프다는 걸 인정한다. 이 엄마는 예수님이 제자들에게 "너희가 나를 사랑하면 나의 계명을 지키리라"(요 14:15)고 말씀하신 이유를 완벽하게 이해한다. 사실 그녀도 "왜 날 사랑한다고 하면서 내가 시키는 대로 안 하니?" 하고 묻고 싶은 심정이다. 대부분 엄마처럼 내 친구는 어린 아들의 입맞춤과 포옹을 귀하게 여기지만 가장 귀하게 여기는 것은 아들의 순종이다. 우리와 주님의 관계도 마찬가지다.

이 스토리에서 자기 모습을 보았다면 유념하라. 불순종은 문제이지만 기회가 될 수도 있다. 만일 분열된 마음이 성장에 걸림돌이 되고 있다면 회개하라. 그리고 새로운 신뢰와 순종으로 하나님께 반응하도록 도와달라고 구하라. 그러면 불순종의 나락으로 떨어지는 데서 돌이킬 수 있을 것이고, 그 과정에서 당신 삶으로 흘러들어오는 새로운 은혜의 통로가 열려, 이전에 경험하지 못한 영적 성장이 가능해질 것이다.

그 나라에 관한 예수님의 말씀을 이해하는 수준은 우리가 살아가는 일상에도 결정적인 영향을 미친다. '천국'을 단순히 그리스도의 재림이나 죽어서 가는 곳이라고만 생각한다면 자칫 수동적이고 느슨해지기 쉽다. 그러나 만일 그 나라가 살아 있는 역동적 현실이라고 생각한다면(바로 지금 흑암의 나라를 제압하며 꾸준히 전진하는 현실이라면) 다른 이야기가 될 것이다. 그리스도의 제자로서 순종이 핵심적인 이유는 순종이 우리를 예수님의 닮은꼴로 빚어 예수 통치가 온 땅으로 퍼져나가도록 하는 성령 역사의 촉매제이기 때문이다.

그 나라에 관한 예수님의 메시지는 뼛속 깊이 유대적이다. 이는 또한 가능한 한 많은 사람을 아들의 나라로 모아들이기까지 최후 심판을 미루시는, 온유하고 긍휼하신 하나님을 계시한다.

예수님의 유대성과 우리 신앙의 유대적 뿌리에 관해 참 많은 것을 배웠다. 이젠 자신에게 몇 가지 중요한 질문을 던져야 할 때가 되었다. 예수님의 유대성을 어느 정도까지 받아들여야 할까? 어떤 면모가 우리의 기독교 신앙을 부요하게 하고 어떤 면모는 배제해야 할까? 더욱이 예수님의 유대성으로부터 배우려는 과정에서 어떻게 균형과 분별을 유지할 수 있을까? 이 질문들을 함께 고민해보자.

14
예수의 참 제자로 살아가는 길

지혜는 겸손을 낳는다.

랍비 아브라함 이븐 에즈라(1100년경)

아, 중동의 여름 무더위와 간조한 땅의 흙먼지 속에서 2주간의 여행을 마치고 다시 집에 발을 들여놓을 때의 그 기분이란. 유대교, 기독교, 이슬람교, 이 세 종교가 증거하는 이야기로 들끓는 이스라엘은 흥미진진하면서도 사람을 압도하는 곳이다. 고대 유적과 문화적 동요, 종교적 열기로 충천한 이곳은 지상의 어느 곳과도 비할 수 없다. 당신이 배운 것들로 이제 다시는 성경을 예전처럼 읽진 못할 것이다. 성경 스토리가 눈앞에서 살아 움직일 것이다.

이제 당신은 안락의자에 몸을 파묻고 익숙한 집의 냄새를 들이킨다. 기도로 준비했던 대단한 모험은 끝났고 '정상적인 생활'이 예리한 긴박감으로 당신에게 어서 오라고 손짓한다. 그 끌어당김을 밀쳐내려는 순간 살짝 피로감과 함께 거품이 빠지는 느낌을 받기 시작한다. 여행 전체가 일장춘몽처럼 여겨진다.

그러나 이스라엘 입국 관리소 스티커로 뒤덮인 여행 가방이 눈에 들어온다. 가방을 비우기 시작하자 수영복에 아직도 희미하게 갈릴리 바다 향이 배어 있고 등산화 밑창에는 수천 년 전 유대 농부가 깨뜨렸던 흙이 아직 끼어 있음을 본다. 그때 양말 한 짝에서 귀한 도자기 조각 하나가 툭 떨어진다. 상상해보라. 우물가로 가던 길에 한 이스라엘 여자가 넘어져 그녀가 애지중지하던 물동이가 박살 났다. 그 한 조각을 수 세기 후 당신이 흙 속에서 발견한 것인지도 모른다.

짐을 푸는 데는 몇 분 안 걸리겠지만 추억을 푸는 데는 수년이 걸릴 것이다. 당신은 버스가 유대 산길을 오를 때 햇빛에 반짝이던 예루살렘의 석회벽을 처음 보았을 때를 기억한다. 톡 쏘는 독특한 고도古都의 시장 냄새를 기억하고 코를 찡그린다. 당신의 다리는 성경의 현장을 답사하는 과정에서 가시와 햇볕에 달구어진 덤불 밭을 걸었을 때 느꼈던 그 뻐근함과 가려움을 아직도 느낀다.

예수님 출생 이래 이천 년 넘는 시간이 흘렀지만 예수님이 제자들과 함께 이스라엘의 울퉁불퉁한 지형을 활보하시는 모습은 어렵지 않게 상상할 수 있다. 이젠 익숙한 성경 구절에 새로운 생기가 넘친다. 당신은 그 고대 땅으로의 여행을 결코 잊지 못할 것이다.

이 책에서 당신이 함께한 1세기 이스라엘 오솔길의 돌풍 같은 답사가 조금이나마 이와 비슷했기를 바란다. 우리는 랍비와 함께 고대의 거리를 거닐며 이 옛 나라의 풍습과 전통을 흡수하였다. 예수님이 살았던 문화적 배경을 치열하게 들여다봄으로써 당신은 여러 새로운 사실을 발견했을 것이다. 가령 예수님은 …

- 성경을 사용하셔서 매우 강력한 주장을 유대적인 방식으로 펼치셨다.

- 주변의 다른 랍비들의 담론에 참여하셨다.
- 고대 유대 절기를 지키셨고 절기의 궁극의 성취가 되셨다.
- 토라를 최고로 존중하셨다.
- 지상에 계시는 동안 탈미딤(제자) 양육을 주목표로 삼으셨다.

그런데 예수님의 유대성을 알게 된 후로 당신의 삶에는 어떤 변화가 생겼는가? 수천 년 뒤, 그것도 전혀 다른 문화권에서 살아가는 당신에게 이 배움은 어떤 뜻이 있을까?

지금쯤이면 당신도 예수님의 '유대적 맥락'이 정말 중요하다는 사실을 알았을 것이다. 성경을 읽다 보면 새로운 질문이 머릿속에서 계속 당신을 따라다닐 것이다. "이게 관용구는 아닐까? 유대 문화 속에서는 어떤 의미로 통했을지 궁금한데. … 예수님의 이 말씀은 구약을 인용하신 걸까?" 등등. 이제 예수님이 살아가셨던 유대 배경을 더 많이 알게 되었으니 돌아갈 길은 없다. 하나님의 말씀 안에서 당신이 더 깊게 성장하도록 거룩한 호기심에 불을 댕겼기를 바란다.

당신이 우리와 같다면 기독교의 유대적 뿌리를 배우는 과정에서 신앙이 더 튼튼해졌을 것이다. 예수님의 역사적 실재가 명료하게 초점 안으로 들어오면서 그 말씀과 주장 역시 더 분명해졌을 것이다. 과거 50년간 고고학자와 성경학자들은 예수님을 더 잘 이해하는 데 도움이 될 만한 중요한 문서와 고대 단서들을 대거 발굴했다. 기실 우리는 이제 1세기 세상에 대해 이전 세기의 신학자는 꿈도 꾸지 못했던 정보에 접근할 수 있게 되었다. 그중 상당 부분은 고대 문서의 신뢰성을 확증했고 많은 성경학자는 이전보다 성경의 역사적 정확성에 덜 회의적인 자세를 취했다.

1세기 이스라엘의 관습과 종교적 신념에 관해 알면 알수록 이전엔 무관하게 보였던 사건과 스토리가 돌연 기막힌 방식으로 연결된다.

유대인을 대하는 자세를 재고하다

로이스는 지금껏 공부한 것 덕분에 예수님 시대 유대민족에 대한 자신의 태도가 크게 달라졌다고 말한다. "지금 돌아보니 나는 지금껏 복음서의 유대 무대를 짙은 색으로 칠해왔음을 알았다. 그렇게 하면 짙은 그늘을 배경으로 해서 예수님이 더 돋보이리라 생각한 것이다. 가령 예수님이 여자를 인정하셨다면 동시대인은 여자를 무시했다고 넘겨짚었다. 예수님이 돈 사랑을 경고하셨다면 주변에서는 모두 돈 모으기에 열을 냈기 때문이라고 생각했다. 내가 상상했던 것과 현실이 늘 같진 않음을 깨닫기 시작하자 불편한 감정이 들었다. 차츰차츰 나의 신앙이 단련되는 과정에서 내가 세웠던 전제들을 재검토해 볼 만큼 자신감이 생겼다."

예수님의 유대인 청중을 깎아내리는 것은 나 자신에게 도망갈 구멍을 마련하기 위함이란 생각이 들었다. 예수님을 한결같이 사랑 넘치고 온화한 분으로 그리고 싶었기에 그분이 1세기 청중에게 하신 강한 말에 움찔했다.

'분명 예수님은 나에겐 그런 식으로 말씀하시지 않을 거야. 당시 사람들은 어리석고 완고했음이 틀림없어. 난 그들 같지 않아 너무 다행이야! 그런데 정말 그들도 나와 다를 바 없는 사람이었다면? 아니, 설상가상으로 그들의 신앙이 나보다 더 진실하고 헌신적이었다면?'

돌연 예수님의 엄중한 말씀이 이전에 상상했던 것보다 훨씬 높은 수준의 의로움으로 날 부르시며 엄청난 도전이 되었다.

비록 그리스도인은 종종 1세기 유대인을 부정적인 방식으로 그렸지만 하나님은 그들을 통해 우리에게 구세주를 주셨고, 우리는 그들의 유대 선조와 그들에게 큰 빚을 졌다. 제사장과 바리새인 중에도 얼마나 많은 수가 예수님의 열렬한 신자가 되었는지를 잊어선 안 된다(가령, 행 21:20).

이처럼 모든 1세기 유대인을 악당으로 그리는 것이 잘못되었듯이 그들이 죄다 성인이었다고 보는 것도 같은 실수다. 예수님의 첫 청중은 오늘날 우리와 똑같이 죄와 신앙과 인생의 고달픔으로 갈등했다. 우리는 하나님이 유대 민족을 통해 역사하신 방식에 감사하면서도 유대교 자체를 이상화하는 것을 피해야 한다.

예수님의 유대성에 관해 알아갈수록 뼈아픈 질문이 제기된다. 왜 그리스도인은 기독교 신앙의 유대적 배경에 관해 교육받지 않았을까? 이는 그리스도인과 유대인 사이의 비극적인 역사와 어떤 연관이 있을까?

교회가 탄생한 지 불과 백 년 뒤에 터키의 주교 마르시온은 구약의 하나님은 잔인하고 사악하며 참 하나님은 그리스도를 통해 계시되었다고 주장했다. 마르시온은 성경에서 구약과 과도한 유대의 영향이 엿보이는 몇몇 신약 책을 폐기할 것을 주창했다. 그는 주후 144년에 이단으로 파문당했지만 슬프게도 그의 사상의 흔적은 기독교 역사 내내 잔존했다.[1] 그리스도인이 예수님의 유대성에 무지했던 이유가 궁금했다면 마르시온을 검토해보라. 그도 이 일에 큰 몫을 담당했다. 그러나 바울이 이방인 신자들에게 하나님과의 관계를 자랑하지 말라고 경고한 말을 들어보라.

> 또한 가지 얼마가 꺾이었는데 돌감람나무인 네가 그들 중에 접붙임이 되어 참감람나무 뿌리의 진액을 함께 받는 자가 되었은즉 그 가지들을 향하여 자랑하지 말라. 자랑할지라도 네가 뿌리를 보전하는 것이 아니요 뿌리가 너를 보전하는 것이니라(롬 11:17~18).

바울은 하나님이 수천 년 전 아브라함에게 하신 언약을 통해 심으신 '감람나무'에 이방인이 접붙여졌다고 말한다. 진실은 이렇다. 우리는 유대 나무에 접붙임을 받아 하나님이 유대인 선지자와 유대인 사도, 유대인 메시아에게 주신 말씀을 통해 영양을 공급받는 가지에 불과하다. 따라서 그리스도인이야말로 누구보다 겸손해야 한다. 우리가 이 경고를 청종했더라면 우리와 유대 민족 사이는 얼마나 다르게 전개되었을까.

그러나 역사의 거의 모든 시점에서 교회는 바울의 중요한 권면을 개의치 않았다. 2차 세계대전 후 많은 기독교 학자는 홀로코스트의 기괴한 비극이 수 세기 동안 전 유럽 교회에 만연했던 반유대주의 토양에서 자라났음을 깨닫기 시작했다. 그 후 예수님과 신약의 유대성을 검토하려는 새로운 개방성이 싹트기 시작했다. 일부 기독교 학자들은 성경의 모태 전통에 관해 배우고자 유대 학자들과 공동연구를 하기 시작했다.

신앙의 유대적 배경과 다시 연결되면서 우리 역시 선조의 죄에 대해 많은 성찰과 회개를 해야 함을 인정해야 한다. 단순히 '옛날 사람들' 탓으로 돌리지 말고 각자가 지금 당장 짊어질 책임은 무엇인지 자문해야 한다.

새로운 관점

이 책을 읽은 후 당신도 성경을 읽는 방식에서 뭔가가 달라졌음을 느끼는가. 지금까지와는 다른 관점에서 성경을 조망하는 것이 두려울 수도 있다. 그러나 이건 축구 경기를 시청하는 것과도 같다. 이제 막 패스를 했는데 공을 받아야 할 사람이 쓰러져 있다. 그가 태클을 당했을 때 공을 놓쳤는가, 아니면 공을 계속 붙들고 있었는가? 다시보기를 통해 슬로우모션으로 다른 각도에서 볼 수도 있다. 현실은 달라지지 않았지만 처음 볼 때 놓쳤던 디테일이 돌연 명료해진다.

아니면 이 실험을 해보라. 손에 책을 쥐고 한쪽 눈을 감는다. 책이 뒤의 사물과 관련하여 어느 위치에 있는지 자세히 보라. 그다음 다른 눈을 감고 책의 상대적인 위치를 보라. 두 관점은 비슷하지만 다르다. 한쪽 눈으로 볼 때 감추어진 것이 다른 눈으로 볼 때 눈에 들어온다. 윤곽선이 살짝 다른 각도에서 흐릿해진다. 당신의 뇌는 두 개의 상충하는 데이터를, 두 개의 살짝 다른 그림들을 받아들여 하나로 통합한다. 사실 뇌가 심도 있는 인지를 제공하려면 두 그림 다 필요하다. 어느 쪽이라도 한쪽 눈만 가지고는 삼차원을 식별할 수 없다. 마찬가지로 기독교와 예수님을 유대 관점에서 조망하는 것은 우리 자신의 신앙에 깊이와 입체성을 더하는 일이다.

눈 비유를 좀 더 해보자. 당신의 뇌가 두 그림을 하나로 통합할 수 있는 것은 한쪽 눈이 지배적이기 때문이다(뇌는 그 한쪽 눈의 관점을 궁극의 '권위'로 간주한다). 두 눈을 뜨고 방 저편의 사물을 검지로 지목하라. 이제 한쪽 눈을 감은 후 같은 사물을 보고, 다시 다른 쪽 눈을 감은 후 동일한 사물을 본다. 손가락이 머무르는 장소는 당신의 지배적 눈이 보는 관점과 동일하다. 다른 눈의 관점에선 손가락이 다른 곳으로 이동했다. 만일 어느 쪽 눈도 지배적이지 않다면 당신의 뇌는 양쪽 눈으로 유입되는 상충된 정보를 처리하지 못한 채 뒤죽박죽이 될 것이다.

동일한 방식으로 신앙의 유대적 뿌리에 관해 배울 때 '지배적 눈'을 갖는 것이 중요하다. 성경에 대한 탄탄한 지식과 그리스도를 향한 강한 믿음으로 시작해야 이런 공부를 통해 가장 많이 성장한다. 이런 사람들은 새로운 정보를 접할 때마다 신앙이 부서질까 봐 두려워하는 '약골'이 아니다. 그들은 필요하다면 이해한 바를 수정할 수 있지만 신앙과 양립이 불가한 생각은 배척한다. 이 '지배적 눈'이 없는 사람은 현실에 대한 두 가지 상충하는 초상을 접하며 혼란스러워한다.

아울러 당신이 읽는 문헌을 신중하게 취급해야 한다. 전통 유대 문헌은 개념상 예수님을 메시아로 인정하지 않는다. 유대인과 그리스도인 사이에 열띤 논쟁이 벌어졌던 과거 2천 년 동안 양측은 상호 거리를 두었다. 기독교가 자신의 유대적 배경을 외면하고 거리를 두었던 것처럼, 유대교도 똑같이 다수의 1세기 유대인이 예수님을 메시아로 믿게 한 선대의 관습과 신념을 일부러 축소했다.

그 한 가지 예가 오늘날 정통파 유대교인이 두루 사용하는《후마쉬》*Chumash*라는 고전적 토라 주석을 쓴 라쉬라는 사람이다. 라쉬는 1096년 1차 십자군 전쟁 당시 프랑스에 살았다. 그의 가까운 친구와 가족들이 그리스도인의 손에 죽임당했기에 토라와 시편에 대한 그의 주석은 때론 노골적으로 때론 간접적으로 기독교 신앙을 반박한다. 이는 그리 놀랄 일이 아니다.[2] 토라 공부에 관심이 있는 현대 그리스도인 중《후마쉬》가 기독교적 성경 해석을 반박하려고 기록되었음을 모른 채 이 책을 사용하는 경우가 꽤 있다. 유대교도 정적인 종교가 아님을 인식해야 한다. 유대교의 이런 변화에는 기독교의 강력한 주장에 나름대로 반응하려는 시도도 들어 있다.

세데르

세데르는 유월절에 먹던 의례 식사를 일컫는 이름이다. 이 단어는 '질서'로 번역될 수 있는데, 이는 유월절 세데르가 전통적 전례 순서 뒤에 오며, 고대 이스라엘 백성의 출애굽을 기념하는 특정한 의례 음식을 포함하기 때문이다.

기독교 문헌 역시 신중하게 다뤄야 한다. 온갖 종류의 기이한 이론들이 책이나 인터넷에 출몰한다. 예수님의 유대성에 관한 관심은 일반인 사이에선 상당히 근래에 일어난 움직임이기에 이 분야는 온갖 종류의 목소리에 열려 있다. 전통적 성경 해석 방식에 도전을 제기하는 학술서도 있다. 타당한 도전도 있고 부당한 도전도 있다. 따라서 기도와 분별이 절대적으로 필요하다.

전통 기독교가 잘 조경된 정원이라면 히브리적 관점에서 성경을 공부하는 것은 길들지 않은 오솔길과 돌밭 같다. 모퉁이를 돌아 아름다운 풍광과 마주하기도 하고 더 깊이 파헤치다가 찬란한 보석을 발굴하기도 한다. 그러나 웅덩이와 가시덤불도 있고 길을 잃을 수도 있다. 그 여정을 위해서는 튼튼한 다리와 신중하게 길을 엄선할 지혜가 요구된다.

다른 교인들과 함께 1세기의 유월절을 재현하려던 로이스의 시도를 기억하는가? 그들의 세데르 안내서에는 예수님과 제자들이 '트리클리니움'*triclinium*이라는 낮고 네모난 U자형 테이블에 비스듬히 기대앉아 식사했다고 적혀 있었다. 최대한 본모습에 가깝게 구현하기 위해 그들은 U자 모양으로 바닥에 네모난 접이식 테이블을 배치했다. 그다음 모든 이가 이 간이 트리클리니움을 둘러싸고 한 팔로 몸을 세운 채 바닥에 드러누웠다. 이는 매우 불편한 식사 방식이었다. 그럼에도 그들은 레오나르도 다빈치가 최후의 만찬 그림에서 묘사한 예수님과 제자들처럼 현대식 테이블과 의자에 앉아 유월절을 지내는 '실수'를 범하지 않았음에 뭔가 유식해진 느낌을 받았다.

십 년 후 이스라엘 답사 중 로이스는 그들이(그리고 여러 다른 단체가) 사용한 유월절 안내서 때문에 트리클리니움을 오해했음을 알게 되었다. 예수님과 제자들은 불편하게 U자형 테이블 주변에 착석하지 않았다. 트리클리니움은 테이블이 아니었다. 그 단어는 U자형으로 붙여놓은 '세 좌식소파'three couches를 뜻한다. 사람들은 그 좌식소파에 비스듬히 기대앉았고 음식은 가운데 작은 원탁에 차려놓았다.[3] 트리클리니움은 이 고대의 '분리형 소파'가 놓인 식사 공간을 가리키기도 한다. 종종 벽에 3면의 단상을 설치했고(그 뒤엔 앉거나 누울 곳이 없었다) 사람들이 그 위에 앉았다.

로이스의 답사를 인도했던 학자 스티브 나틀리 박사는 최후의 만찬 때 트리클리니움이 있었는지조차 의심한다.[4] 그는 예수님과 제자들이 바닥 매트에 앉거나 쿠션에 기대앉았을 가능성이 훨씬 크다고 생각한다. 음식은 큰 접시에 담아 작은 테이블 역할을 했던 삼발이 위에 올려놓았다.

사람들이 최후의 만찬 때 어떻게 앉았는지가 정말 중요할까? 물론 아니다. 그러나 이런 디테일에는 고대 장면들이 살아나게 만드는 힘이 있다. 우리가 예수님의 유대성을 더 이해하고자 노력하다 보면 언젠가는 지금 배우는 몇몇 이론을 수정해야 할 수도 있다. 그동안 우리는 항상 겸손하게 교정에 열린 자세를 유지하는 게 좋겠다. 랍비 이븐 에즈라가 말하듯 "지혜는 겸손을 낳는다."

우리는 탈미딤으로 부름받았다

예수님의 역사적 실재에 관한 새로운 통찰을 발견하는 일은 가슴 벅찬 과정이며 우리 인식의 폭을 키워줄 수 있다. 그러나 우리가 새롭게 발견한 지식으로 무엇을 해야 하는 걸까? 가장 중요한 일은 예수님이 우리를 그의 탈미딤, 곧 제자로 부르심을 깨닫는 것이다. 전 세계와 전 시대에 걸쳐 수백만의 그리스도인이 다음과 같이 시작하는 사도신경의 렌즈를 통해 예수님을 바라봤다.

> 전능하사 천지를 만드신 하나님 아버지를 내가 믿사오며,
> 그 외아들 우리 주 예수 그리스도를 믿사오니,
> 이는 성령으로 잉태하사 동정녀 마리아에게 나시고,
> 본디오 빌라도에게 고난을 받으사, 십자가에 못 박혀 죽으시고, 장사한 지….

그리스도인은 예수를 구주와 하나님의 아들로 이해하며 그의 대속적 죽음과 부활을 믿는다. 이 신념이 우리 신앙의 핵심인 것은 맞다. 그러나 우리 중 다수는 기독교가 어떤 신조에 동의 표시를 하는 것 이상임을 모르는 것 같다. 우리는 랍비 예수의 탈미딤이 되고 그 후 다른 이들과 우리 삶을 나눔으로써 그들 역시 예수님의 제자로

삼아 예수와 살아 있는 일상적 관계를 맺도록 부름받았다. 구원을 강조하지만 제자도를 도외시한다면 왜 예수님이 랍비로 이 땅에 오셔서 랍비로 살다 가셨는지 그 핵심을 놓치게 된다.[5]

예수님은 제자들이 짧은 시간에 완벽해질 것을 기대하지 않으셨다. 그리스도는 우리가 그를 따라 "그의 발치에 앉아" 삶의 방식을 배우길 기대하신다. 예수님이 "너희는 나를 불러 주여 주여 하면서도 어찌하여 내가 말하는 것을 행하지 아니하느냐"(눅 6:46) 하고 말씀하셨던 것을 기억하는가? 어쩌면 예수님은 오늘날 우리에게도 동일한 말씀을 하시며 그리스도인을 더 큰 순종과 더 깊은 신실함으로 부르고 계신지도 모른다.

좋은 제자라면 스승의 말을 이해해야 하므로 예수님의 말씀을 명료하게 하는 것은 계명실천의 준비 단계다. 오늘날 그리스도인은 예수님이 사역하셨던 역사적, 종교적 맥락을 이해하는 데 전례 없이 좋은 조건 속에 있다. 이러한 발견을 온전히 우리 것으로 취해, 1세기의 삶과 신앙 탐구로 우리 제자도를 깊게 하도록 하자.

송축 기도, 안식일 준수, 세데르 만찬 등과 같은 유대 전통을 경험해보면 그리스도를 더 풍성하게 이해하게 된다. 실제로 해본 사람들은 이 관습이 얼마나 뜻깊은 것인지 발견했다. 그들은 성경과 하나님이 일하시는 방식을 더 깊이 알아갔다. 유대 관습과 전통이 우리를 랍비 예수님에게로 더 가까이 다가가게 하고 더 신실하고 지혜로운 탈미딤으로 변하게 한다면 우리도 경험해보아야 한다.

하지만 주의사항이 있다. 많은 유대 전통이 매력적이지만, 1세기가 한참 지난 다음에 시작해서 예수님과는 아무 상관이 없는 것도 있다. 대부분의 유대 의복과 전통 음식은 불과 수백 년 된 것으로 유대인이 살았던 여러 나라의 고유문화에서 기인한다. 아울러 후대 유대인은 우리가 보는 성경과 같은 성경을 읽었지만, 예수님 시대에 본문을 이해하던 방식과는 다를 수 있다.[6]

아울러 우리는 특정 관습을 채택하는 것이 다른 이에게 더 나은 증거가 되는지 자문해야 한다. 공동체 안에 살며 우리 행동이 타인에게 미치는 영향을 외면할 수 없다. 아울러 우리가 유대교의 신앙 관습을 존중한다고 해서 마치 모든 길이 똑같이 하나님께로 통하는 것인 양 상대주의자가 되어선 안 된다. 기독교의 히브리적 뿌리를 탐구하는 과정에서 율법주의로 빠져드는 것을 경계하는 목소리도 무시해선 안 된다.

새로운 통찰은 교만과 분열을 초래할 수도 있음을 알아야 한다. 우리가 배운 것에 흥분하여 아무도 이해하지 못하는 전문용어를 사용하거나 이 분야를 잘 모르는 친구에게 짜증을 부린다면 이는 영적 교만의 문제일 수 있다. 얼마나 배워야 할 것이 많은지를 이제 막 깨우치기 시작했기에 누구보다 겸손해야 한다.

결국 중요한 것은 가장 큰 두 계명을 지키는 것이다. 지상에서 가장 위대한 랍비였던 예수님은 온 마음을 다하여 하나님을 사랑하고 자신과 같이 이웃을 사랑하라고 우리를 부르신다. 이 두 가지는 하나님의 모든 율법과 토라 전체의 요약이다. 우리가 행하고 배우고 말하는 모든 것은 이 계명을 신실하게 준행하는 데 얼마나 도움을 주는가를 척도로 평가되어야 한다.

단순한 예를 생각해보자. 당신은 집 문설주에 메주자를 붙일 것을 고민하고 있다. 메주자는 쉐마가 적힌 자그마한 두루마리가 담긴 작고 길쭉한 상자다. 유대인은 말씀을 "네 집 문설주와 바깥 문에 기록할지니라"고 한 신명기 6장 9절 계명을 준행하기 위해 메주자를 문가에 달았다. 메주자 상자엔 하나님의 여러 이름 중 하나인 샤다이가 히브리어 글자로 새겨져 있다. 모든 유대 건물에는 메주자가 있고 화장실을 제외한 모든 방문에서 이를 찾아볼 수 있다. 메주자는 늘 생각 속에 하나님 말씀을 간직할 것을 상기하게 하는 도구이며 예수님 시대 이전부터 실천했던 관습이다. 사해 두루마리본 발굴 현장에서 고대의 메주자도 함께 발견되었고 1세기 유대 학자 요세푸스도 메주자를 언급했다.[7]

물론 당신은 그리스도 안에서 자유를 누리고 있다. 원한다면 문설주에 메주자를 달 수도 있고 달지 않아도 된다. 메주자는 기독교 신앙의 뿌리를 일깨우는 매력적이고 뜻깊은 유익한 전통이다. 당신의 문가에 메주자를 달면 이웃과 친구들 사이에 흥미로운 대화가 꽃필 수도 있고 또 당신의 신앙을 전면에 내세우는 역할도 할 것이다. 이는 마치 치치트 착용과 같다. 당신의 메주자를 본 유대인은 이를 배려와 이해의 몸짓이자, 과거의 반유대주의로부터 벗어나려는 노력으로 볼지도 모른다.

그러나 다른 한편으로는(테브예가 말하듯이) 메주자는 별로 좋은 생각이 아닐 수도 있다. 어쩌면 일부 유대인은 이를 보고 자기들의 종교적 상징물을 부적절하게 취급했다고 여겨 불쾌해할지도 모른다. 혹은 당신은 모든 종교가 동등하다고 믿는 사람이라고 여길 수도 있다. 물론 이런 일이 일어나지 않을 수도 있다. 당신이 하나님과 이웃을 사랑하라는 계명을 온전히 지키는 데 메주자는 여러 방식으로 도움이 될 수도 있다. 하지만 지혜롭게 하지 않으면 걸림돌이 된다. 우리가 하는 '모든 일'은 랍비 예수의 하나님 사랑과 이웃 사랑의 지상 계명에 비추어 평가되어야 한다.

새로운 땅을 기경하는 새로운 도구들

사해 근처 이스라엘 남부의 엔게디 풍경처럼 강렬한 대비를 이루는 곳도 찾기 힘들 것이다. 엔게디 주변의 굽이치는 언덕은 작열하는 태양열 아래에서 황무하고 생명 없는 민둥산이 되었다. 그러나 골짜기 쪽으로 내려다보자마자 풍경이 확 달라진다. 거기엔 곳곳에 샘이 솟아올라 햇볕으로 다져진 토양을 생명이 약동하는 울창한 오아시스로 바꾸어놓는다. 골짜기의 활력 있는 생장의 풍경과 주변의 황무한 언덕의 유일한 차이는 물이다. 기실 이스라엘 전국이 이런 식이다. 그곳 땅은 관개수가 공급되는 한 지상의 어떤 식물도 자랄 수 있을 만큼 비옥하다. 적은 물만 있어도 강렬하게 비옥하지만 물이 없으면 흙과 먼지만 날릴 뿐이다.

성경을 그 문화적 맥락 속에서 배우는 일은 어떤 면에서 이와 비슷하다. 때로는 본문이 건조하게 다가올 수 있다. 긴 명단과 고대 구닥다리 이미지는 종종 깊이 쟁기를 내리기 힘든, 기경되지 않고 쩍쩍 갈라진 건조한 땅 같다. 그러나 성경의 문화와 맥락 속으로 더 깊이 파고드는 법을 발견한다면 땅을 뚫고 그 밑의 풍성함을 파헤치는 예리한 날이 달린 새 쟁기를 얻은 것과 같다. 성령의 생수로 이해와 적용의 정원이 살아나고, 이전에 아무것도 자라지 않던 곳에 생명이 피어나고 자란다. 모든 새로운 경험이 무언가 더 나은 것으로 이어지면서 '아하'하고 무릎을 치는 순간이 끝도 없이 계속될 것이다.

예수님과 동시대를 살았던 랍비들의 담론에 주파수를 맞추다 보면

우리가 그랬듯이 당신의 믿음도 깊어지고

성경을 읽는 방식에는 큰 변화가 일어날 것이다.

감사의 글

이 책을 쓰는 것은 우리의 기쁨이자 특권이었다. 얼마나 운이 좋았길래 예수님의 삶과 그분이 계셨던 유대 세계에 푹 빠져 수개월을 하루처럼 보낼 수 있었을까? 집필 작업은 우리 삶에도 영향을 미쳤다. 가령 올해 부활절에는 때마침 유월절 부분을 쓰는 중이었다. 이미 예수님 시대에 유서 깊은 풍습이었던 유월절 만찬을 파고들다 보니 거룩한 부활 주간의 심오한 사건들이 그림처럼 쉽게 이해가 되었다. 겟세마네에서 고뇌와 고독 가운데 밤을 지새운 예수님. 포도주 몇 잔을 곁들인 푸짐한 유월절 식사를 마친 후에 너무 피곤하여 주변 상황은 아랑곳하지 않고 깨어 기도하지 못한 제자들. 그런 그림들이 어렵지 않게 그려졌다. 사랑하는 랍비께서 이제 곧 유월절 만찬 속에 포함된 약속을 성취하고자 붙잡힐 판인데 제자들은 그날의 깊고도 풍성한 의미를 이해하지 못했다. 그런 깨달음은 한참 후에야 임했다.

저명한 유대 고고학자 가비 바르카이는 "예루살렘에선 하루하루가 발견의 나날이다"고 했다. 지난 50년간 성경의 땅에서는 실로 다양하고 흥미로운 고고학적 발견이 많이 이루어졌다. 그리고 이 발견들은 믿음을 훼손하기는커녕 오히려 복음의 역사적 신뢰성을 강화하는 데 도움이 되었다. 성경의 저변이 된 유대 관습과 전통에 관해서는 유대인 학자들에게서 배울 바가 많다는 것을 깨닫고, 이제 많은 그리스도인 학자가 기독교의 히브리 뿌리를 연구하기 시작했다. 그 연구는 일반 독자로선 접근이 쉽지 않은 여러 값진 통찰을 낳았다.

우리는 유대인이 아니다. 구주의 삶과 가르침에 홀딱 반해 그분이 거니셨던 세상과 문화, 언어를 공부하기 시작했을 뿐이다. 그 과정에서 역사의 외피가 한 겹씩 벗겨졌고, 나중엔 우리가 제자들과 나란히 예수님의 발치에 앉아 있는 듯한 착각이 들 정도였다. 만일 예수님이 에스키모였다면 우리는 이누이트어와 문화를 공부하며 이글루와 얼음낚시와 북극곰을 주제로 연구했을 것이다. 우리는 이 책에서 삶을 변화시키는 그리스도의 말씀을 더 명쾌하고 강렬하게 들을 수 있도록 돕고자 했다.

후속 연구가 나오면서 우리가 제시한 어떤 디테일은 수정될 수도 있을 것이다. 학자들 간에도 무엇이 예수 시대의 것인지 혹은 그 후에 유래한 것인지를 놓고 의견이 엇갈리기도 한다. 이 점을 염두에 두고 우리는 이 분야의 최근 연구를 조사하여 비중 있게 다루었다. 모쪼록 최종 결과물이 성경의 저변인 유대적 맥락을 파악하는 데 도움을 주어, 목회자, 학생, 일반인 할 것 없이 한층 흥미로운 성경 읽기가 가능해지고 삶이 달라지길 바란다.

더 깊이 읽기를 위한 묵상 질문

2장. 예수께서 랍비로 오신 이유

1. 예수님은 토라의 어떤 책보다 신명기를 많이 인용하셨다. 구약을 일독하며 예수님이 신약에서 인용하신 구절을 찾아보도록 하자. 또는 사복음서에 언급된 신명기 구절 찾기도 시도해보자. 이 작업을 위해서는 제대로 된 스터디 바이블이 필요하다.

2. 제자들은 랍비의 말을 암송하는 것을 당연하게 여겼다. 랍비 예수께서 하신 말씀 중에 당신이 좋아하는 어록을 취합하여 암송해보라. 이를 꾸준한 습관으로 삼을 수 있는지 해보라.

3. 당신은 스펀지, 파이프, 압착기, 체 중 어떤 유형의 제자인가?

3장. 진주 꿰기

1. 로이스는 복음서를 이해하는 데 예수님이 구약성경을 어떻게 이해하셨는지를 아는 것이 중요함을 깨달았다. 당신도 구약성경이 생소한가? 그렇다면 1년이나 2년간 일독표를 따라 구약을 읽어보거나 지역교회에서 구약을 개괄하는 강좌를 수강하는 등 더 깊은 공부를 향한 첫걸음을 내딛어보라.

2. 온 가족이 함께 낭독하며 즐길 수 있는 통독용 성경을 찾아보라. 성경 전체를 다 담고 있되, 아이들도 이해하기 쉬운 문체로 쓰인 성경 번역본이 시중에 여러 권 있다. 중요한 이야기만 나온 축약본 성경이 아닌 모든 이야기가 나온 성경을 택해 가족용 성경으로 낭독을 시작해보라.

3. 마태복음 5장 3~12절의 팔복 말씀을 읽어보라. 그리고 이 말씀을 듣던 청중이 머릿속에 떠올렸을 구약의 구절들을 읽어보라. 전후 맥락을 생각해보면 예수님의 말씀이 더 의미심장하게 다가올 것이다.

- 심령이 가난한 자는 복이 있나니… (사 57:15, 66:1~2)
- 애통하는 자는 복이 있나니… (사 61:1~2, 66:2~3, 10, 13)
- 온유한 자는 복이 있나니… (시 37:11)
- 의에 주리고 목마른 자는 복이 있나니… (사 25:6, 55:1~2)
- 마음이 청결한 자는 복이 있나니… (시 24:4)
- 너희를 … 거슬러 악한 말을 할 때 … 복이 있나니 (사 51:7~8, 66:5)

4장. 제자의 총체적 목표

1. 제자도는 수년간에 걸친 점진적 변화 과정이다. 당신이 그리스도의 제자로 성숙해가는 과정에서 어떤 점이 변화되었는지 당신을 잘 아는 친구에게 물어보라.

2. 제자들은 겸손함으로 랍비를 섬기면서, 그러한 섬김을 통해 배우는 것을 당연하게 여겼다. 일상생활 속에서 어떻게 그리스도를 섬겼는지 자문해보라. 당신의 섬김을 통해 그리스도께 배운 바는 무엇인가?

3. 당신 삶에서 부모나 (심지어) 자신이 싫어한다고 생각하는 사람들의 성향이 드러날 때가 있는가? 어떤 모습인가? 자녀에게 본이 되기 위해 개선해야 할 점을 보여달라고 하나님께 구하라.

5장. 하베림이 되어 함께 성장하다

1. 당신에게 하베르, 즉 공부 파트너가 아직 없다면 만나게 해달라고 하나님께 구하라. 어쩌면 배우자가 하베르나 하베라가 될 수도 있다. 당신이 기혼이건 미혼이건 이웃, 교회, 직장에서 성경에 관심이 있는 사람을 찾아보라. 하베르는 당신이 말하는 것에 동의만 해주는 사람이 아니라 더 깊이 들어가도록 도전할 수도 있어야 한다. 토론과 논쟁은 유익한 학습법임을 기억하라.

2. 가정이나 교회에서 하브루타 모임 운영에 대해 생각해보라. 한 사람이나 여럿을 초대하여 특정 본문을 함께 공부하라. 여러 명이 오면 사람들을 짝지어 본문을 소리 내어 토론하게 하라. 시작 전에 이런 공부 방법에 대해 짤막하게 배경 설명을 하라. 이 모임을 진행하는 과정에서 어떤 통찰이 떠오르는지 지켜보라.

3. 다음에 성경을 읽을 땐 이스라엘 백성이 당신의 친가족(형제, 부모, 고모, 삼촌 등)인 것처럼 생각해보라. 본문 속 사람들을 '그들'이 아닌 '우리'로 여길 때 성경에 대한 정서적 반응은 어떻게 달라지는가?

4. 연로한 친척들에게 하나님이 그들의 삶, 특히 환난 속에서 어떻게 역사하셨는지를 들려달라고 해보라. 그분들의 신앙 간증을 기록하여 후대를 위해 보존할 방법을 찾아보라.

5. 우리가 아는 한 교회는 매년 봄 예배 내내 하나님이 이전 해에 행하신 큰 일을 축하하는 자리를 마련한다. 간증 거리가 있는 각 사람이 일어나 나누고 온 교회가 함께 파티를 연다. 당신이 속한 교회에서도 유사한 축하 자리를 가져보면 어떨까.

1. 이번 주 일터에서 하나님의 임재에 주의를 집중하는 마음 상태인 카바나를 더할 방법을 찾아보라. 땅을 파든 케이크를 굽든 설교문을 작성하든 모임을 주재하든 당신이 어디에서 무엇을 하든지 주님의 임재 안에 있도록 은혜를 구하는 기도를 하라. '카바나' 단어를 출력하여 온종일 눈에 띌 만한 곳에 붙여두는 것도 좋은 방법이다.

2. 앞으로 며칠간 아래의 아미다 송축문으로 기도해보라. 특별히 와닿는 구절이 있다면 암송해보라.

우리 아버지여, 우리를 당신의 토라로 돌아가게 인도하소서. 우리 왕이시여, 당신을 섬기도록 우리를 가까이 이끌어 완전한 회개로 당신 앞에 돌아가게 하소서. 오 회개를 받으시는 주님, 당신을 송축하나이다.

당신은 우리의 기쁨이십니다. 우리를 고치시면 나을 것이며, 우리를 도우시면 도움을 받을 것이나이다. 우리의 모든 상처에 온전한 치유를 허락하소서. 오 왕이신 하나님, 당신은 참되고 자비로운 의사이십니다. 자기 백성 이스라엘 중 병든 자를 치유하시는 여호와 당신을 송축하나이다.

오 우리 하나님 여호와여, 올해 우리를 축복하사 모든 소출이 풍성하며 지면에 축복을 비처럼 내리소서. 우리를 풍성한 소출로 채우시고 한 해를 축복하여 풍년이 되게 하소서. 한 해를 축복하시는 오 여호와 당신을 송축하나이다.

오 여호와여, 당신이 우리 조상의 하나님이셨던 것처럼 영원토록 우리의 하나님 되심을 인정하나이다. 우리 인생의 반석이자 구원의 방패이신 당신은 어느 시대나 변함이 없나이다. 우리는 당신께 감사하며 당신을 찬송하나이다. 우리 인생은 당신의 손안에 있고 우리는 당신께 영혼을 의탁하나이다. 당신의 기적은 날마다 우리 곁에 있고 은총은 아침과 저녁과 한낮에 늘 우리와 함께 있나이다. 당신의 자비는 끝이 없고 충만하며 선하심은 결코 다함이 없으시니, 당신은 선하시나이다. 이 모든 것으로 언제나, 영원토록 당신의 이름을 송축하고 드높이나이다. 살아 있는 만물아, 여호와께 감사를 드리고 진리 안에서 그 이름을 찬양할지어다. 오 우리의 구원이자 도움 되신 하나님. 오 여호와 우리 하나님, 당신의 이름은 선하시며 당신에게 감사를 드림이 마땅하니 당신을 송축하나이다.

7장. 하나님의 임재를 유지하는 길

1. 이번 주는 매일 아침 기상할 때 이 기도를 낭송해보면 어떨까? "살아계시고 영원하신 왕이시여. 긍휼로 제 영혼을 다시 돌려주심에 감사합니다. 당신은 측량할 수 없이 신실하십니다."

2. 다음과 같은 상황에서 당신만의 송축문을 작성해보라.
   - 삶에서 가장 행복한 날
   - 삶에서 가장 슬픈 날
   - 지난 한 시간 동안 당신에게 일어난 두 가지 일

   (송축의 목적은 기도의 중심에 하나님을 두는 것임을 기억하라.)

3. 밖을 내다보며, 날씨에 관한 송축을 써 보라. 화창하거나 흐리거나 눈이 오거나 비가 오거나, 어떤 기후에 있든 날마다 하늘을 올려다볼 때 하나님의 위대하심을 선포하기로 결단하라.

8장. 유월절의 재발견

1. 교회나 가족, 친지와 함께 기독교식으로 유월절 '세데르'를 가져보자.

2. 니산월 15일에 열리는 유대 유월절은 유대력이 음력이기에 늘 보름날이다. 유월절 저녁에 밖으로 나가 2천 년 전 겟세마네에서 보름달 아래에서 악과 사투하시던 예수님을 묵상해보라.

3. 전통적 유월절 노래를 다예이누*Dayeinu*라고 부른다. 다예이누는 "우리를 위해 족하나이다"란 뜻이다. 15절로 된 하나님의 복에 관한 긴 목록은 각 절 끝에 다예이누를 후렴구로 반복하는 형식으로 구성된다. 만일 하나님이 어딘가에서 멈추셨더라도 백성은 온전하게 만족했을 것이라는 발상이다. 여기 다예이누 샘플이 있다.

그분이 우리를 애굽에서 건져내셨지만
애굽은 벌하지 않으셨다 해도
그것으로도 족했으리라(다예이누)

그분이 애굽을 벌하셨지만
그 신들을 물리치지 않으셨다 해도
그것으로도 족했으리라

그분이 우리에게 안식일을 주셨지만
우리를 시내산으로 인도하지 않으셨다 해도
그것으로도 족했으리라

그분이 우리를 시내산으로 인도하셨지만
우리에게 토라를 주지 않으셨다 해도
그것으로도 족했으리라

그분이 우리에게 토라를 주셨지만
이스라엘 땅으로 들어가게 하지 않으셨다 해도
그것으로도 족했으리라

그분이 우리 모두를 위해 이 모든 좋은 일을 행하셨으니
얼마나 더 하나님께 감사해야 할까!

이 얼마나 멋진 감사의 자세인가! 당신의 삶에 임한 하나님의 축복을 되돌아보며 자신의 다예이누를 몇 연 지어보라.

9장. 유대 절기 속에서 만난 예수

1. 모든 좋은 결실은 하나님에게서 나온다는 것을 고대인들은 뿌리 깊이 인식했다. 하나님의 공급하심에 감사를 표현하는 마음으로 당신 텃밭의 첫 열매를 지역의 무료급식소에 기부해보면 어떨까? 혹은 꽃밭이 있다면 첫 번째 꽃다발을 이웃 노인이나 싱글맘과 나눠보는 건 어떨까?

2. 가을의 숙곳 절기에 맞추어 교회 부지나 뒷마당에 수카(또는 텐트)를 세우는 것을 고려해보라. 삶의 안정이 소유나 집에서 오는 게 아니라 하나님에게서 온다는 사실을 묵상하며 시간을 보내라. 만나와 물로만 구성된 식단으로 광야에서 불평하지 않고 얼마나 오래 버틸 수 있을지 생각해보라.

3. 욤 키푸르에 하루 중 몇 시간이라도 금식해보거나 지난해에 지은 죄를 종이 위에 써보라. 기억을 일깨워달라고 기도하라. 아직 사과하지 않은 일이 있다면 피해자를 찾아가라. 그다음 그리스도의 대속적 죽음에 감사하는 기도를 드려라. 종이를 갈기갈기 찢으면서 그리스도께서 베푸신 죄 사함을 축하하라.

10장. 랍비와 한 상에 앉다

1. 마태복음 25장 35절에서 예수님은 "내가 … 나그네 되었을 때에 너희가 나를 영접하였〔다〕"고 말씀하셨다. 예수님은 따르는 자들이 남에게 손 대접을 하길 원하신다. 당신은 이 일에 얼마나 능한가? 누군가에게 식사나 커피, 음료수 한 잔이라도 대접할 기회를 얻을 때 한번 실천해보라.

2. 누군가와 관계가 소원해지고 있다면, 혹은 자녀들이 다투었다면 화해의 식사인 '술하'를 한번 시도해보라. 서로 사과하는 의식을 가진 다음 특별한 식사를 함께 나누라. 일단 음식을 한술 뜨면 다시는 분쟁거리를 거론해선 안 된다!

3. 교회에서 성찬식 때 식구들이 서로의 잘못을 사과한다면 무슨 일이 일어날까? 그렇다면 성찬이 술하가 될 것이다. 성찬 자리를 마치고 나서는 모든 이가 다가오는 주에 새 출발을 할 수 있을 것이다.

4. 토요일 밤이나 주일 오후에 가족과 친지와 함께 특별한 식사를 누리는 습관을 들여보라. 식탁에 양초를 놓고 주일 밤 잠자러 들어갈 때까지 타오르게 내버려둘 수도 있을 것이다(안전한 용기에 담겨 있다면 말이다). 이 날을 위해 신선한 빵을 사거나 직접 굽는 것을 고려해보라. 느긋하게 식사하고 식탁에서 성경 구절을 나누도록 하라. 식사를 마감하기 전에 참석한 각 자녀에게 축복의 기도를 하라.

할라 레시피(두 덩이를 만들라)

미온수 2½ 컵
활성 건조 효모 1 큰술
꿀 ½컵
식용유 4 큰술
달걀 3개
소금 1 큰술
무표백 다목적용 밀가루 8컵

1. 큰 사발에 온기가 조금 있는 물을 넣고 이스트(효모)를 뿌린다. 꿀, 기름, 계란 2개, 소금을 넣고 섞는다. 밀가루를 한 컵씩 넣으며 한 컵 넣을 때마다 내용물을 깨뜨리며 섞는다. 반죽이 묵직해지면 끈적거림이 없고 부드러운 탄성이 생길 때까지 치댄다. 필요하다면 밀가루를 더 넣는다. 물기 있는 깨끗한 천으로 덮고 1시간 30분 동안, 또는 반죽 부피가 두 배가 될 때까지 부풀도록 놔둔다.

2. 부풀어 오른 반죽을 주먹으로 내리치며 밀가루 판 위에 놓는다. 반죽을 둘로 나누어 각 덩어리를 5분간 치대며 필요하다면 끈적해지지 않도록 밀가루를 첨가한다. 반으로 나눈 각 덩어리를 세 덩어리로 나누고 지름이 약 4센티미터 정도 되는 기다란 끈 모양으로 도르르 만다. 세 끈의 끝부분을 집어 가운데부터 꽈배기를 만든다. 일자 꽈배기로 놔두든지 양쪽 끝을 한데 모아 꽈배기 원을 만든 다음 끝부분을 하나로 집은 채로 둥근 꽈배기 빵으로 빚어도 된다. 두 개의 베이킹 트레이에 기름칠을 하고 완성된 꽈배기를 각 트레이에 하나씩 놓는다. 타올로 덮고 약 1시간 동안 부풀도록 놔둔다.

3. 오븐을 화씨 375도(섭씨 190도)로 예열한다.

4. 남은 달걀로 달걀 물을 만들어 각 꽈배기에 넉넉히 붓질하여 바른다. 원한다면 양귀비씨를 뿌려도 좋다.

5. 오븐에서 약 40분간 화씨 375도(섭씨 190도)로 굽는다. 빵 밑부분을 쳤을 때 속이 비어 통통거리는 소리가 나야 한다. 최소한 한 시간을 식힌 다음 먹는다.

11장. 랍비의 옷자락을 만지다

1. 당신의 신앙을 좀 더 전면에 내세울 방법을 생각해보라. 한 주 동안 치치트 역할을 할 무언가(장신구나 점심시간에 읽을 신앙 서적 등)를 착용하거나 가지고 다니라. 주변 사람들에게 당신이 그리스도를 드러내는 자임을 명심하라.

2. 다른 고대 법조문과 달리 토라는 고아와 과부를 돌볼 것을 강조한다. 그 시대에 편부모 가정은 살기가 너무 힘들어 부모와 사별한 아이나 아버지가 없는 아이도 '고아'라고 할 수 있었다. 당신이 아는 '고아'를 생각해보고 '형'이나 '언니'로 친하게 지내거나 가족의 따뜻함으로 그들을 맞아줄 방법을 생각해보라.

3. 레위기 19장 16절은 "너는 네 백성 중에 돌아다니며 사람을 비방하지 말[라]"고 한다. 누군가에 관해 부정적인 말을 하지 않고 한 주(아마도 하루!)를 보낼 수 있는지 보라. 그다음엔 당신이 싫어하는 누군가에 관해 긍정적으로 이야기하는 것으로 목표를 높여보라.

4. 이번 주에 매일 실행할 수 있는 미츠바(일반적으로 '선행'으로 정의한다)를 최소한 한 가지 보여달라고 하나님께 구하라.

12장. 예수와 토라

1. 마태복음 5~7장의 산상수훈을 읽어보라. 당신이 산상설교의 현장에 있다고 상상해보라. 갈릴리 바다 위 산등성이에 앉아 예수님의 말씀을 경청하고 있다면, 어떤 질문들이 떠오르겠는가? 어떤 기도를 하고 싶은가? 성령께서 이 비범한 랍비의 말씀으로 당신의 마음을 찔러 쪼개시게 하라.

2. 당신이 별것 아니라고 대수롭지 않게 여기는 유혹이 있는가? 그 유혹을 기록한 다음 이것이 당신을 어떤 방향으로 끌고 갈지 보여달라고 하나님께 구하라. 그다음 삶에서 각각의 유혹을 제거할 지혜를 달라고 구하라.

3. 랍비 조셉 텔루슈킨은 종종 욕을 했던 부유한 남자에 관한 이야기를 들려준다. 이 나쁜 습관을 끊기 위해 그는 자신이 욕할 때마다 유대교의 공익사업에 180달러를 기부하겠다고 랍비와 거래했다. 당신이 신뢰하는 친구와 비슷한 거래를 해보면 어떨까? 혈기를 부릴 때마다 친구에게 벌금을 내기로 약속하는 것이다. 텔루슈킨은 말한다. "이 방법이 너무 돈이 많이 들어 싫다면 당신의 혈기를 누르기 위해 아무 일도 하지 말라. 금전적 손실은 없을지라도 몇 년 못 가 친구, 배우자, 자녀를 다 잃을 것이다."*

* Rabbi Joseph Telushkin, *The Book of Jewish Values* (New York: Bell Tower, 2000), 222-23.

13장. 하나님 나라에 들어가는 제자

1. 매일 카디쉬의 이 문구를 가지고 기도해보라. "그분이 자신의 목적대로 창조하신 우주 곳곳에서 그분의 이름에 영광과 존귀를 돌리게 하라. 그가 당신의 일생 중에, 당신의 나날 중에, 그리고 이스라엘의 모든 집에서 그 왕국의 통치를 속히 이루시길!"

2. 이번 장에서 배운 나라(왕국) 및 6장에서 배운 유대인의 기도에 관한 내용에 비추어보면 주기도문이 전혀 다르게 들릴 것이다. 이제껏 배운 모든 것에 기반하여 당신이 새롭게 깨달은 주기도문을 현대식 표현으로 적어보라.

3. 당신이나 지인의 인생에서 '하나님의 손'이 부인할 수 없는 방식으로 속량의 역사를 베푸셨던 때를 생각해보라. 하나님이 바로 여기, 지금 당신의 나라를 건설하시는 방식에 관해 하나님을 송축하는 시간을 가져보라.

예수의 기도문

쉐마

쉐마는 실은 기도문이 아니라 하나님의 언약에 대한 충성을 선포하고자 매일 아침저녁으로 낭송하는 성경 구절이다. 쉐마는 하나님을 사랑하고 순종하고 자녀에게 성경을 가르치며 생각 속에 항상 말씀을 간직하겠다는 약속이다.

> 이스라엘아 들으라. 우리 하나님 여호와는 오직 유일한 여호와이시니 너는 마음을 다하고 뜻을 다하고 힘을 다하여 네 하나님 여호와를 사랑하라. 오늘 내가 네게 명하는 이 말씀을 너는 마음에 새기고 네 자녀에게 부지런히 가르치며 집에 앉았을 때에든지 길을 갈 때에든지 누워 있을 때에든지 일어날 때에든지 이 말씀을 강론할 것이며 너는 또 그것을 네 손목에 매어 기호를 삼으며 네 미간에 붙여 표로 삼고 또 네 집 문설주와 바깥 문에 기록할지니라 (신 6:4~9).

> 내가 오늘 너희에게 명하는 내 명령을 너희가 만일 청종하고 너희의 하나님 여호와를 사랑하여 마음을 다하고 뜻을 다하여 섬기면 여호와께서 너희의 땅에 이른 비, 늦은 비를 적당한 때에 내리시리니 너희가 곡식과 포도주와 기름을 얻을 것이요 또 가축을 위하여 들에 풀이 나게 하시리니 네가 먹고 배부를 것이라. 너희는 스스로 삼가라. 두렵건대 마음에 미혹하여 돌이켜 다른 신들을 섬기며 그것에게 절하므로 여호와께서 너희에게 진노하사 하늘을 닫아 비를 내리지 아니하여 땅이 소산을 내지 않게 하시므로 너희가 여호와께서 주신 아름다운 땅에서 속히 멸망할까 하노라. 이러므로 너희는 나의

이 말을 너희의 마음과 뜻에 두고 또 그것을 너희의 손목에 매어 기호를 삼고 너희 미간에 붙여 표를 삼으며 또 그것을 너희의 자녀에게 가르치며 집에 앉아 있을 때에든지, 길을 갈 때에든지, 누워 있을 때에든지, 일어날 때에든지 이 말씀을 강론하고 또 네 집 문설주와 바깥 문에 기록하라. 그리하면 여호와께서 너희 조상들에게 주리라고 맹세하신 땅에서 너희의 날과 너희의 자녀의 날이 많아서 하늘이 땅을 덮는 날과 같으리라(신 11:13~21).

아래 마지막 단락은 아침에만 낭송했다. 옷술이 달린 탈리트를 낮에만 착용했기 때문이다.

여호와께서 모세에게 말씀하여 이르시되 이스라엘 자손에게 명령하여 대대로 그들의 옷단 귀에 술을 만들고 청색 끈을 그 귀의 술에 더하라. 이 술은 너희가 보고 여호와의 모든 계명을 기억하여 준행하고 너희를 방종하게 하는 자신의 마음과 눈의 욕심을 따라 음행하지 않게 하기 위함이라. 그리하여 너희가 내 모든 계명을 기억하고 행하면 너희의 하나님 앞에 거룩하리라. 나는 여호와 너희 하나님이라 나는 너희의 하나님이 되려고 너희를 애굽 땅에서 인도해 내었느니라 나는 여호와 너희의 하나님이니라(민 15:37~41).

아미다

아미다는 지난 2천여 년간 유대 전례의 중심이 된 기도였다. 오늘날 사용되는 아미다는 주후 70년경 공식화되었고, 원래 없었던 송축이 후대에 하나 더 추가되었다. 예수님 시대에도 아미다의 다양한 변형이 있었지만, 예수님은 틀림없이 이 아미다 기도를 아주 잘 알고 계셨을 것이다.

① 우리 조상의 하나님, 아브라함의 하나님, 이삭의 하나님, 야곱의 하나님, 오 우리 하나님 여호와를 송축할지어다. 위대하고 힘 있고 경이로운 하나님, 지고하신 하나님, 사랑과 인애를 베푸시는 당신은 만물의 창조자입니다. 우리 조상들의 사랑을 기억하시고, 당신의 이름을 위하여 그 자녀의 자녀에게 사랑으로 구속자를 보내시리라. 오 왕이시여, 돕는 자, 구원자, 아브라함의 방패 되신 당신을 송축하나이나.

② 오 여호와여, 당신은 영원히 강대하시며 죽은 자를 살리시고 큰 구원을 베푸시는 분이십니다. 인애로 살아 있는 자를 지탱하시고 풍성한 자비로 죽은 자를 다시 살리시며 넘어지는 자를 떠받드시고 병든 자를 고치시고 포로를 자유하게 하시고 흙 속에서 자는 자들과 맺은 신실함을 지키시나이다. 권능을 행하시는 주와 같은 이가 누가 있을까요? 당신과 비할 자 누구입니까? 죽음을 보내시고 다시 소생시키시며 구원이 움트고 자라게 하시는 왕이시여. 우리는 당신이 죽은 자를 다시 살리시는 이심을 확실히 믿습니다. 오 여호와여, 죽은 자를 다시 살리시는 당신을 송축하나이다.

③ 당신은 거룩하시고 당신의 이름은 거룩하시며 거룩한 자들이 날마다 당신을 찬송하나이다. 오 여호와, 거룩하신 하나님, 우리가 당신을 송축하나이다.*

(*공개 낭송 시에는 여기에 전례가 삽입된다.)

④ 당신은 은혜로 사람에게 지식을 주시고 유한한 자에게 명철을 주시나이다. 당신의 지식과 명철과 총명을 우리에게 은총으로 베푸소서. 은혜로 명철을 주시는 오 여호와 당신을 송축하나이다.

⑤ 우리의 아버지시여 우리를 토라로 되돌리소서. 우리의 왕이시여 당신을 섬기는 자리로 우리를 이끄시고 당신 앞에 완전한 회개로 돌아가게 하소서. 오 회개를 받으시는 여호와 당신을 송축하나이다.

⑥ 우리의 아버지시여, 우리를 용서하소서. 우리가 죄를 지었나이다. 우리의 왕이시여, 우리가 범죄했으니 우리를 사하소서. 당신은 사하시고 용서하시는 은혜로운 이십니다. 오 용서를 거듭 베푸시는 당신을 송축하나이다.

⑦ 우리의 환난과 우리의 싸움을 돌아보시고 당신의 이름을 위하여 신속하게 우리를 구속하소서. 당신은 강한 구속자이십니다. 이스라엘의 구속자인 오 여호와 당신을 송축하나이다.

⑧ 당신은 우리의 기쁨이시므로 우리를 고치시면 우리가 나을 것이며, 우리를 도우시면 우리가 도움을 얻을 것이니이다. 우리의 모든 상처에 온전한 치유를 허락하소서. 오 왕이신 하나님, 당신은 참되고 자비로운 의사이십니다. 자기 백성 이스라엘 중 병든 자를 치유하시는 오 여호와 당신을 송축하나이다.

⑨ 오 우리 하나님 여호와여, 이 한 해 우리를 축복하사 모든 소출이 풍성하며 지표면에 축복을 비처럼 내려주옵소서. 우리를 풍성한 소출로 채우시고 한 해를 축복하여 풍년이 되게 하옵소서. 한 해를 축복하시는 오 여호와 당신을 송축하나이다.

⑩ 우리의 해방을 위하여 큰 나팔을 부시고, 쫓겨난 자를 모으기 위해 깃발을

높이 드시고, 지상의 네 모퉁이에서 우리를 한몸으로 모으소서. 당신의 민족 이스라엘의 흩어진 자를 모으시는 오 여호와 당신을 송축하나이다.

⑪ 우리의 재판관을 이전처럼 회복시키시고 처음처럼 우리의 모사를 회복시키시고 우리에게서 슬픔과 탄식을 제하소서. 오 여호와여 당신만이 인애와 긍휼로 우리를 다스리시고 심판으로 우리를 깨끗하게 하소서. 공의와 정의를 사랑하시는 오 여호와 왕이시여, 당신을 송축하나이다.

⑫ 험담하는 자에게는 아무 소망이 없으니 악이 일거에 망하게 하소서. 당신의 모든 대적이 곧 끊어지게 하시고 속히 거만한 자를 뿌리 뽑으소서. 우리의 날에 그들을 속히 부수고 낮추소서. 대적을 치시고 거만한 자를 낮추시는 오 여호와 당신을 송축하나이다.**

(**이 송축은 약 100년 후에 추가된 것이다.)

⑬ 오 여호와 우리 하나님이여, 당신의 긍휼이 당신의 백성, 이스라엘 집의 의인과 경건한 자와 연로한 자들 위에, 그 서기관의 남은 자와 개종자와 우리 위에 넘치게 하소서. 당신의 이름을 진실하게 신뢰하는 자들에게 좋은 상급을 주시고 우리에게도 그들과 함께 영원한 분깃을 허락하소서. 당신을 신뢰함으로 우리가 수치를 당하지 않게 하소서. 의인의 요새이자 위로이신 오 여호와, 당신을 송축하나이다.

⑭ 당신의 성 예루살렘으로 자비 중에 돌아오사 당신이 약속하신 대로 그 가운데 거하소서. 우리의 날 중에 예루살렘을 영구한 구조물로 신속하게 건설하시고 그곳에 다윗의 왕좌를 어서 굳게 세우소서. 예루살렘의 건축자

이신 오 여호와, 당신을 송축하나이다.

⑮ 당신의 종 다윗의 자손을 어서 속히 드러내시고 당신의 구원을 통해 그를 높이소서. 우리가 날마다 당신의 구원을 앙망하나이다. 구원의 뿔을 드러내시는 오 여호와, 당신을 송축하나이다.

⑯ 오 여호와 우리 하나님, 우리의 음성을 들으사 우리를 건지시고 자비를 베푸시고 우리의 기도를 자비와 은총 중에 용납하소서. 당신은 기도와 간구에 귀 기울이는 하나님이십니다. 우리가 당신 앞에 나아올 때 오 우리 왕이여, 우리를 빈손으로 돌려보내지 마소서. 당신은 자비 중에 백성 이스라엘의 기도를 들으시나이다. 기도를 들으시는 오 여호와, 당신을 송축하나이다.

⑰ 오 여호와 우리 하나님, 당신의 백성 이스라엘의 기도를 기쁘게 여기시고 당신의 집 제단에 드리는 희생제사를 다시 세워주소서. 이스라엘의 화제와 사랑으로 드리는 기도를 용납하시고 은총으로 갚으시고 당신의 백성 이스라엘의 희생제사가 늘 당신이 열납할 만한 것이 되게 하소서. 당신이 시온으로 자비 중에 돌아오는 것을 우리 눈이 보게 하소서. 당신의 쉐키나를 시온으로 회복시키는 당신을 송축하나이다.

⑱ 오 여호와여, 당신께서 우리 조상의 하나님이었던 것처럼 영영토록 우리의 하나님 되심을 당신 앞에서 시인하나이다. 우리 인생의 반석이자 구원의 방패이신 당신은 어느 시대나 변함이 없나이다. 우리는 당신께 감사하며 당신을 찬양하나이다. 우리 인생은 당신 손안에 있고 우리 영혼은 당

신께 의탁되어 있나이다. 당신의 기적은 날마다 우리 곁에 있고 당신의 은총은 아침과 저녁과 한낮에 늘 우리와 함께 있나이다. 당신의 자비는 끝이 없고 충만하며 당신의 선하심은 결코 다함이 없으시니, 당신은 선하십니다. 이 모든 것으로 말미암아 늘 그리고 영원토록 당신의 이름을 송축하고 드높이나이다. 살아 있는 만물아, 여호와께 감사를 드리고 진리 안에서 그 이름을 찬양할지어다. 오 우리의 구원이자 도움 되신 하나님, 오 여호와 우리 하나님, 당신의 이름은 선하시며 당신에게 감사를 드림이 마땅하니 당신을 송축하나이다.

⑲ 평강과 행복, 축복과 은총, 인애와 자비를 우리와 당신의 백성인 모든 이스라엘에게 허락하소서. 우리 아버지여, 우리 각자를 당신의 얼굴빛으로 복 주소서. 오 여호와 우리 하나님, 당신의 얼굴빛은 우리에게 생명의 법과 인애, 의와 축복과 자비, 생명과 평강을 주기 때문이니이다. 당신의 백성 이스라엘을 시시때때로 당신의 평강으로 복 주시는 일이 당신 보시기에 좋기를 원하나이다. 오 주님, 송축받으소서. 당신의 백성 이스라엘을 평강으로 복 주소서.

이 본문은 사이러스 애들러와 에밀 허쉬가 작성한 "쉐모네 에스레"*Shemoneh Esreh*(18개의 기도문)를 현대적 표현으로 약간 다듬은 것이다. www.jewishencyclopedia.com에서 확인할 수 있다.

송축(베라크호트) 모음

주후 400년 이래 송축 기도는 늘 "우주의 왕이신 우리 하나님 여호와 당신을 송축하나이다"라는 말로 시작했다. 1세기의 송축은 "그를 송축할지어다…"로 시작하는 훨씬 간결한 형태였다. 미쉬나의 첫 번째 책(베라크호트)에는 수십 개의 송축과 함께, 언제 그 송축을 사용했는지 나와 있다. 1세기의 형태로 일부 송축을 소개한다.

아침에 처음 눈을 떴을 때, 이렇게 말하라.

"소경의 눈을 뜨게 하신 그를 송축할지어다."

침대에서 나올 때 이렇게 말하라.

"포로를 자유하게 하시는 그를 송축할지어다."

옷을 입을 때 이렇게 말하라.

"벌거벗은 자를 입히시는 그를 송축할지어다."

신발을 신을 때 이렇게 말하라.

"나의 모든 필요를 공급하시는 그를 송축할지어다."

식사할 때 상에 빵이 있다면, 빵을 집어들고 이렇게 말하라.

"땅에서 빵을 내신 그를 송축할지어다."

잔칫상에 포도주가 나오면 이렇게 말하라.

"포도 과실을 창조하신 그를 송축할지어다."

다양한 음식을 먹을 때 이렇게 말하라.

"말씀으로 만물을 지으신 그를 송축할지어다."

(다양한 음식 각각에 대한 구체적인 송축도 있다.)

봄철 나무에 첫 움이 튼 것을 볼 때 이렇게 말하라.

"이 세상에서 어떤 것도 빠뜨리지 않고 창조하시어 좋은 창조물과 좋은 나무를 즐기게 하신 그를 송축할지어다!"

천둥과 별똥별과 우뚝 솟은 산과 광야와 하늘의 모든 아름다움을 볼 때 이렇게 말하라.

"세상을 창조하신 그를 송축할지어다."

천둥소리를 듣거나 지진을 느낄 때 이렇게 말하라.

"힘과 권능으로 세상을 채우시는 그를 송축할지어다."

아름다운 사람, 동물, 나무를 볼 때 이렇게 말하라.

"이 세상에 이런 아름다움을 두신 그를 송축할지어다."

1년간 못 본 친구를 다시 만날 때 이렇게 말하라.

"죽은 자를 소생시키시는 그를 송축할지어다."

비가 내릴 때(또는 다른 좋은 일이 있을 때) 이렇게 말하라.

"좋은 것을 주시는 좋으신 주님을 송축할지어다!"

무언가 끔찍한 일이 일어날 때 이렇게 말하라.

"참 재판관이신 그를 송축할지어다."

사고나 중병에서 건짐을 받았을 때 이렇게 말하라.

"자격 없는 자에게 선을 행하시고 내게 모든 선한 일을 베푸신 그를 송축할지어다!"

하나님이 기적을 행하신 장소를 볼 때 이렇게 말하라.

"이곳에서 기적을 베푸신 그를 송축할지어다."

오랫동안 기다렸던 경사를 치를 때 이렇게 말하라.

"우리를 살게 하사 지키시고 이날에 이르게 하신 그를 송축할지어다."

위의 송축문과 그 외의 송축에 관해 더 알고 싶다면 www.jewishencyclopedia.com에 방문하여 사이러스 애들러와 카우프먼 콜러가 쓴 "축도"Benedictions를 참조하라.

성경의 절기

일반 명칭	히브리어	날짜	활동	주제	성취
*유월절	페싸흐	니산월 14일 (봄)	유월절 어린양 희생	• 죽음의 천사로부터의 보호하심 • 애굽 종살이에서 건지심	• 예수님이 어린양으로서 유월절에 죽으시고 그 피로 하나님의 심판으로부터 신자를 보호하신다. • 예수님은 죄와 사망의 종노릇하던 데서 우리를 건지신다.
무교절	마초트	니산월 15일 (봄)	• 누룩 제거 • 누룩 없이 7일간 생활하기	죄(누룩) 없애기	• 예수님의 몸은 죄 없으신 완벽한 제물이다. • 그 결과 신자들은 '누룩 없는' 삶을 산다.
초실절	비쿠림	유월절 후 첫 번째 일요일 (봄)	성전에 보리 첫 열매 가져오기	보리 추수의 첫 열매 기념하기	예수님의 부활은 초실절에 일어났다. 예수님은 부활한 죽은 자 중의 첫 열매이시다.
*오순절	샤부오트	유월절 50일 후 (늦봄)	• 성전 내 축하행사 • 밀 제물 드리기 • 에스겔 1~2장 낭독	• 첫 밀 추수 • 시내산 율법의 언약 기념	• 성령이 주어졌고 첫 영혼의 추수가 일어난다. • 성령이 신자의 마음에 율법을 기록하신다.
나팔절	로쉬 하샤나	티슈리월 1일 (초가을)	• 쇼파르 불기 • 열흘간 죄 고백하기	• 새해 축하 • 하나님을 왕으로 기름 부음	• 죽은 자가 최후 나팔 소리에 일어날 것이다. • 그리스도가 왕으로 통치하고자 재림하신다.
속죄일	욤 키푸르	티슈리월 10일 (초가을)	대제사장의 속죄	• 죄를 위한 대속 • 희생양	최후 심판 때 예수님이 우리의 속죄제가 되신다.
*초막절 (수장절)	숙곳	티슈리월 15일 (초가을)	• 장막에서 살기 • 광야에서 하나님과 함께 거하기	• 추수 축하 • 물 붓는 의식 (마지막 날)	• 모든 하나님의 백성을 새 하늘과 새 땅으로 거두어들여 하나님과 영원히 거하게 한다. • 예수님이 성령의 생수를 약속하신다.

유대력과 절기

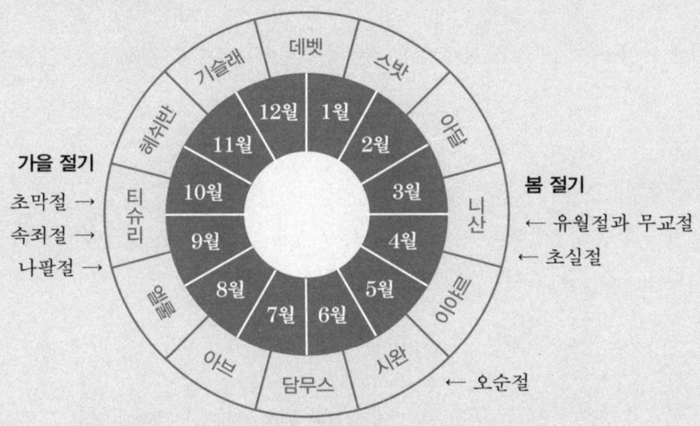

* 유월절, 오순절, 초막절은 모두 순례 절기다. 모든 이스라엘 사람은 이날(주)에 공동체로 축하하기 위해 예루살렘으로 가도록 권면을 받는다.

** 이스라엘에서는 지금도 기념하지만 토라에서는 구체적으로 명하지 않은 두 명절, 하누카와 부림절이 성경에 나온다. 마카베오의 승리와 주전 168년의 성전 정화를 기리는 하누카는 12월에 지낸다. 에스더 왕비 시대에 이스라엘 백성의 구원을 기억하는 날인 부림절은 늦가을에 지낸다. 안식일도 매년 돌아오는 절기만큼 중요한 성일로 간주한다.

용어 설명

아래 단어들은 가장 비슷하게 발음되는 영어 단어로 음역한 것으로, 다른 철자로 표기할 수도 있다.

• **게제라 샤바***Gezerah Shavah*(문자적 의미는 '농등 비교')

랍비 힐렐의 '7대 해석 법칙' 중 하나. 두 성경 본문이 같은 단어나 어구를 공유한다면 한 본문을 가지고 다른 본문을 해석할 수 있다는 뜻이다.

• **구전 토라**

모세가 받은 율법(성문 토라)에 관한 해설과 해석. 예수님 시대에 랍비 교사들에 의해 구전으로 계승되었으며, 후대에 다른 랍비들의 가르침이 보태져 주후 200년경 미쉬나로 편찬되었다.

• **다븐***Daven*

'기도하기'를 뜻하는 이디쉬 단어다. 기도문을 낭송할 때 몸을 이리저리 흔드는 관습을 가리킨다. 중세 유대인으로부터 이 관습이 유래했다.

• **랍비**(직역하면 '내 주인')

예수님 시대에는 성경 교사들을 존대하여 랍비라고 불렀다. '랍비'가 공식 호칭이 된 것은 주후 70년 이후였다.

• **레헴***Lechem*

히브리 말로 '빵'이며, 음식이나 양식 일반을 가리키기도 한다.

• **로쉬 하샤나***Rosh Hashanah*

로쉬 하샤나는 유대의 새해다. '나팔 부는 날', 욤 테루아*Yom Teruah*라고도 한다.

• **마쉬아흐***Mashiach*(직역하면 '기름 부음 받은')

메시아를 뜻하는 히브리어. 헬라어로는 '크리스토스'*Christos*다. 마쉬아흐는 문자적으로 '기름 부음 받은 자'를 뜻하며, 하나님이 그 백성의 위대한 왕과 제사장으로 특별히 택하시고 기름 부으신 자가 올 것을 약속하셨다는 사실에서 비롯한다.

• **마짜***Matzah*

유월절에 먹는 누룩을 넣지 않은 빵.

• **말쿠트 샤마임***Malkhut shemayim*(직역하면 '천국')

하나님을 왕으로 경배하는 자들을 향한 하나님의 활동과 통치를 가리키는 랍비 용어로 1세기 전부터 사용되었다. 말쿠트는 '왕 되심' 또는 '통치'를 뜻한다. 샤마임은 '천상'을 뜻하며 하나님에 대한 존경 어린 완곡어법이다. '하나님 나라'와 정확히 같은 개념이다.

• **모에드***Moed*(직역하면 '모임', 복수형은 모에딤*moedim*)

'모임' 또는 '모임 약속'을 뜻하는 히브리어. 성경 절기를 하나님의 '약속 시각'이란 뜻으로 모에딤으로 칭했다.

• **미드라쉬***Midrash*(복수형은 미드라심)

성경 본문에 대한 랍비의 해설 또는 주석이다. 수 세기 후 미드라쉬에 성경 인물에 대한 상상을 가미한 설화가 더해졌다. 미드라쉬는 성경 주석을 집대성한 것을 가리키기도 한다. 가장 초기의 미드라쉬는 주전 400년경의 것이며 중세까지 이어진다. 이 주석들은 구전으로 계승되거나 후대에 기록으로 집대성되었다. 미드라심은 탈무드에서 두루 인용되었다.

• **미쉬나***Mishnah*

랍비의 판결과 어록을 집대성하여 주후 200년 즈음 문서로 만든 자료 모음집. 예수 시대 전후 200년 전부터 시작하여 주후 200년경까지 약 4백여 년간 가르쳤던 스승들의 발언에 관한 기록이다.

• **미츠바** *Mitzvah*

미츠바는 종교적 의무, 혹은 '계명'을 뜻한다. 종종 '선한 행위'라는 뜻으로도 쓰인다.

• **민얀** *Minyan*

열 명의 성인 유대인 남자 정족수를 의미한다. 일부 공중 기도는 이 10명이 모여야만 할 수 있었다. 1세기에는 여자도 민얀 계수에 포함되었다.

• **바리새인**(직역하면 '분리된 자들' 또는 '분리주의자')

이 종파의 뿌리는 주전 2세기로 거슬러 올라간다. 귀족적인 사두개파와 달리 대부분 평범한 노동자로서 여가를 공부와 가르침에 바쳤다. 유배와 박해 시절의 교훈을 상고한 후 미래를 위한 최고의 희망은 하나님을 경배하는 것이라는 결론에 도달했다. 바리새인은 율법대로 살아갈 최상의 방법을 찾고자 토라를 면밀하게 연구했다. 신약시대에 가장 유력한 종파 중 하나였던 바리새파는 주후 70년의 성전 붕괴 이후 랍비가 주도하는 유대교의 성격을 결정했다.

• **베라크하** *Berakhah*(직역하면 '축복')

하나님을 만복의 근원으로 인정하는 짤막한 찬미나 감사 기도.

• **베트 미드라쉬** *Bet Midrash*

베트 미드라쉬는 토라와 토라에 관한 랍비의 해석을 가르치고 공부하는 센터다. 1세기에는 회당 안에 있어 13~17세의 소년이 종교 문헌을 공부하는 '고등학교' 역할을 했다. 성인도 여가에 베트 미드라쉬에서 공부를 이어갔다.

• **사두개인**

사두개인의 주 구성원은 지배층인 제사장과 귀족 계급이었다. 사두개인은 성전 예배를 담당했다. 로마와 결탁하여 자기 잇속을 챙기며 지위를 공고히 하는 사두개인에 대해 많은 사람이 반감을 품었다. 바리새인과 달리 그들은 죽은 자의 부활을 믿지 않았으며 성문 토라만 구속력이 있다고 보았다. 그들의 영향력은 주후 70년 성전 파괴와 더불어 사라졌다.

• **샤바트**_Shabbat_

안식일. 히브리어로 '중단하다'를 뜻한다. 성경에 따라 노동을 중단하는 시간이다. 유대인은 금요일 일몰부터 토요일 일몰까지를 샤바트로 지킨다.

• **샤부오트**_Shavuot_

샤부오트는 헬라어로 '오십째 날'을 뜻하는 펜테코스트(오순절)를 가리키는 히브리 말이다. 유월절 후 7주를 계수한 날이 샤부오트다. 시내산에서 모세가 하나님을 만나 율법과 언약을 받은 것을 기념하는 절기다. 하나님이 친히 율법을 신자의 마음판에 새기신다는 새 언약의 상징이기도 하다(렘 31:31 참조).

• **샴마이**

주전 1세기의 유명한 유대 학자. 엄격한 토라 율법 해석으로 정평이 나 있다. 1세기에 샴마이 학파의 제자는 더 온건한 해석을 취한 힐렐의 제자와 종종 논쟁했고, 이 논쟁들은 예수님 말씀의 맥락을 잘 드러낸다.

• **세데르**_Seder_(문자적 의미는 '순서')

유월절 축제를 기념하기 위해 니산월 15일과 16일에 유대인 가정에서 지키는 의례 식사를 말한다. 이 단어는 '질서'로 번역될 수 있는데, 이는 유월절 세데르가 전통적 전례 순서와 의례 음식 다음에 오기 때문이다.

• **쇼파르**_Shofar_

나팔로 불던 숫염소 뿔을 말한다. 성경 시대에는 다양한 용도로 쇼파르를 불었지만, 지금은 유대 새해인 로쉬 하샤나 날과 대속죄일인 욤 키푸르에 분다.

• **수카**_Sukkah_

숙곳 절기에 짓는 임시 거처로 움막이나 초막을 의미한다.

• **숙곳**_Sukkot_(직역하면 '움막')

7대 절기의 마지막으로 가을 추수절에 지내는 초막절. 유대인은 7일간 움막에 머물면서 출애굽 후 40년간 광야에 기거하던 때를 기억하여야 한다.

• **술하***Sulha*

화해를 위해 벌이는 아랍 문화권의 언약적 식사를 의미한다. 술하는 '식탁'을 뜻하는 히브리어 슐한*shulhan*에 해당하는 아랍어다. 이 관습은 누군가와 한 상에서 먹는 것이 평화롭고 조화로운 관계의 본질이라는 고대 믿음에서 비롯되었다.

• **쉐마***Shema*(직역하면 '듣다')

수천 년간 유대인이 조석으로 낭송하는 성경의 세 단락(신 6:4~9, 11:13~21, 민 15:37~41)을 말한다. 쉐마는 신명기의 유명한 구절의 첫 단어다. "이스라엘아 들으라 〔쉐마, 히브리어 성경에는 이 단어가 앞에 나온다—편집자〕. 우리 하나님 여호와는 오직 유일한 여호와이시니." 쉐마는 '듣다'를 뜻하지만 '경청하다'와 '순종하다'라는 뜻도 포함하며, 그에 따라 행동한다는 의미도 들어 있다. 쉐마 기도는 하나님을 사랑하고 율법을 준행하겠다는 헌신의 약속이다.

• **아미다***Amidah*

아미다는 유대 예배 전례의 중심 기도로서 주후 1세기 이래, 하루 세 번 낭송하는 기도문이다. 아미다는 히브리어로 '18개'를 뜻하는 쉐모네 에스레*Shmoneh Esreh*라고도 하는데, 본디 18개의 기도문으로 구성되어 있기 때문이다. 19번째 간구는 예수님 사후 백년 후 추가되었다.

• **아피코멘***Afikomen*

마짜 빵 조각. 떼어내 유월절 식사 초반에 감추어두었다가 나중에 꺼내 식사 끝에 나눠 먹는다.

• **야르물케***Yarmulke*

유대 남자들이 전통적으로 착용하는 천 재질의 머리 가리개다. 상시 착용하는 이도 있고 종교 행사 때에만 착용하기도 한다.

• **에세네파***Essenes*

에세네파는 주전 1세기와 주후 1세기에 활발히 활동한 개혁 집단이다. 바리새파, 사두개파, 열심당과 함께 그리스도 시대에 가장 영향력 있던 4대 집단 중 하나이다. 에세네파는 이교적 요소로 유대교가 부패한다고 개탄했지만 정치 참여는 하지 않았다. 일부는 유대 광야로 들어가 고도의 의례적 순수성을 지키는 삶을 살며 '빛의 아들들'(자신들)과 '흑암의 아들들'(대부분의 다른 이들) 사이의 최후 전투를 준비했다. 에세네파의 1세기 저술 중 다수가 사해 두루마리본에서 발견되었다.

- **예슈아***Yeshua*

예수의 이름을 히브리어로 발음한 것. 이는 영어의 '조슈아'Joshua에 해당하는 예호슈아 *Yehoshua*를 짧게 줄인 형태다. 예슈아와 예호슈아 둘 다 '하나님의 구원'을 뜻한다. 그래서 천사가 이렇게 말한 것이다. "아들을 낳으리니 이름을 예수라 하라. 이는 그가 자기 백성을 그들의 죄에서 구원할 자이심이라 하니라"(마 1:21).

- **예시바***Yeshiva*

종교적 가르침을 위한 현대의 정통 유대교 학교다. 청년 학생들을 위한 예시바도 있고 랍비 안수를 준비하는 성인을 위한 예시바도 있다.

- **열심당**

열심당은 헤롯 치하에서 시작되었다. 종교적 신념을 지닌 정치 정당으로서 로마에 항거하는 폭력적 민란을 주창했다. 예수님이 거하고 가르치시던 갈릴리 지역이 열심당의 본거지였다. 열심당은 주후 66~70년 로마에 반대하는 유대 반란 시기에 전면 등장했다.

- **욤 키푸르***Yom Kippur*

욤 키푸르, 곧 '대속죄일'은 유대인에게 한 해의 가장 거룩한 날로서 기도와 금식과 회개의 날이다. 성경 시대에는 욤 키푸르에 민족의 죄를 희생양에 전가했고 대제사장은 온 민족의 죄를 속죄하기 위하여 성전의 지성소로 들어갔다.

- **유대인 그리스도인**Messianic Jew

예수님을 메시아로 믿으면서도 유대인의 정체성을 간직하는 사람. 일부 유대인이 '그리스도인'Christian이라는 용어를 꺼리는 이유는 그리스도인은 이방인이라는 인식 때문이다.

- **치치트***tzitzit*, **치치욧***tzitziyot*(복수형)

옷술을 달라는 계명(민 15:38)을 준행하려고 탈리트라는 옷의 단에 다는 옷술.

- **카바나***Kavanah*(직역하면 '의도')

관심이나 주의를 하나님의 임재에 집중하는 것. 생각을 하나님께로 향하는 것.

- **카파로트***Kaparot*(직역하면 '덮개')

대속죄일인 욤 키푸르 전날 죄를 대속하기 위하여 닭을 희생제사로 바치는 의식이다. 성전이 파괴되고 수 세기 후 시작되었으며 오늘날까지 소수의 초정통파 유대인이 카파로트를 행한다.

- **타나크***Tanakh*

성경을 가리키는 유대 용어. 개신교의 '구약'과 같은 책을 포함한다. 타나크는 성경 세 부분의 첫 글자를 따서 조합한 약어다.

T: 토라(가르침/율법서)- 모세오경(언약과 율법)
N: 네비임(선지서)- 역사서와 선지서(여호수아, 사사기, 사무엘 상하 외 다른 역사서, 이사야, 예레미야 외 다른 선지서)
K: 케투빔(성문서)- 시편, 잠언, 욥기, 룻기, 그 외 다른 책들

- **탈리트***Tallit*

현대 유대 용례에서 탈리트는 옷술이 달린 의례용 기도 숄이다. 그러나 예수님 시대에 탈리트는 양모로 만든 두루마기로서, 묵직한 사각 천의 네 귀에는 옷술이 달려 있었다. 공공장소에선 상시 착용하였고 취침 시 이불로 덮을 수도 있었다. 그 밑엔 하루크*haluk*라는 리넨 속옷을 입었다. 오늘날 하시드파 유대인과 일부 정통파 유대인은 옷술을 상시 착용하기 위해 셔츠 아래 작은 탈리트(탈리트 카탄*tallit katan*, 옷술이 달린 사각천으로 머리 구멍이 있다)를 입는다.

- **탈무드***Talmud*

미쉬나에 대한 방대한 주석이다. 미쉬나 각 절마다 뒤에 주석 단락을 제공하는 형식으

로 되어 있다. 주후 400년경 완성된 《예루살렘(팔레스타인) 탈무드》와 주후 500년경 완성된 《바벨론 탈무드》, 이렇게 두 종류가 있다. 《바벨론 탈무드》가 더 널리 사용된다.

• **탈미드** *Talmid*(직역하면 '학생', 복수형은 탈미딤*talmidim*)

랍비와 삶을 같이하기로 헌신한 랍비의 제자나 학생. 탈미드는 겸허하게 랍비를 섬기며 랍비의 성경 해석과 랍비가 성경을 살아내는 법을 배웠다.

• **테필라** *Tefillah*(직역하면 '기도')

아미다*Amidah*라고도 하는 유대 전례의 중심 기도.

• **테필린** *Tefillin*

'경문 띠'라고도 하는데, 신명기 6장 8절("너는 또 그것을 네 손목에 매어 기호를 삼으며 네 미간에 붙여 표로 삼고") 계명을 지키기 위해 이마나 오른팔에 착용하였던 성구가 담긴 가죽 상자다. 예수님 시대에는 테필린을 온종일 착용했다. 오늘날엔 기도 시간에만 착용한다.

• **토라** *Torah*

성경 첫 다섯 권의 책을 가리키며 '오경'이라고도 부른다. 기독교 성경은 토라를 종종 '법'으로 번역하는 반면 유대 번역자들은 통상 '가르침'이라고 해석한다.

• **페싸흐** *Pesach*(직역하면 '보호하다' 또는 '넘어가다', 의미를 둘러싼 이견이 있다)

출애굽 사건을 회고하는 '유월절'을 뜻한다. 7대 성경 절기 중 첫 번째로 3월이나 4월에 지낸다. 오늘날까지 유대인은 가정에서 특별한 의례 식사로 유월절을 지킨다.

• **페요트** *Peyot*

일부 초정통파 유대인이 레위기 19장 27절("머리 가를 둥글게 깎지 말며") 계명을 준행하고자 머리 가장자리에 기르는 옆 곱슬.

• **피르케 아보트** *Pirke Avot*(직역하면 '아버지의 챕터들')

미쉬나에서 랍비의 윤리와 지혜에 관한 어록이 담긴 부분. 많은 발언은 예수님이 언급하신 것과 같은 화두를 다루고 있으며 예수님 시대에 유대인이 어떻게 그분의 말씀을 이해했을까를 잘 조명한다.

• 하가다*Haggadah*(문자적 의미는 '말하기')

법적 판단이 아닌 랍비 비유와 이야기들(할라카 참조). 하가다는 유월절 세데르 때 전통적으로 낭독하는 전례집 이름이기도 하다.

• 하베르*Haver*, 하베라*Haverah*

하베르(복수형은 하베림)는 배움을 증진하고자 한 학생과 공부 친구가 된 남학생이다. 하베림은 함께 종교 문헌을 공부하고 토론한다. 여자 공부 파트너는 하베라(복수형은 하베로트)라고 한다.

• 하브루타*Havruta*

함께 유대 본문을 짝지어 논쟁하는 전통적 공부 방법.

• 하쉠*HaShem*

히브리어로 '이름'을 뜻한다. 지금도 대부분의 정통파 유대인은 직접 하나님을 언급하지 않고 '하쉠'이라고 한다. 아울러 성경을 낭독할 때 하나님의 이름인 야훼를 소리 내어 발음하지 않고 대신 '아도나이'(나의 주)라고 한다.

• 하시드*Hasidic*

초정통 유대교인을 일컫는 형용사로 종종 1700년대에 시작된 신비주의와 경건성을 강조하는 유대 운동을 칭하기도 한다.

• 하시두트*Hasidut*

하시두트는 '경건'을 뜻하는 히브리어이며, 그 어원은 '인애'를 뜻하는 헤세드이다. 히브리어에서 경건한 사람은 하시드(복수형은 하시딤)라고 한다.

• 할라*Challah*

꽈배기 모양의 달콤한 빵으로 유월절과 일부 절기에 먹는다.

• 할라카*Halakhah*(문자적 의미는 '걷기')

유대교의 법 규정을 가리키는 히브리어. 할라카는 어떻게 토라가 삶의 '걸음'(법과 윤리)에 적용되는가를 말한다. (유대인은 '토라'를 이런 식으로 이해하지 않고, '지침'이나 '가르침'으로 이해함을 주목하라.) 예수님을 비롯한 랍비들은 할라카(윤리와 법)과 하가다(성경을 설명하기 위한 이야기)를 둘 다 가르쳤다.

• 회당

회당은 유대인이 예루살렘 성전에서 예배드릴 수 없었던 주전 6세기 바벨론 유수 기간에 생겨났을 것이다. 지역사회의 구심점으로 사람들이 모여서 기도하고 성경을 공부하는 장소로 쓰였다. 1세기엔 주중에는 학교로, 안식일엔 기도와 토라 공부 모임 등으로 온갖 종류의 모임이 회당에서 열렸다.

• 힐렐

주전 30년부터 주후 10년 사이에 활발하게 활동한 저명한 유대 스승. 힐렐은 온유하고 절제된 법 해석으로 명망이 높았다. 힐렐 학파는 유대 율법을 보다 엄격하게 해석한 샴마이의 제자들과 자주 논쟁을 벌였다.

주

1장. 예수의 발치에 함께 앉다

1. Shmuel Safrai, "The Place of Women in First-Century Synagogues," *Jerusalem Perspective* 40 (1993): 3-6, 14. 부유한 여인들은 종종 가족의 자선 사업을 도맡아 했고 누가복음 8장에서 요안나와 다른 여인들이 예수님을 후원한 것처럼 랍비를 후원하는 일도 했다. 다음을 참조하라. Tal Ilan, *Integrating Women into Second Temple History* (Peabody, MA: Hendrickson, 1999), 15-31.
2. Mishnah, *Pirke Avot* ("Sayings of the Fathers") 1:4. 이 격언은 주전 2세기에 생존한 가장 초기의 랍비 선생, 요세 벤 요제르Yose ben Yoezer의 발언으로 추정된다.
3. 바울의 말을 문자적으로 옮기면 가말리엘의 "발치에서"at the feet 훈련받았다는 것이다. NIV 역본은 이 부분을 "가말리엘 문하에서 … 엄한 교훈을 받았고"Under Gamaliel I was thoroughly trained로 번역하여 그 메타포를 가렸다.
4. David Bivin, *New Light on the Difficult Words of Jesus* (Holland, MI: En-Gedi Resource Center, 2005), 14. (《유대인의 눈으로 본 예수》, 이스트윈드, 2018).
5. 일례로 예수님이 성장기를 보낸 갈릴리 지역이 얼마나 유대적 성격이 강했는지 정론으로 확립된 것은 불과 십여 년밖에 안 된다. 수십 년간 학자들은 갈릴리 지역은 예루살렘의 종교적 열기와 단절된 농촌이라고 생각했다. 그래서 오래전 필립 얀시가 《내가 알지 못했던 예수》(IVP 역간, 원서는 1995년에 출간됨—편집자)에서 갈릴리 지역을 두고 "영적인 문제에 대해 느슨했다"라고 묘사한 것을 아무도 이상하게 여기지 않았던 것이다. 그러나 최근 들어 고고학계는 예수님이 율법을 독실하게 지키며 민족과 종교에 대한 지극한 열정으로 정평이 난 유대인 사이에 거하셨음을 새롭게 발견했다. 이는 우리가 1세기 사역의 문화적 배경을 다시 그릴 때 엄청난 차이를 가져온다. 참조. Mark Chancey, *The Myth of a Gentile Galilee* (Cambridge, UK: Cambridge Univ. Press, 2002). 저명한 학자 크레이그 에반스는 예수님의 양육 환경에 깃든 유대성을 주목하는 일은 예수님의 가르침에 관한 의심스러운 이론들을 반박하는 데 유익하다고 지적한다. 예수님의 가르침이 어린 시절 이교도 그리스 철학자들과의 만남을 통해 비롯되었다는 이론이 그 한 가지 예다. 참조. Craig Evans, *Fabricating Jesus: How Modern Scholars Distort the Gospels* (Downers Grove, IL: InterVarsity Press, 2006), 100-122.
6. 이는 왜 마태복음 2장에서 박사들이 금, 몰약, 향유를 가지고 이스라엘에 새로 태어난

왕을 경배했는지를 설명해준다. 그 세계에서 이는 왕에게 걸맞은 선물이었다. 또한 스바 여왕이 향료를 비롯한 지극히 값비싼 선물을 가지고 방문했던 것에서처럼 솔로몬의 삶과도 일치하는 그림이다. 열왕기상 10장 참조.

7. 요한복음은 마리아가 예수님께 기름을 부은 일을 예루살렘 입성 전날 저녁 일어난 사건으로 기술한다. 반면 마태복음 26장 6절과 마가복음 14장 3절은 이 사건이 예수님의 연행과 십자가 처형 이틀 전인 성 주간 중에 일어났다고 기술한다. 마태와 마가는 여자의 신원을 밝히지 않지만, 요한은 요한복음 11장 2절에서 이 여인은 마리아였다고 구체적으로 밝힌다.

8. www.calvin.edu/worship/stories/bailey_bonus.php (accessed July 8, 2008).

9. Philip Yancey, *The Jesus I Never Knew* (Grand Rapids: Zondervan, 1995), 50. 《내가 알지 못했던 예수》(IVP, 2012).

2장. 예수께서 랍비로 오신 이유

1. Mishnah, *Pirke Avot* 5:27.

2. 공부를 권유받는 나이는 미쉬나, 피르케 아봇*Pirke Avot* 5:21에 나온다.

3. Shmuel Safrai and Menahem Stern, eds., *The Jewish People in the First Century* (Amsterdam: Van Gorcum, 1976), 968.

4. Babylonian Talmud, *Shabbat* 31b.

5. 종종 예수님은 '랍비'라고 불리셨는데, 이 단어의 초창기 의미로 사용되었다. 많은 현대 학자들은 예수님이 주후 70년에 시작된 랍비 시대 이전에 활동하셨기에 예수님을 '랍비' 대신 '현자'sage라고 부르는 것을 선호한다. 예수님이 크게 존경받는 유대의 성경 학자였기에 우리는 여기서 그에 대해 '랍비'라는 호칭을 사용하였다.

6. 랍비라는 직업에 대한 묘사는 다음을 참조하라(www.jewishencyclopedia.com에서 내용을 볼 수 있다). Isadore Singer et al., "Rabbi," *Jewish Encyclopedia* (New York: Funk and Wagnalls, 1905-1906). 목수라는 용어는 '테크톤'*tekton*인데 이는 나무보다는 돌을 가지고 작업한 건축업자를 가리키는 말일 가능성이 크다. Safrai and Stern, *The Jewish People in the First Century*, 953.

7. Safrai and Stern, *The Jewish People in the First Century*, 965.

8. Dan Brown, *The DaVinci Code* (New York: Anchor, 2006), 245. 《다빈치코드 1-2》(문학수첩, 2013).

9. Mishnah, *Pirke Avot* 5:21.

10. David Bivin, *New Light on the Difficult Words of Jesus*, 67.

11. Brad Young, *Jesus the Jewish Theologian* (Peabody, MA: Hendrickson, 1995), xiii.

12. Joseph Frankovic, "Is the Sage Worth His Salt?" *Jerusalem Perspective* 45 (July–August 1994): 12–13.

13. Athol Dickson, *The Gospel according to Moses* (Grand Rapids: Baker, 2003), 63.

14. Craig A. Evans and W. H. Brackney, eds., *From Biblical Criticism to Biblical Faith* (Macon, GA: Mercer Univ. Press, 2007), 41–54.

15. 이혼에 관한 토론은 마태복음 19장 3~11절에 나온다. 참조. David Instone-Brewer, *Divorce and Remarriage in the Bible : The Social and Literary Context* (Grand Rapids: Eerdmans, 2002).

16. 1970년대와 80년대에 많은 학자는 미쉬나와 같은 초기 유대 문헌이 예수님의 정황을 묘사하는 데 별 도움이 안 된다고 생각했다. 미쉬나가 1세기의 격언을 인용하고 1세기 전통을 묘사하는 건 맞지만 훨씬 후대에 편찬되었기 때문이다. 이 우려는 영향력 있는 유대 학자 제이콥 누스너Jacob Neusner가 제기한 것으로 유명하다. 그러나 신중하게만 사용한다면 이런 문헌도 신뢰할 만하다는 자신감이 지난 10여 년간 견고해졌다. 참조. David Instone-Brewer, *Traditions of the Rabbis from the Era of the New Testament* (Grand Rapids: Eerdmans, 2004), 28–40, and the review article by Instone-Brewer, "The Use of Rabbinic Sources in Gospel Studies," *Tyndale Bulletin* 50 (1999): 281–98.

요즘 한때 랍비 문헌을 사용하여 신약을 해석했다는 이유로 비판받았던 일부 연구가 재출간되고 있다. 일례로 Birger Gerhardsson, *Memory and Manuscript*(Grand Rapids: Eerdmans, 1998, 1961 초판)는 예수님의 교수법을 초기 랍비와 비교했다는 이유로 수십 년간 폄하되었다. 이 책을 강력하게 비판했던 누스너가 앞장서 재출간을 주창하고, 1998년 재출간판에는 사과의 메시지를 싣기도 했다.

이 책에서도 우리는 예수님이 살아가셨던 정황을 묘사하기 위해 후대의 랍비 자료가 아닌 초기 문헌을 사용하려고 최선을 다했다. 간혹 《바벨론 탈무드》와 후대의 연구에 담긴 유대인의 지혜를 인용할 때도 있지만, 그때마다 예수님 시대의 현실을 묘사한 것으로 가장하지 않으려고 노력했다.

17. 하나님을 왕으로 보는 발상은 사무엘상 8장 7절, 시편 24편, 47편에 있고, 목자로 보는 발상은 이사야 40장 11절, 예레미야 23, 31장, 에스겔 34장에 있으며, 농부나 포도원 주인은 시편 80편과 이사야 5장에 있다. 이 이미지들은 성경의 다른 여러 구절

에서도 보인다.

18. Rabbi Haggai bar Eleazar, *Midrash Psalms*, 119:3. Brad Young, *The Parables: Jewish Tradition and Christian Interpretation*(Peabody, MA: Hendrikson, 1998), 192에서 재인용. 랍비 엘르아살Eleazar은 예수님 사후 100~200년경 인물이다. 학자들은 확실히 알 방법은 없지만, 일반적으로 랍비 엘르아살과 다른 후대 랍비들이 예수님의 가르침에 무지했으며 양자 간 가르침의 유사성은 공통의 문화적 맥락에서 비롯된 것으로 추정한다. 그러나 학자들은 예수님이 힐렐과 샴마이의 영향력 있는 가르침에 대해선 알고 계셨다고 추정한다.
19. Mishnah, *Pirke Avot* 5:15.
20. Rabbi Meir Zlotowitz, *Ruth: A New Translation with a Commentary Anthologized from Talmudic, Midrashic and Rabbinic Sources* (Brooklyn, NY: Mesorah Publications), xxxi-xxxiii.
21. Babylonian Talmud, *Hagigah* 15b.

3장. 진주 꿰기

1. Martin Abegg, Michael Phelps, and Hershel Shanks, "Will Marty Abegg Ever Find a Job? Scholar Thrives Despite Unauthorized Publication" *Biblical Archaeology Review* 29 (January-February 2003): 36-39. 아베그는 미출간 성구색인으로 본문을 재구성하는 단순한 컴퓨터 프로그램을 만든 다음 이를 두루마리본 사진들과 대조확인했다.
2. Rabbi David Wolpe in *Jesus the Jewish Theologian*, by Brad Young, xiv. 서문 중.
3. 예수님 시대의 다른 유대 본문도 '일곱 번을 일흔 번'이라는 라멕의 표현을 복수의 태도와 연관지었다. 참조. *Testament of Benjamin* 7.
4. Craig Keener, *Commentary on the Gospel of Matthew*(Grand Rapids: Eerdmans, 1999), 388. '스아'seah는 실은 부피를 나타내는 단위다. 스아의 크기에 관해선 학자들 사이에 이견이 있는데, 대략 6~13리터 사이로 추정한다. 이런 추정치를 근거로 하면, 밀가루 1스아는 대략 3.6~7.2킬로그램 정도의 무게였을 것이다.
5. 다른 랍비들도 눈에 안 보이지만 강력한 침투력을 나타내는 긍정적 의미로 '누룩'을 사용한 경우가 더러 있다. 참조. Young, *Jesus the Jewish Theologian*, 79-80. 아브라함의 만찬 이야기를 생활의 교훈으로 주목한 초기의 랍비들도 있다. 아브라함은 조금의 물과 음식을 대접하겠다고 말을 꺼낸 후 푸짐한 상을 내왔다. 샴마이는 우리가 "적게 말하

고 크게 행해야 한다"면서 약속한 바를 전부 이행하고 그 외에 좀 더 해야 한다고 말했다(*Avot d'Rabbi Natan* 13:3).

6. 많은 사람이 구약을 '히브리 성경' 또는 '히브리 성서'로 부른다. '구약'은 신약과의 대비를 위해 사용되는 기독교 용어인데, 유대인이 여전히 사용하는 본문이 마치 시대에 뒤떨어진 것처럼 들리게 만든다. 우리도 이 책에서 '구약'이란 용어를 사용한다. 아울러 동양 문화권에서 노년은 고루함이 아니라 큰 지혜와 결부된다.

7. 쿰란 두루마리본 중에는 시편 복사본 37개, 신명기 복사본 30개, 이사야서 복사본 21개가 있었다. 토라의 다른 책들도 상당수 발견되었다. 참고. Jonathan Campbell, *Deciphering the Dead Sea Scrolls* (Oxford, UK: Blackwell, 2002), 34.

8. Edward Ellis, *History and Interpretation in New Testament Perspective* (Leiden: Brill, 2001), 126-29. 힐렐의 규칙에 관해서는 다음을 참조하라. Brad Young, *Meet the Rabbis* (Peabody, MA: Hendrickson, 2007), 165-71.

9. Joseph Frankovic, "Remember Shiloh," *Jerusalem Perspective* 46&47 (September-December 1994), 24-31. 이 자료는 www.jerusalemperspective.com에 있다. 예수님 시대 이전에도 두 사랑 계명을 결부시킨 사례가 있을 수 있다. David Daube, *The New Testament and Rabbinic Judaism* (Peabody, MA: Hendrikson, 1998), 247.

10. David Instone-Brewer, *Techniques and Assumptions in Jewish Exegesis Before 70 CE* (Tübingen: Mohr Siebeck, 1992). 자주 인용되는 이론은 예수님이 네 가지 다른 성경 해석법의 약어인 '파르데스'*PaRDeS*라는 방법을 사용하셨다는 것이다(파샤트*Pashat*는 본문의 직접적인 의미, 레메즈*Remez*는 암시적 혹은 상징적 의미, 드라쉬*Drash*는 우화적 혹은 설교적인 의미, 소드*Sod*는 은밀하고 신비한 의미를 뜻하며, 이것의 머리글자를 모은 조어다). 비록 예수님이 훗날 파샤트, 레메즈, 드라쉬라고 알려진 강론 방식의 초기 형태를 사용하긴 하셨지만, 이 용어는 예수님 후대에 생겨난 것이다. 그리고 PaRDeS 방법 중에, 특히 소드에는 예수님이 사용하지 않은 신비주의가 포함된다. 참조. David Bivin, "Medieval Jargon on First-century Lips," www.jerusalemperspective.com. David Stern, *The Jewish New Testament Commentary* (Clarksville, MD: Messianic Jewish Resources International, 1992), 11-14.

11. 재인용. Song of Songs Rabbah 1:10, Philip Culbertson, *A Word Fitly Spoken: Context and Transmission and Adoption of the Parables of Jesus* (New York: State Univ. of New York Press, 1995), 101.

12. 시편 2편과 이사야 42장의 인유는 학계에서 두루 인정된 바다. 창세기 22장은 학자들이 별로 인정하지 않지만 가능성은 있다. 참조. Craig Keener, *A Commentary on the*

Gospel of Matthew, 135. James Dunn and John Rogerson, *Eerdmans Commentary on the Bible* (Grand Rapids: Eerdmans, 2003), 1010.

13. 아울러 변화산에서 예수님의 제자들이 영광 중에 계신 예수님을 목격했을 때도 하나님은 같은 말씀을 하신다. 그때는 다른 본문인 신명기 18장 15절, "너희는 그의 말을 들을지니라"로 말씀하신다. 이 신명기 구절에서 하나님은 모세와 같은 다른 예언적인 지도자를 보내겠다고 약속하신다. 이는 메시아를 가리키는 본문으로 두루 이해된다. 참조. Young, *Jesus the Jewish Theologian*, 209-11; David Flusser, *The Sage from Galilee: Rediscovering Jesus' Genius* (Grand Rapids: Eerdmans, 2007), 103.

14. 예수님이 이렇게 하신 것은 공개적인 메시아 주장을 품위가 떨어지는 행동 또는 신성모독으로 보는 시대 분위기 탓도 있었다. 1세기 후 바르 코크바Bar Kokhba는 이 간접적 '자기 호칭'을 써서 스스로 군왕을 뜻하는 나시*Nasi*로 칭하여 자신이 메시아임을 암시했다. 바르 코크바라는 이름은 '별의 아들'이며 '별'은 또 다른 메시아 호칭이다.

15. Philip Payne, "Jesus' Implicit Claims to Deity in His Parables," *Trinity Journal* 2 (1981): 3-23.

16. Young, *Jesus the Jewish Theologian*, 243-52; also Flusser, *The Sage from Galilee*, 107-16.

17. 요한계시록의 예수님 재림 환상 중에 요한은 '인자와 같은' 누군가가 영광 중에 임하는 장면을 본다(계 1:13, 14:14 참조).

18. Robert Funk, Roy Hoover, and the Jesus Seminar, *The Five Gospels: The Search for the Authentic Words of Jesus* (San Francisco, HarperCollins, 1997), 4–5.

19. Randall Buth, "Jesus' Most Important Title," *Jerusalem Perspective* 25 (March-April 1990): 11–15. www.jerusalemperspective.com (accessed June 30, 2008).

4장. 제자의 총체적 목표

1. Ange Sabin Peter, "A Japan Story," *Ceramics Technical* 23 (2006): 95-97.

2. John Singleton, ed., *Learning in Likely Places: Varieties of Apprenticeship in Japan* (New York: Cambridge Univ. Press, 1989), 16-17.

3. Safrai and Stern, *The Jewish People in the First Century*, 958. 도제가 된 어린 소년(간혹 소녀도 있었다)이 공예인의 집에 들어가 함께 기거하는 관습은 수 세기 동안 유럽의 전통이기도 했다. 참조. Barbara Hanawalt, *Growing Up in Medieval London: The Experience of*

Childhood in History (New York: Oxford Univ. Press, 1993), 129-33.

4. Mishnah, *Pirke Avot* 1:1.

5. 엘리사는 겸손한 섬김과 엘리야에 대한 충성으로 제자의 모범으로 인정을 받는다. 참조. Babylonian Talmud, *Berakhot* 7a, and Rabbi Menashe Bleiweiss, "Elisha ben Shaphat: The Wonder Years," at www.ohryerushalayim.org.il/parsha.php?id=14&archive=5764. (단축 주소 https://goo.gl/VfAALs)

6. Safrai and Stern, *The Jewish People in the First Century*, 964.

7. Mishnah, *Pirke Avot* 6:4.

8. Mishnah, *Bava Metzia* 2:11.

9. 상동. 아울러 참조. Shmuel Safrai, "Master and Disciple," *Jerusalem Perspective* 29 (1990): 3-5, 19. 1세기 제자도에 관한 다른 글은 jerusalemperspective.com에 있다. 이에 관한 탁월한 논의는 다음 참조. David Bivin's *New Light on the Difficult Words of Jesus*, 17-21.

10. Babylonian Talmud, *Makkot* 10a.

11. Babylonian Talmud, *Ketubot* 96a.

12. Safrai and Stern, *The Jewish People in the First Century*, 964.

13. Babylonian Talmud, *Taanit* 7a.

14. David Brooks, "The Obama-Clinton Issue," *The New York Times* (December 18, 2007).

15. 조셉 스토웰Joseph Stowell의 2008년 8월 14일 미출간 설교. 이 스토리에서 언급된 예루살렘 방문자는 에드 돕슨Ed Dobson 박사다.

5장. 하베림이 되어 함께 성장하다

1. Mishnah, *Pirke Avot* 1:6.

2. Mishnah, *Pirke Avot* 3:32. 2세기 초의 하나냐 벤 테라디온Hananya ben Teradion의 발언으로 추정된다. 다른 랍비 할라프타 벤 도사Halafta ben Dosa가 수십 년 후 비슷한 발언을 했다(*Pirke Avot* 3:7). 이 발언들과 예수님의 말씀 간의 유사성은 랍비들이 예수님의 가르침을 알았다는 증거일 수 있다. 혹은 단순히 다른 이와 함께 공부하는 것의 영적 부요함을 강조하는 공통의 문화적 배경에서 비롯된 것일 수도 있다.

3. Nahum Goldmann, *Memories* (London: Weidenfeld & Nicolson, 1970), 6.

4. 고린도전서 10장 1절에서 바울은 "형제들아 나는 너희가 알지 못하기를 원하지 아니하노니 '우리' 조상들이 다 구름 아래에 있고 바다 가운데로 지나며"라고 했다. 바울

의 주된 청중은 이방인이었지만 바울은 마치 이 비유대인들이 하나님의 대가족의 일부이기에 그들 조상의 경험에서 배울 바가 있는 것처럼 말한다.

5. Eugene Peterson, *A Long Obedience in the Same Direction* (Downers Grove, IL: InterVarsity Press, 2000), 166-67. (《한 길 가는 순례자》, IVP, 2001).
6. Pastor Robert C. Stone, "Qualities That Build Friendships"; online at www.eagleflight.org/ministrycentral/friendship.html (accessed July 14, 2008).
7. David Smith, *The Friendless American Male* (Ventura, CA: Regal, 1983) 21.
8. Mishnah, *Pirke Avot* 2:5.

6장 랍비여, 우리에게 기도를 가르치소서

1. Abraham Heschel, *Man's Quest for God* (New York: Scribner, 1954), 15. 《하나님을 찾는 사람》(한국기독교연구소, 2013).
2. Yigael Yadin, "Tefillin from Qumran," *Eretz-Israel* 9 (1969): 60-83.
3. Safrai and Stern, *The Jewish People in the First Century*, 799; Bivin, *New Light on the Difficult Words of Jesus*, 51-53.
4. 사프라이는 고대 회당에서 발견된 3세기 벽화 속 남자들이 머리를 가리지 않았다고 지적한다. 그러나 《바벨론 탈무드》(주후 500년경 편찬)는 일부 남자들이 머리를 가렸다고 했다. 남자가 머리 가리는 것이 흔한 풍습이었던 때는 중세밖에 없다. Shmuel Safrai, "Did Jesus Wear a Kippah?" *Jerusalem Perspective* 36 (January-February 1992): 11.
5. See Safrai and Stern, *The Jewish People in the First Century*, 798.
6. Rabbi Wayne Dosick, *Living Judaism* (San Francisco: HarperSanFrancisco, 1995), 250-51.
7. 아람어로 된 소수의 기도를 제외하고는 정통파 유대교의 기도는 모두 히브리어다. 모든 언어로 기도하는 것이 허용되나 공동체 기도에는 히브리어를 쓰는 전통이 있다. 그러나 개혁파 유대인은 종종 자기 모국어로 기도한다. 쉬무엘 사프라이에 의하면 랍비 문학에서 발견되는 모든 기도는 예외 없이 히브리어다. 여기엔 개인 기도와 공동체 기도가 모두 포함된다. 참조. "Literary Languages in the Time of Jesus," *Jerusalem Perspective* 31 (March-April 1991): 3-8.
8. 쉐마는 성경의 세 단락(신 6:4~9, 11:13~21, 민 15:37~41)으로 이루어져 있다. 쉐마는 엄밀히 말하면 기도문이 아니라 하나님을 사랑하고 섬기겠다는 매일의 충성 서약이다.

9. 아미다*Amidah*는 실제로는 '서다'를 뜻하는데, 선 채로 이 기도를 드렸기 때문이다.

10. 일부 고대 문헌에 의하면 초기에는 오전과 오후, 하루 두 번 아미다 기도를 했으나 주후 70년경 이래 하루 세 번으로 정했다. 쉐마는 매일 오전과 저녁에 낭송했다.

11. Joseph Heinemann, *Prayer in the Talmud*(New York: De Gruyter, 1977), 46.

12. Dosick, *Living Judaism*, 9-10.

13. Bivin, *New Light on the Difficult Words of Jesus*, 59-66.

14. *Didache* 8:3.

15. 학자들은 그리스도 시대에는 오늘날과 달리 여성도 계수되었을 수 있다고 본다. 참조. Shmuel Safrai, "The Place of Women in First-Century Synagogues," 3-6, 14. 아울러 1세기 회당에선 남녀가 합석했다. 성별로 분리하는 관습은 수 세기 후에 도입되었다.

16. 일례로 하나님이 다윗왕에게 후손을 약속하실 때 하나님은 이렇게 말씀하셨다. "나는 그에게 아버지가 되고 그는 내게 아들이 되리니"(삼하 7:14). 아울러 시편 2편 7절과 89편 26~28절 참조. 소수의 다른 유대 선생들은 하나님을 '아바'*Abba*라고 칭했지만 이런 일은 흔치 않았다. 참조. Brad Young, "The Lord's Prayer (2): 'Our Father Who Art in Heaven,'" *Jerusalem Perspective* 10 (July 1988): 1-2.

17. Josa Bivin, "Don't Throw Away That Piece of Bread," *Jerusalem Perspective* 29 (October 1999). 출처는 www.jerusalemperspective.com/6174/.

18. 일례로 시편 121편 7절이나 욥기 5장 19절 참조. 이 구절들에서 단어 '라'*ra*는 '환난'harm으로 번역된다. 시편은 "여호와께서 너를 지켜 모든 환난을 면하게 하시며"(121:7)라고 하며 도덕적 악이 아닌 물리적 위험을 말한다.

19. Randall Buth, "Deliver Us from Evil," *Jerusalem Perspective* 55 (April-June 1999): 29-31.

20. Mishnah, *Pirke Avot* 2:13.

21. Mishnah, *Berakhot* 9:3.

22. Babylonian Talmud, *Shabbat* 165b.

23. Annie Dillard, *Teaching a Stone to Talk: Expeditions and Encounters* (New York: Harper & Row, 1982), 40. 《돌에게 말하는 법 가르치기》(민음사, 2004).

24. Heschel, *Man's Quest for God*, 84.

25. Babylonian Talmud, *Berakhot* 32b.

7장. 하나님의 임재를 유지하는 길

1. 재인용. Joseph Hertz, *A Book of Jewish Thoughts* (Oxford: Oxford Univ. Press, 1922), 283.
2. *Fiddler on the Roof* (Santa Monica, CA : MGM Home Entertainment, 1998). Originally released in 1971.
3. 대부분 번역자는 바라크*barakh*의 두 가지 뜻('무릎 꿇다'와 '송축하다')이 우연의 일치라고 본다. 혹자는 고대에 무릎 꿇기를 뜻하는 단어가 후일에 송축의 의미를 덧입게 되었다고 한다. 사람이 무릎을 꿇어야 축복을 받고 하나님을 경배한다는 것이다. 바라크에 관한 논의는 다음 참조. *The New International Dictionary of Old Testament Theology and Exegesis*, ed. Willem VanGemeren (Grand Rapids: Zondervan, 1997), 1:755-67.
4. 주후 200년경 편찬된 미쉬나는 예수님 시대의 전승을 보존하고, 짤막한 기도문들을 수록하고 있다. 주후 300~400년경 《예루살렘 탈무드》가 편찬될 즈음 랍비들은 매번 기도할 때마다 하나님의 왕 되심을 인정하기 위해 하나님이 "우주의 왕"이심을 상기해야 한다고 판단했다. 이는 사람들이 쉐마를 낭송할 때 "천국을 받았다"고 랍비가 말한 것과 유사하다. 자세한 내용은 13장 참조.
5. (소소하게 현대적 표현으로 다듬은) 이 송축문의 출처는 "Benedictions" by Cyrus Adler and Kaufmann Kohler, *Jewish Encyclopedia* (New York: Funk and Wagnalls, 1901-1906). 다음에 들어가면 볼 수 있다. www.jewishencyclopedia.com.
6. 화장실 사용 후 드리는 기도는 "지혜로 인간을 빚으시고 그 안에 많은 구멍을 만드신 분을 송축할지어다. 영광의 보좌 앞에 뚜렷하게 드러난 대로 여러 구멍 중 하나라도 파열되거나 막히면 인간은 살 수 없고 당신 앞에 서지 못할 것이나이다. 모든 육신을 고치시며 경이를 베푸시는 그를 송축할지어다."(Babylonian Talmud, *Berakhot* 60b). 이 화장실 기도에 관한 멋진 글은 Kenneth Prager, MD, "For Everything a Blessing", *Journal of the American Medical Association* 277 (20) (May 28, 1997): 1589.
7. 재인용. Philip Yancey, *Prayer: Does It Make Any Difference?* (Grand Rapids: Zondervan, 2006), 68-69. 《기도하면 뭐가 달라지나요》(포이에마, 2014). 원출처는 《하시디즘의 우화집》*Hasidic Tales*에 실린 구전 전승이다.
8. NIV 역본에서는 "축복받다"blessed를 "감사드렸다"gave thanks로 옮겼다.
9. Mishnah, *Berakhot* 6:1.
10. 일례로 NASB 참조. NIV와 같은 다른 역본은 "감사드렸다"라고 한다. 이는 그분이 무엇을 하셨는지를 더 선명하게 설명한다. 참조. Young, *Jesus, the Jewish Theologian*, 122-23.

11. David Flusser, "A Lost Jewish Benediction in Matthew 9:8," *Judaism and the Origins of Christianity* (Jerusalem: Magnes, 1988), 535-42.

12. 이를 *Birkat ha Gomel*이라고 하며 감옥 출소, 중병 치유, 출산, 위험한 여정 완수 등 하나님의 의미심장한 구출 경험 후 회당에서 공중 기도로 드린다.

13. *Midrash Psalms* 117. "Rain in Jewish Tradition" at www.jewishnaturecenter.org/html/jewish_rain.html (accessed February 19, 2008).

14. Lauren Winner, *Mudhouse Sabbath* (Brewster, MA: Paraclete, 2003), 55. 《머드하우스 안식》(복있는사람, 2011).

15. Ibid., 60.

8장. 유월절의 재발견

1. Mishnah, *Pesahim* 10:5.

2. 요한복음을 보면 유월절 전날 저녁이 식사 시간인 것처럼 보이기에 최후의 만찬은 유월절 식사가 아니었다고 보는 이들도 있다(예. 눅 22:15). 이 논쟁에 대한 탁월한 논의와 함께 식사가 실제 유월절 식사였다는 강력한 증거 자료는 참조. Joachim Jeremias, *The Eucharistic Words of Jesus* (London: SCM, 1966), 15-88.

3. Mishnah, *Pesahim* 10:8. 참고. David Daube, *The New Testament and Rabbinic Judaism* (Peabody, MA: Hendrickson, 1998), 332-35.

4. 이제 학자들은 예수님이 유대인에게 전적으로 배척받으셨다는 발상은 잘못된 것이라고 본다. 사도행전에는 큰 수의 유대인 신자를 묘사하는 허다한 기록(예. 행 21:20)이 있으며 제자들과 모든 초대교회 사람은 유대인이었다. 종교 지도층은 예수님을 배척했지만 유대 민족은 예수님을 놓고 '분열'되었다. 참조. Jacob Jervell, *Luke and the People of God* (Minneapolis: Augsburg, 1972), 41-74; Oskar Skarsaune and Reidar Hvalvik, *The Jewish Believers in Jesus* (Peabody, MA: Hendrickson, 2007). 유월절 음모에 관한 탁월한 자료는 아래의 오디오 시리즈가 있다. "Misconception about Jesus and the Passover," by Dwight A. Pryor. www.jcstudies.com.

5. Jeremias, *The Eucharistic Words of Jesus*, 206.

6. Geza Vermes, *Scripture and Tradition in Judaism: Haggadic Studies*, 2nd ed. (Leiden: Brill, 1983), 214-19. 유대인 학자 버미즈는 이삭 번제 사건은 초기 유월절 기념에서 중요한 이미지였고, 오늘날보다 예수님 시대에 그 이미지가 훨씬 더 주목받았다고 본다.

유대 전승은 아브라함의 믿음만큼 이삭의 영웅적 순종을 강조한다. 유대 전승은 이삭이 희생제사에 쓰려고 100파운드(약 45킬로그램)가 훨씬 넘는 장작을 운반한 것을 보면 그가 성인임이 틀림없다고 지적한다. 이 해석을 염두에 두면 이삭과 예수님의 대칭점이 더욱 선명해진다.

7. 유대력은 간혹 '윤달'이 있는 음력 달력이므로 매년 날짜가 바뀐다.
8. Bruce Okkema, "Has DaVinci Painted Our Picture of Jesus?" at www.egrc.net (accessed March 18, 2008).
9. David Daube, "He That Cometh"(lecture given at St. Paul's Cathedral, London, October 1966); Deborah Carmichael, "David Daube on the Eucharist and the Passover Seder," *Journal for the Study of the New Testament* 42 (1991): 45-67.
10. 오늘날 아피코멘 의례에는 세 조각이 사용되는데, 가운데 조각을 쪼갠다. 혹자는 이것이 삼위일체의 표상이며 가운데 조각이 쪼개져 끌려가는 성자라고 본다. 그러나 이 세 조각을 사용하는 전통은 예수님 시대 이후 비롯되었다.
11. 초실절은 항상 유월절 뒤 안식일로 시작되는 주의 첫날이다. 유월절이 해당 주의 어느 요일인지는 매년 바뀌기 때문에 유월절 뒤 여러 날 후에 초실절이 오기도 한다. 예수님 시대에는 일요일에 초실절을 기념했고 카라이파 유대인Karaite Jews은 아직도 일요일에 초실절을 기념한다. 후일 랍비들은 무교절 다음 날로 초실절 날짜를 바꿨다.
12. 현대 신학자들은 에스겔 37장을 바벨론 유수 기간에 주어진 예언이라고 보기에 하나님이 백성을 본토로 다시 모으심으로써 백성을 '부활'시키리라고 해석했다. 그러나 1세기에는 유대인과 그리스도인 모두 이 본문을 미래에 있을 죽은 자의 부활을 가리키는 것으로 이해했다. 초대교회는 매주 이 본문을 낭독했다. 참조. Gary T. Manning, *Echoes of a Prophet: The Use of Ezekiel in the Gospel of John and the Literature of the Second Temple Period* (New York: T&T Clark, 2004), 70, 96-97.

9장. 유대 절기 속에서 만난 예수

1. Abraham Joshua Heschel, *The Earth Is the Lord's / The Sabbath* (New York: Harper Torchbooks, 1966), 8. 《안식》(복있는사람, 2007).
2. 같은 섬의 정상인 마우나케아는 마우나로아보다 사실 조금 높다. 그러나 마우나로아가 물밑에선 훨씬 거대하다. 마우나로아는 수면 위를 기준으로 가장 높은 산은 아닐

지라도 지구 최대의 산이다.

3. 본 장에서 말하는 절기는 레위기 23장에서 명령한 일곱 개의 규정을 기준으로 했다. 훗날 두 기념일(하누카와 부림절)이 추가되었다. 안식일 역시 하나의 절기로 이해된다.

4. 오순절이 다락방에서 일어났다고 생각하게 된 배경에는 사도행전 2장 2절에서 바람이 '집'을 가득 채웠다고 했기 때문이다. 그런데 그 '집'은 성전일 가능성이 크다. 성경에서는 종종 성전을 '하나님의 집' 또는 단순하게 '집'으로 칭한다. 오늘날에도 성전산은 히브리 말로 '집의 산'을 뜻하는 하르하 바이트*harha-bayit*라고 한다.

5. 몇몇 증거는 이 샤부오트 전통이 예수님 시대보다 적어도 이삼백 년 앞선 것으로 시사한다. 과거에 학자들은 이 전통이 예수님 후대에 유래한 것으로 보았다. 참조. Moshe Weinberg, *Normative and Sectarian Judaism in the Second Temple Period* (New York: Continuum, 2005), 268-78.

6. Walter C. Kaiser Jr., Peter H. Davids, F. F. Bruce, and Manfred T. Brauch, eds., *Hard Sayings of the Bible* (Downers Grove, IL: InterVarsity Press, 1996), 519. 《IVP 성경난제주석》(IVP, 2017).

7. 출애굽기 12장 1절에 의하면 유월절이 있는 니산월이 절기년에서는 첫 달이지만, 유대력의 새해는 6개월 후인 티슈리월에 시작된다. 안식년과 희년은 늘 이 티슈리월에서 시작한다.

8. 요세푸스와 같은 고대 역사가는 250만에 육박하는 순례자가 절기에 참여했다고 단언했다. 현대 학자들은 이렇게 높은 수치에 회의를 표하며 순례자 수가 20만에서 100만 명 사이였을 것으로 추정한다. 참조. Bruce W. Winter and Andrew D. Clarke, *The Book of Acts in Its Ancient Literary Setting* (Grand Rapids: Eerdmans, 1993), 259-65.

9. Mishnah, *Sukkah* 5:1.

10. 정통파 유대인은 전통적으로 샤바트에 운전하지 않으며 일부 초정통파 지역에서는 운전하여 그날의 샬롬을 방해하는 사람을 막으려고 신호등까지 끈다.

11. Nan Fink, *Stranger in the Midst: A Memoir of Spiritual Discovery* (New York: Basic Books, 1997), 96, 다음에서 재인용. Winner, *Mudhouse Sabbath,* 2.

12. Lis Harris, *Holy Days: The World of a Hasidic Family* (New York: Touchstone, 1995), 68-69. 다음에서 재인용. Winner, *Mudhouse Sabbath,* 6-7.

13. Heschel, *The Earth is the Lord's / The Sabbath*, 8.

10장. 랍비와 한 상에 앉다

1. Marc Angel, *A Sephardic Passover* (Jerusalem: KTAV, 1988), 65.
2. J. R. R. Tolkien, *The Hobbit* (Boston: Houghton Mifflin, 1937), 30-31. 《호빗》(씨앗을 뿌리는사람, 2010).
3. NASB에는 예수님과 다른 이들이 '식탁에' 기대앉았다reclined at the table는 언급이 20회 나오는데 헬라어 원문엔 이 표현이 단 한 번 나온다. 나머지는 번역자들이 추가한 것이다. 원문은 단순하게 "기대앉았다"라고 했다.
4. 성막에는 진설병을 위한 탁자가 있었다. 흔히들 오해하는 부분은 신약시대에 사람들은 트리클리니움*triclinium*이라는 U자형 테이블 주변에 앉거나 기대앉았다는 것이다. 트리클리니움은 실은 쿠션이 놓인 U자형 플랫폼이 있는 부유한 집 안의 방이었다. 사람들은 반원 형태로 쿠션에 기대앉았으며 음식은 가운데 작은 탁자에 차려놓았다.
5. "통치자의 식탁에서 먹는다"는 것은 통치자의 보호와 공급 아래 있음을 뜻했다. 일례로 열왕기상 18장 19절은 450명의 바알 선지자와 400명의 아세라 선지자가 "이세벨의 상에서"at Jezebel's table 먹었다고 한다. 이 표현은 문자적인 식사라기보다는 강력한 유착관계를 뜻한다.
6. 그래서 소돔 남자들이 방문한 천사들을 끌어내라고 했을 때 롯이 자기 딸들을 주겠다고 한 것이다(창 19:8). 끔찍한 행동인 건 맞지만 롯은 어떤 값을 치르더라도 자기 집에 온 손님들을 보호해야 한다는 책임감이 있었다.
7. 자세한 내용은 참조. *Dictionary of Biblical Imagery*, ed. Leland Ryken et al. (Downers Grove, IL: InterVarsity Press, 1998), 402-6.
8. 출애굽기 33장 20절에서 하나님은 모세에게 말씀하신다. "네가 내 얼굴을 보지 못하리니 나를 보고 살 자가 없음이니라." 레위기 10장 1~2절에서 나답과 아비후는 허용되지 않은 방식으로 하나님 앞에 나아갔다는 이유로 죽임당했다. 여기서 그들을 언급한 것은 인간이 하나님의 임재 속으로 안전하게 들어가는 이 상황이 얼마나 독특한지를 암시한다.
9. *Didache* 14:2.
10. 이 전승은 대부분 연대가 예수님 이후지만 그럼에도 매력적이고 지혜롭다.
11. 이 특별한 빵은 하나님의 빵 공급을 기리기 위해 만들었다. 두 덩어리를 상에 올리는 이유는 이스라엘 백성이 광야에 있을 때 안식일 전날에는 만나를 두 배로 거두라고 하나님이 지시하셨기 때문이다.
12. 에브라임과 므낫세는 요셉의 두 아들이며 이스라엘의 가장 큰 두 지파의 선조가 되

었다. 사라, 리브가, 라헬, 레아는 이스라엘의 국모이자 이스라엘의 4대 가모장이다. 마지막 기도는 '제사장(아론) 축도'Priestly(Aaronic) Benediction라고 부르며 민수기 6장 24~26절에 나와 있다.

13. Mishnah, *Pirke Avot* 3:2-3.

14. 당신이 다이어트 중이라면 안식일에 하루를 쉬어야 한다는 뜻도 들어 있다! 대조적으로 그리스도인 중에는 종종 성일에 금식을 하는 경우가 있는데 거룩함을 기쁨과 축하가 아닌 자기부인과 결부하기 때문이다.

15. 예외는 안식일에도 준행하는 욤 키푸르다. 욤 키푸르는 "안식일 중의 안식일"이기 때문이다(레 16:31).

16. 그리스도인의 안식일 준수에 관한 탁월한 책은 Marva Dawn, *Keeping the Sabbath Wholly* (Grand Rapids: Eerdmans, 1989). 《안식》(IVP, 2001).

17. Ilan Zamir, *The Sulha: Reconciliation in the Middle East* (San Francisco: Purple Pomegranate Productions, 1989).

18. Kenneth Bailey, *Poet and Peasant/Through Peasant Eyes* (Grand Rapids: Eerdmans, 1983), 161-62.

19. Young, *Jesus the Jewish Theologian*, 143-54.

20. Joachim Jeremias, *New Testament Theology* (London: SCM, 1971), 115-16.

11장. 랍비의 옷자락을 만지다

1. *TANAKH: A New Translation of the Holy Scriptures according to the Traditional Hebrew Text* (New York: Jewish Publication Society, 1985).

2. Solomon Schechter, *Aspects of Rabbinic Theology* (Peabody, MA: Hendrickson, reprt. 1998 [orig. 1909]), 121.

3. Abraham Heschel, *Moral Grandeur and Spiritual Audacity: Essays* (New York: Farrar, Straus, and Giroux, 1997), 65.

4. Jacob Milgrom, *JPS Torah Commentary: Numbers* (New York: Jewish Publication Society, 1990), 410-14.

5. 진귀한 유형의 달팽이로 만든 이 염료는 값이 너무 비싸 결국 사용이 중단되었다. 그 결과 제조법도 유실되었으나, 몇 년 전 이 염료 공정이 재발견되었다. 참조. Ari Greenspan, "The Search for Biblical Blue," *Bible Review* 19 (February 2003): 32-39.

www.tekhelet.com.

6. Jacob Milgrom, "The Tassel and the Tallit," The Fourth Annual Rabbi Louis Fineberg Memorial Lecture (University of Cincinnati, 1981). 다음에서 재인용. "The Meaning of Tekhelet" by Baruch Sterman at www.borhatorah.org/article1.html (accessed August 20, 2008).

7. Ann Spangler and Jean E. Syswerda, *Women of the Bible* (Grand Rapids: Zondervan, 2007), 324-25.

8. 옷술은 옷단의 귀*kanafim*에 달아야 했다. 카나핌에는 '날개'라는 뜻도 있기에 여인이 예수님의 치치트를 붙잡은 이유는 예수님이 메시아로서 말라기 4장 2절("내 이름을 경외하는 너희에게는, 의로운 해가 떠올라서 그 '날개'로 치료할 것이니…", 새번역) 말씀을 이루실 것을 믿었기 때문이라고 보는 이들도 있다.

9. Thomas Cahill, *The Gifts of the Jews: How a Tribe of Desert Nomads Changed the Way Everyone Thinks and Feels* (New York: Doubleday, 1998), 154.《미래는 내가 선택한다》(솔출판사, 2001).

10. 이스라엘인도 동일하게 느꼈다. 그들은 짐승을 희생제물로 드리지 않고 고기를 먹으려면 하나님의 특별한 허락이 있어야만 한다고 여겼다(신 12:15 참조).

11. 하나님이 특별한 목적으로 백성을 택하실 때는 보통 음식법을 정해주셨다. 제사장들과 나실인 서원을 한 자들(민 6:1~21)은 다른 이들보다 더 많은 음식 규정을 지켜야 했고, 이를 통해 구별되었다. 참조. Gordon J. Wenham, "The Theology of Unclean Food," *Evangelical Quarterly* 53/1 (January-March 1981): 6-15; Jacob Milgrom, *Leviticus 1-16* (Anchor Bible Commentary; New York: Doubleday, 1991), 726.

12. '눈에는 눈'의 이해에 대한 상세한 자료는 다음 참조. Nahum Sarna, *Exploring Exodus* (New York: Shocken, 1996). 185-89. 시내산 율법의 독특한 특징을 다른 고대 법체계와 비교해 설명함으로써 시내산 율법이 그 시대에는 놀라우리만치 인간적인 법이었음을 보여주는 긴 에세이의 일부분을 볼 수 있다.

13. William J. Webb, *Slaves, Women and Homosexuals: Exploring the Hermeneutic of Cultural Analysis* (Downers Grove, IL: InterVarsity Press, 2001), 31-33.

14. A. J. Jacobs, *The Year of Living Biblically: One Man's Humble Quest to Follow the Bible as Literally as Possible* (New York: Simon & Schuster, 2007), 4-8, 165-67.《미친 척하고 살아본 1년》(세종서적, 2008).

15. 재인용. Mark I. Pinsky, *The Gospel according to the Simpsons* (Louisville: Westminster John Knox, 2001), 32.

16. 베드로의 환상과 이방인에 관련된 부정법 논의는 참조. Hilary Le Cornu, *A Commentary on the Jewish Roots of Acts* (Jerusalem: Netivya Bible Instruction Ministry, 2003), 562-88.

17. Douglas Moo, *The Epistle to the Romans* (Grand Rapids: Eerdmans, 1996), 641.

12장. 예수와 토라

1. B. Cobbey Crisler, "The Acoustics and Crowd Capacity of Natural Theaters in Palestine," *The Biblical Archaeologist* 39 (1976): 128-41. 이 글을 쓸 당시 씨 뿌리는 자의 만 가까이 과실수를 많이 심어 나무가 소리를 흡수하였다. 그러나 갈릴리 서해안의 현대식 도로를 따라 운전해보면 해안 커브의 존재를 확인할 수 있을 것이다.

2. Philologos, "A Thorn in One's Side," Jewish Daily Forward (Friday, May 23, 2003). www.forward.com/articles/a-thorn-in-one-s-side/. 다른 랍비들도 비슷한 이야기를 했다. 일례로, "세상 모든 나라가 토라에서 한 단어를 제거하려고 결속할지라도, 그들은 이 일을 할 수 없을 것이다"(*Leviticus Rabbah* 19:2). 참고. Bivin, *New Light on the Difficult Words of Jesus*, 94-96.

3. 예를 들어 "토라를 공부할 장소로 찾아가야지 그 장소가 당신에게로 오길 기다리지 말라. 동료 제자야말로 당신의 손안에서 토라를 '완성'fulfill할 자들이다. 그리고 자신의 명철을 의지하지 말라"(미쉬나, 피르케 아보트 4:14). 이 대사에서 '완성'은 성경의 의미를 명료하게 밝힌다는 뜻이다. 아울러 율법을 '폐기'하고 '완성'하는 것을 논하는 미쉬나의 호라요트*Horayot* 1:3을 참조하라. 주후 100년경의 한 랍비 논쟁에서 랍비 엘리에셀은 랍비 아키바에게 말했다. "토라 안에 기록된 내용을 뿌리 뽑겠는가[폐기하겠는가]?"(미쉬나, 페사힘*Pesahim* 6:2). '폐기'냐 '완성'이냐에 관해 더 알고 싶다면 참조. Bivin, *New Light on the Difficult Words of Jesus*, 93-102; Daube, *The New Testament and Rabbinic Judaism*, 60-61.

4. Mishnah, *Pirke Avot* 1:1.

5. 도널드 해그너Donald Hagner의 글이다. "예수님은 율법의 왜곡인 율법주의를 책망하기 위해 오셨고, 바리새인도 대부분 이것을 책망했을 것이다. 예수님은 유대교를 전복하고 새 종교를 만들고 새 법체계를 수립하려고 오신 게 아니다." 참조. Donald A. Hagner, *The Jewish Reclamation of Jesus: An Analysis and Critique of Modern Jewish Study of Jesus* (Grand Rapids: Zondervan, 1984), 118.

6. Mishnah, *Sanhedrin* 10:1. 바울은 로마서 11장 26절에서 "온 이스라엘이 구원을 받으리라"라고 함으로써 이 정서를 인용한다.

7. David Stern, *Jewish New Testament Commentary* (Clarksville, MD: Jewish New Testament Publications, 1992), 69-70.

8. 아브라함 헤셸은 랍비 문헌에 샴마이 제자들의 판결이 때로는 실천 불가능할 정도로 과도했다는 평이 있다고 지적한다. 참조. *Heavenly Torah: As Refracted through the Generations* (New York: Continuum: 2005), 722-24. 샴마이 제자들은 주후 70년까지는 다수파였으며, 이후에 힐렐파가 더 힘을 얻었다.

9. Stern, *Jewish New Testament Commentary*, 69.

10. *Sifre Deuteronomy* 187:11 (from between a.d. 200 and 300).

11. Babylonian Talmud, *Sukkah* 52a.

12. Babylonian Talmud, *Bava Metzia* 59a. 유대인은 수 세기 동안 독실한 신앙 때문에 조롱을 받아왔던 탓에 유독 모욕의 죄에 민감하다. 그들은 다른 사람에게 수치심을 주는 것을 막기 위한 장구한 윤리 규정을 세웠고 험담의 폐해에 관한 풍성한 지혜를 갖고 있다. 이와 관련된 탁월한 자료는 다음 참조. Rabbi Joseph Telushkin, *Words That Hurt, Words That Heal* (New York: Harper, 1998). 《유대인의 한 마디》(청조사, 2013).

13. 도널드 해그너의 글이다. "예수님은 토라의 해석에 관한 최종적인 권위를 지닌 분이다. 그는 모든 경우에 율법의 문자를 넘어 하나님의 뜻을 꿰뚫으신다. 예수님과 율법의 문제에서 해법은 성문 토라를 바리새파의 구전 전승보다 승격시키는 것도, 결례법과 의례법보다 윤리법에 우선권을 부여하는 것도 아니다(두 가지 견해 모두 일리가 있다). 그 해법은 왕국을 가져올 자가 부여하신 율법에 대한 확정적인(종말론적이기 때문에) 해석에서 찾아야 한다"(참조. *The Jewish Reclamation of Jesus*, 128). 아울러 해그너는 랍비 문학 곳곳에서 메시아가 새롭고 위대한 토라 이해를 가져올 것이라는 예언이 있다고 말한다.

14. Babylonian Talmud, *Shabbat* 31a.

15. Hagner, *The Jewish Reclamation of Jesus*, 152, 159-70.

16. Rabbi Dovid Rosenfeld, www.torah.org/learning/pirkei-avos/chapter2-10and11c.html (accessed April 14, 2008).

17. The Associated Press, "Vietnamese Man, on Anti-Abortion Mission, Opens Home to Moms and Babies," www.iht.com/articles/ap/2008/03/28/asia/AS-FEA-GEN-Vietnam-Abortion-Orphans.php. (단축 주소 https://goo.gl/tdcc6U)

18. Babylonian Talmud, *Shabbat* 31a.

19. Babylonian Talmud, *Makkot* 24a. 신약 성경에도 1,000개가 넘는 명령이 있다.

20. Athol Dickson, *The Gospel according to Moses: What My Jewish Friends Taught Me about Jesus* (Grand Rapids: Baker, 2003), 72.

13장. 하나님 나라에 들어가는 제자

1. 이는 설교나 성경 공부 후 랍비들이 낭송했던 고대 기도 전례인 '카디쉬'*Kaddish*('정결하게 되다'는 의미)의 첫 줄이다. 이젠 카디쉬는 상실에도 불구하고 하나님을 향한 믿음을 확인하는 용도로 회당 예배에서나 문상객이 사용한다.
2. Philip Yancey, *The Jesus I Never Knew* (Grand Rapids: Zondervan), 239.
3. Ibid., 241.
4. David Bivin, *New Light on the Difficult Words of Jesus*, 55-58. 지금도 대부분의 정통파 유대인은 직접 하나님을 언급하지 않고 '그 이름'이라는 의미의 '하쉠'*HaShem*을 쓴다. 아울러 성경을 낭독할 때 하나님의 이름인 야훼를 소리 내어 발음하지 않고 대신 '아도나이'(나의 주)라고 한다.
5. 만일 '하나님 나라'와 '천국'이 분명히 상호대체 가능해 보이는 말씀들(가령 왕국을 겨자씨에 빗댄 마태복음 13장 31절과 마가복음 4장 30~31절)을 비교한다면 이 점이 당연할 것이다. 그러나 이 질문은 그 자체로 일부 그리스도인에게 혼돈을 주었다. 그리스도인은 일반적으로 유대 관용구나 (하나님을 말할 때 사용하는) 유대인의 완곡어법을 잘 모르기 때문이다.
6. 1세기 이스라엘에서 구어로 널리 사용된 것은 아람어였지만, 그 시대의 랍비들은 종종 히브리어로 가르쳤다. 미쉬나와 다른 초기 랍비 어록은 모두 히브리어로 되어 있고 후대의 탈무드 본문은 아람어로 되어 있다. 예수님은 외국과의 교역이 활발한 피지배국에 살았기에 히브리어와 아람어에 어느 정도의 헬라어까지 구사하는 3개 국어 능통자였을 가능성이 크다. 참조. Randall Buth, "The Language of Jesus' Teaching," *Dictionary of New Testament Background*, ed. Craig Evans and Stanley Porter (Downers Grove, IL: InterVarsity Press, 2000), 86-91.
7. 하나님 나라에 대한 유대인의 다면적 이해를 기술한 자료는 Solomon Schechter, *Aspects of Rabbinic Theology*, 65-115.
8. 아이러니하게도 역사의 다양한 시기에 그리스도인은 이 기도가 자신을 우상 숭배자로 비방하는 내용이라고 잘못 이해하여 이 기도를 하는 유대인을 핍박했다. 그러나

이 기도문은 기독교 이전에 시작되었으며 예수님 자신도 이 기도로 기도하셨을 가능성도 있다. 참조. "Alenu," Kaufmann Kohler, www.jewishencyclopedia.com (accessed January 19, 2008). 이 기도문은 위의 퍼블릭 도메인에 있으며 이 책에서는 현대식 표현으로 조금 다듬어 실었다.

9. 예수님의 하나님 나라에 대한 유대적 이해에 관한 두 학술 자료는 다음과 같다. Flusser, *The Sage from Galilee*, 76-96, and Young, *Jesus the Jewish Theologian*, 49-84. 일반인 독자들을 위한 탁월한 소개 자료는 DVD 시리즈 Dwight A. Pryor, *Unveiling the Kingdom of Heaven*(Dayton, OH: Center for Judaic-Christian Studies, 2008). 참고. www.jcstudies.org.
10. 하나님 나라가 홍해에서 '보였다'는 것에 관한 추가 자료는 참조. Bivin, *New Light on the Difficult Words of Jesus*, 128. 안식일 기도 자료는 다음을 보라. Joseph Hertz, *Authorized Daily Prayerbook,* rev. ed. (New York: Bloch, 1961), 371.
11. 수천 년간 '하나님의 손'이란 표현은 유월절 의식에 사용되어 홍해가 갈라질 때 하나님이 애굽인과 그 신들을 물리치시고 그 백성을 해방하심으로써 왕적 통치의 참모습을 드러내신 일을 상기한다. 참조. R. Steven Notley, "By the Finger of God," *Jerusalem Perspective* 21 (July/August 1989): 6-7.
12. Craig Evans, "Messianic Hopes and Messianic Figures in Late Antiquity," *Journal of Greco-Roman Christianity and Judaism* 3 (2006): 9-40.
13. Charles Colson, *God and Government: An Insider's View on the Boundaries between Faith and Politics* (Grand Rapids: Zondervan, 2007), 94-95.
14. "주의 날"에 관한 구절은 이사야 13장과 스가랴 14장에도 있다.
15. James Carroll, *Constantine's Sword: The Church and the Jews* (New York: Mariner, 2002), 78, 80.
16. Flusser, *The Sage from Galilee,* 77.
17. Hagner, *The Jewish Reclamation of Jesus*, 137-41.
18. 세례 요한은 이런 말도 했다. "손에 키를 들고 자기의 타작마당을 정하게 하사 알곡은 모아 곳간에 들이고 쭉정이는 꺼지지 않는 불에 태우시리라"(눅 3:17). 이것은 농부가 삼지창으로 곡물을 공중에 날려 가라지가 바람에 날려가게 하는 것처럼 의인과 악인을 분리하는 광경이다. 다시금 요한은 다가올 심판을 그리는 데 불 이미지를 사용한다.

    예수님은 자신의 알곡을 가라지와 분리하고 싶어 하는 농부에 관한 비유를 들려주신다. 가라지는 성장 초기에는 밀알과 상당히 비슷하게 생겼다. 현명한 농부는 수확

기까지 기다렸다가 알곡과 가라지를 분리한다. 다시금 예수님은 솎아냄과 불사름의 시간을 세상 끝날로 미루신다. (마 13:26에 대한 아래의 평 참조. *Archaeological Study Bible* [Grand Rapids: Zondervan, 2005], 1583.)

19. Babylonian Talmud, *Ta,anit* 7a. 하나님의 자비에 대한 랍비의 강조는 연대상 예수님을 앞선 것이다. 예수님은 당대 사상의 토대 위에서 자신의 자비의 왕국에 관해 가르치셨다. 참조. Flusser, *Judaism and the Origins of Christianity*, 469-93.

20. Mishnah, *Berakhot* 2:2. 주후 150년경 조슈아 벤 코르하Joshua ben Korhah의 말로 추정된다. 더 앞선 시대의 랍비 가말리엘 2세 역시 '하나님 나라'를 쉐마의 언어와 연결했다(참조. *Berakhot* 2:5). 오늘날 쉐마의 첫 부분을 가리키기 위해 흔히 사용하는 표현은 *kabalat ol malkhut shamayim*인데, 문자적으로 "천국의 멍에를 받아들이다"를 뜻한다. 후대의 미쉬나 필사본에는 '멍에'라는 단어가 들어 있지만 초기 필사본엔 없다. 예수님 시대의 관용구는 "천국의 멍에를 받아들이다"였던 것으로 보이며, 이는 예수님 스스로 사용하셨던 표현과 동일하다(David Bivin, 사적 소통).

21. "들어갈 것"이란 표현은 여기에서 미래를 가리키는 것으로 보이지만 히브리 말에서는 격언에 종종 미래(불완전) 시제를 사용한다. 예를 들어 "제때의 한 바늘은 아홉 바늘의 수고를 던다"A stitch in time 'will' save nine.

14장. 예수의 참 제자로 살아가는 길

1. 기독교의 반유대주의 역사와 마르시온 이설에 관한 탁월한 개괄은 참조. Marvin Wilson, *Our Father Abraham: The Jewish Roots of the Christian Faith* (Grand Rapids: Eerdmans, 1989), 87-110. 과거 수 세기에 걸쳐 그리스도인이 자신의 유대 '뿌리'에 관심을 보였던 시기가 있었다. 일례로 초기 미국 청교도들은 히브리어와 구약 성경 공부를 강조하며 자녀 이름을 아브라함과 야곱으로 많이 지었다. 그러나 이 관심은 반대 관점만큼 흔한 건 아니었다. 참조. 상동. 127-131.

2. John Sailhamer, *Introduction to Old Testament Theology* (Grand Rapids: Zondervan, 1995), 135.; Louis Jacobs, *The Jewish Religion: A Companion* (Cambridge, UK: Oxford Univ. Press, 1995), 79.

3. 세데르에 관한 자세한 내용은 본 책의 용어 설명을 참고하라.

4. 나약 대학의 성경학 교수인 나틀리 박사는 높은 평가를 받는 성경 세계의 역사 지도책 《성경역사, 지리학, 고고학 아틀라스》(이레서원, 2010)의 공저자다.

5. Dwight Pryor, "Walk After Me!" *Jerusalem Perspective* 55 (April–June 1999): 10–11, www.jerusalemperspective.com (accessed June 24, 2008).
6. 제임스 쿠겔은 유대 성경이 고대에 어떻게 해석되었는지를 탐구하는 책을 여러 권 썼다. 일례로 참조. James Kugel, *The Bible as It Was* (Cambridge, MA: Belknap, 1999).
7. 메주자*Mezuzah*는 '문설주'를 뜻하며 훗날엔 문설주에 부착하는 물체의 이름이 되었다. 복수형은 메주조트*mezuzot*다. 메주자와 관련된 관습에 관해선 참조. Haim Halevy Donin, *To Be a Jew: A Guide to Jewish Observance in Contemporary Life* (New York: Basic Books, 1991), 152–55; Dosick, *Living Judaism*, 247–49.

추천 자료

도서 및 영상자료

- Bailey, Kenneth E. *Poet and Peasant and Through Peasant Eyes* (combined edition). Grand Rapids: Eerdmans, 1983. From his experience among traditional Middle Eastern peoples, Bailey shares a wealth of cultural insights on Jesus' parables.
- Bivin, David. *New Light on the Difficult Words of Jesus: Insights from His Jewish Context*. Holland, MI: En-Gedi Resource Center, 2005. Excellent overview of Jesus' first-century life and teachings in their Jewish context. 《유대인의 눈으로 본 예수》(이스트윈드, 2018).
- Dickson, Athol. *The Gospel according to Moses: What My Jewish Friends Taught Me about Jesus*. Grand Rapids: Baker, 2003. A conservative Christian attends a Reform Jewish Torah study and uncovers rich wisdom for his own faith.
- Dosick, Wayne. *Living Judaism: The Complete Guide to Jewish Belief, Tradition, and Practice*. San Francisco: HarperCollins, 1995. Encyclopedic guide to contemporary Jewish tradition and practice.
- Flusser, David, with R. Steven Notley. *The Sage from Galilee: Rediscovering Jesus' Genius*. Grand Rapids: Eerdmans, 2007. An academic study of the Jewish historical reality of Jesus by a renowned Jewish scholar, David Flusser.
- Evans, Craig. *Fabricating Jesus: How Modern Scholars Distort the Gospels*. Downers Grove, IL: InterVarsity Press, 2006. Excellent popular-level book by a respected scholar on recent theories about the historical Jesus.
- Hagner, Donald. *The Jewish Reclamation of Jesus: An Analysis and Critique of Modern Jewish Study of Jesus*. Grand Rapids: Zondervan, 1984. Reprinted by Wipf and Stock of Eugene, OR, 1997. Hagner surveys several influential Jewish scholarly works on Jesus and comments on their findings from a Christian perspective.
- Heschel, Abraham. *The Sabbath*. New York: Farrar, Straus, and Giroux, 2005. A classic work on how time itself is sanctified in Jewish worship. 《안식》(복있는사람, 2007).
- ———. *God in Search of Man: A Philosophy of Judaism*. New York: Farrar, Straus, and Giroux, 1976. A comprehensive study of Judaism. Not light reading, but full of profound insights. 《사람을 찾는 하느님》(한국기독교연구소, 2007).

- ———. *Man's Quest For God*. New York: Scribner, 1954. Another masterful book by Heschel that probes the essence of prayer. 《하느님을 찾는 사람》(한국기독교연구소, 2013).
- Howard, Kevin, and Marvin Rosenthal. *The Feasts of the Lord*. Nashville, TN: Nelson, 1997. Beautifully illustrated guide to the biblical feasts and their fulfillment by Christ.
- Instone–Brewer, David. *Traditions of the Rabbis from the Era of the New Testament*. Vol. 1 of 6–vol. series. Grand Rapids: Eerdmans, 2004. A scholarly study of rabbinic sayings that describe the Judaism of Jesus' day.
- Kaiser, Walter C., Jr., and Duane Garrett. *Archaeological Study Bible: An Illustrated Walk through Biblical History and Culture*. Grand Rapids: Zondervan, 2006. Colorfully illustrated NIV study Bible, full of articles on culture and archaeology that shed light on the biblical text.
- Kasdan, Barney. *God's Appointed Times*. Baltimore: Messianic Jewish Publishers, 2007. Nice overview of the feasts in Jewish tradition and the New Testament, with ideas for Christian observance today.
- Pearl, Chaim. *Theology in Rabbinic Stories*. Peabody, MA: Hendrickson, 1997. A delightful collection of rabbinic stories and discussion of the ideas within them.
- Pryor, Dwight A. *Behold the Man* (DVD series & study guide). Dayton, OH: Center for Judaic Chris tian Studies, 2008. Twelve sessions on the significance of Jesus' Jewishness for Christians today. Excellent for a group study.
- ———. *Unveiling the Kingdom of Heaven* (DVD series & study guide). Dayton, OH: Center for Judaic Christian Studies, 2008. Excellent introduction to Jesus' teachings on the kingdom and its implications for our lives.
- Safrai, Shmuel, and Menahem Stern, eds. *The Jewish People in the First Century*. 2 vols. Philadelphia: Fortress, 1976. Scholarly and difficult to find, but an outstanding resource on first–century Jewish life and times.
- Sampson, Robin, and Linda Pierce. *A Family Guide to the Biblical Holidays*. Woodbridge, VA: Heart of Wisdom, 2001. Comprehensive guide for Christian celebrations of the biblical holidays. A good resource for families.
- Schechter, Solomon. *Aspects of Rabbinic Theology*. Peabody, MA: Hendrickson, reprt. 1998 (orig. 1909). An overview of the theology of Judaism by a Conservative Jewish rabbi; older but very readable.
- Smith, Michael, and Rami Shapiro. *Let Us Break Bread Together: A Passover Haggadah for Christians*. Brewster, MA: Paraclete, 2005. Coauthored by a rabbi and a pastor, this pamphlet

guides Christian groups and families through a Passover Seder.

- Stern, David H. *Jewish New Testament Commentary*. Baltimore: Messianic Jewish Resources International, 1992. In-depth, verse-by-verse commentary on the New Testament by a Messianic Jewish scholar. Very good reference.
- Telushkin, Joseph. *Jewish Literacy*, rev. ed. New York: William Morrow, 2008. Encyclopedia-like guide to all aspects of Jewish belief, culture, and history. Readable and insightful.
- Tverberg, Lois, with Bruce Okkema. *Listening to the Language of the Bible: Hearing It through Jesus' Ears*. Holland, MI: En-Gedi Resource Center, 2004. Dozens of brief reflections on Hebrew words and Jewish concepts that enrich Bible reading.
- Tverberg, Lois. *Listening to the Language of the Bible: Companion Bible Study*. Holland, MI: En-Gedi Resource Center, 2005. A study guide for the book above, for those who want to learn to read the Bible in light of its Hebraic context.
- Vander Laan, Ray. *Faith Lessons Video Series* (DVDs and study guides). Grand Rapids: Zondervan, 1998-2008. Outstanding video series that shares insights on the land and culture of the Bible, exploring its implications for Christians today.
- Wilson, Marvin. *Our Father Abraham: The Jewish Roots of the Christian Faith*. Grand Rapids: Eerdmans, 1989. A must-read introductory text for anyone wanting to learn more on this topic.
- Winner, Lauren. *Mudhouse Sabbath*. Orleans, MA: Paraclete, 2007. As a Christian who has a Jewish past, Winner reflects on how her earlier life enriches her faith and practice. 《머드하우스 안식》(복있는사람, 2011).
- Young, Brad. *Jesus the Jewish Theologian*. Peabody, MA: Hendrickson, 1995. Excellent study of Jesus' life and teachings in their Jewish context.

웹사이트

• www.egrc.net / En-Gedi Resource Center.

Educational ministry that teaches about the Jewish context of Christianity. Books and articles by Lois Tverberg and other authors. Hundreds of links to other recommended sites for study.

• www.followtherabbi.com / Follow The Rabbi.

Website of Ray Vander Laan, source of Faith Lessons video series, leads trips to Israel and Asia Minor. Many articles and resources available.

• www.hebrew4christians.com / Hebrew For Christians.

Very nice site for learning Hebrew and learning about Christianity's Jewish heritage.

• www.jcstudies.com / Center for Judaic Christian Studies.

Material by Dwight Pryor and others. Excellent audio/video materials about applying Hebraic study to life today.

• www.jerusalemperspective.com / Jerusalem Perspective.

A large number of excellent articles on Jesus' first-century Jewish context.

• www.jewishencyclopedia.com / Jewish Encyclopedia.

Searchable online Jewish Encyclopedia in the public domain, published in 1905. Older, but has useful articles on Jewish traditions by outstanding scholars of its time.

• www.ourrabbijesus.com / Our Rabbi Jesus: His Jewish Life and Teaching.

Lois Tverberg's website, which features articles, links, and books for further study.

• www.restorationfoundation.org / Restoration Foundation.

Organization dedicated to restoring a Jewish heritage to the church. Has Restore magazine online with many articles of interest.

국제제자훈련원은 건강한 교회를 꿈꾸는 목회의 동반자로서 제자 삼는 사역을 중심으로 성경적 목회 모델을 제시함으로 세계 교회를 섬기는 전문 사역 기관입니다.

랍비 예수, 제자도를 말하다

초판 1쇄 인쇄 2019년 1월 23일
초판 1쇄 발행 2019년 1월 30일

지은이 로이스 티어베르그 · 앤 스팽글러
옮긴이 손현선

펴낸이 오정현
펴낸곳 국제제자훈련원
등록번호 제2013-000170호(2013년 9월 25일)
주소 서울시 서초구 효령로68길 98(서초동)
전화 02)3489-4300 **팩스** 02)3489-4329
이메일 dmipress@sarang.org

ISBN 978-89-5731-773-0 04230
ISBN 978-89-5731-767-9 04230 (세트)

※ 책값은 뒤표지에 있습니다. 잘못된 책은 구입하신 곳에서 교환해드립니다.